生产性服务业向价值链高端延伸的增值税激励效应及路径优化研究

A Study on the VAT Incentive Effects and Path Optimization for the Extension of the Producer Services to the Higher End of the Value Chain

谭光荣 著

清华大学出版社
北京

本书封面贴有清华大学出版社防伪标签，无标签者不得销售。
版权所有，侵权必究。举报：010-62782989，beiqinquan@tup.tsinghua.edu.cn。

图书在版编目(CIP)数据

生产性服务业向价值链高端延伸的增值税激励效应及路径优化研究 / 谭光荣著. -- 北京：清华大学出版社, 2025. 2.
ISBN 978-7-302-68291-2

Ⅰ. F726.9

中国国家版本馆 CIP 数据核字第 20255HG712 号

责任编辑：胡　月
封面设计：傅瑞学
版式设计：方加青
责任校对：王荣静
责任印制：刘海龙

出版发行：清华大学出版社
　　　　　网　　址：https://www.tup.com.cn, https://www.wqxuetang.com
　　　　　地　　址：北京清华大学学研大厦 A 座　　邮　编：100084
　　　　　社 总 机：010-83470000　　　　　　　　邮　购：010-62786544
　　　　　投稿与读者服务：010-62776969, c-service@tup.tsinghua.edu.cn
　　　　　质 量 反 馈：010-62772015, zhiliang@tup.tsinghua.edu.cn
印 装 者：三河市铭诚印务有限公司
经　　销：全国新华书店
开　　本：165mm×238mm　　印　张：13.5　　插　页：1　　字　数：233 千字
版　　次：2025 年 3 月第 1 版　　印　次：2025 年 3 月第 1 次印刷
定　　价：129.00 元

产品编号：105312-01

前　言

　　大力发展生产性服务业，推动生产性服务业向价值链高端延伸是实现中国经济高质量发展的重要途径，也是推进中国式现代化的内在要求。近年来，中国政府高度重视生产性服务业的发展工作。《中华人民共和国国民经济和社会发展第十四个五年规划和2035年远景目标纲要》（简称"十四五"规划）提出："以服务制造业高质量发展为导向，推动生产性服务业向专业化和价值链高端延伸。"2022年，习近平总书记在党的二十大报告中也指出：要加快构建新发展格局，着力推动高质量发展。高质量发展是全面建设社会主义现代化国家的首要任务。要建设现代化产业体系，构建优质高效的服务业新体系，推动现代服务业同先进制造业、现代农业深度融合。然而，由于财税扶持力度和研究开发动力不足等原因，我国对生产性服务业的技术创新缺乏足够激励，导致我国高端领域、高端环节生产性服务业发展不足，竞争力较弱，支撑制造业转型和经济结构调整的功能无法得到充分发挥。并且，在百年未有之大变局的背景下，国际格局和国际体系正在发生深刻调整与变革，我国生产性服务业的国际市场竞争格局正在发生根本性的转变，欧美发达国家主导的国际经贸规则变迁，将具有竞争优势的服务价值链进一步向全球延伸，特别是受到新冠疫情的影响，全球价值链正在加速重构。同时，以新技术、新产品、新业态为动力的第三次产业革命正孕育和发展着新的市场竞争，我国传统的以依附制造业谋求规模递增的生产性服务业发展方式不再具有可持续性，亟须进一步深化生产性服务业专业化分工，培育新的竞争优势，推动生产性服务业向价值链高端延伸。

　　从价值构成上看，生产性服务业以"知识性"与"创新性"为主要特色，重要组成是活劳动创造价值（V）和剩余价值（M）。增值税作为税制结构中的主体税种也主要是对增值额（V+M）征税，因此增值税税收激励是促进生产性服务业发展的重要制度性因素，在提升生产性服务业价值链地位过程中应当发挥基础性、支柱性和保障性作用。并且过往我国一直在努力实施促进产业结构优化升级的增值税政策，如"营改增"极大地促进了生产性服务业的专业化分工与精细化发展，但是相比一些先进国家的激励力度，我国增值税的激励措施仍存在着一定的改进空间。如今，在后疫情时期全球价值链重构的背景下，为了减轻企业负担，激发市场活力，我国更是进一步实施了以增值税为重点的大规模"减税降费"政策，让积极的财政政策更加积极有为，加大增值税对产业转型升级的推动作用，大力提质增效，为经济的高质量发展提供关键的制度红利，更好地发挥财政在国家治理中的基础作用和重要支柱作用。而增值税作为"减税降费"的重头戏，在发挥重要调控作用的同时，其本身的深化改革也在逐步进行，并且增值税即将立法，增值税法律体系也应适应新时期产业发展的要求。同时，"在宏观经济政策上进行创新"尤其是创新财税政策使之适应经济形势的变化，也是习近平新时代中国特色社会主义思想有关财政理论的重要内容。深化税制改革不仅是高质量发展的内在要求，更是推动国家治理现代化的重要课题。因此，在新时期增值税作为我国的第一大税种，对生产性服务业向价值链高端延伸必将产生长期深远的影响，其政策效果也必须从动态的视角予以考量。在中国经济由高速增长阶段转为高质量发展阶段的背景下，关于增值税激励对于生产性服务业向价值链高端延伸作用效果和作用机制的研究和探索更是显得十分必要和迫切。对此进行研究将有助于考察中国经济高质量发展的内在动力以及经济结构调整的关键着力点，并为政府后续财税政策的出台提供现实和有价值的决策依据。

在此背景下，本书紧密围绕"生产性服务业向价值链高端延伸的增值税激励机制及政策优化"这一主题展开论述。全书在搭建增值税激励生产性服务业向价值链高端延伸理论框架的基础上，重点分析了增值税促进生产性服务业与制造业融合发展、产业集聚、生产率提升和全球价值链升级这四个方面的内在机制和激励效果以及疫情时期增值税怎样为生产性服务业发展提供税制动力，从而深入探索了增值税促进生产性服务业向价值链高端延伸的现实措施与实现途径。

全书共有八个章节。第一章为导论，主要阐释了本书选题的现实背景、研究的学术价值与现实意义、核心概念的界定、相关研究综述、研究思路与研究方法以及研究的创新性与不足。

第二章为增值税激励生产性服务业高端延伸的理论框架。按照生产性服务业发展的特征规律，将增值税税收激励引入生产性服务业价值链高端延伸的趋势演化之中加以考察。在增值税激励引导生产性服务业与制造业融合集聚发展的现实基础上，构筑并阐释了"产业融合—产业集聚—生产率提升—全球价值链"增值税激励效应联动理论框架。在此框架下,重点分析了增值税影响生产性服务业与制造业融合发展、生产性服务业向制造业周边集聚、生产性服务业与制造业生产率提升、生产性服务业全球价值链升级四个方面的理论机制,从而揭示了增值税对我国生产性服务业向价值链高端延伸的激励机制。

第三章为增值税激励的生产性服务业和制造业融合效应。随着产业链分工逐步深化,产业互动和关联越发紧密,推进制造业与生产性服务业的融合是中国实现新旧动能转换、产业结构升级以及经济高质量发展的重要路径。在所有的流转税税种中,增值税是最有利于推进社会分工和协作、调整产业结构的税种。本章节尝试从增值税税负的角度,揭示增值税对生产性服务业和制造业融合发展的作用渠道,考察增值税对生产性服务业和制造业产业的关联效应和融合发展效应。

第四章为增值税激励的生产性服务业集聚效应。生产性服务业在发展的过程中能够产生大规模的集聚效应,同时产业内专业化集聚或与不同产业多样化集聚产生的技术经济外部性也有利于生产性服务业企业与制造业企业间知识或技术的合作与交流并促进专业化技术共享。增值税激励优化了生产经营环节抵扣链条,有利于生产性服务业与制造业协同集聚,并促进专业化技术共享。本章节在使用区位熵测算生产性服务业集聚指数以及生产性服务业和制造业协同集聚指数的基础上,构建空间杜宾模型,研究增值税激励对生产性服务业专业化和多样化集聚的引导和锁定效应、有效集合效应,并分析增值税激励对生产性服务业与制造业协同集聚的影响程度以及由此带来的产业结构升级效应。

第五章为增值税激励的生产率提升效应研究。在供给侧结构性改革的背景下,进一步通过税制改革提高生产性服务业企业的全要素生产率,是推动生产性服务业结构升级和高质量发展的核心路径。增值税的大规模减税效应在刺激生产性服务业技术创新,提高自身生产效率的同时,也通过技术外溢、协同集聚以及融合发展的方式提升了制造业的生产效率。本部分在具体考察增值税"留抵退税"减税效果和测算微观企业全要素生产率的基础上,运用双重差分和中介效应模型重点研究增值税减税激励对生产性服务业以及制造业的生产率提升效应和现实作用路径。

第六章为增值税激励的生产性服务业价值链升级效应研究。进一步提升生产性服务业国内附加值比重,推动生产性服务业企业技术创新,提升产品质量,是实现生产性服务业全球价值链升级的重要途径。在外贸方面,增值税激励政策的一项重要内容就是出口退税政策。增值税出口退税政策的实施在推动企业积极参与国际市场竞争的同时，也对生产性服务业的技术创新、出口产品质量和国内附加值率的提升产生了积极的影响。鉴于此，本章节将税收因素引入国际分工和国际贸易理论，在使用工具变量测算生产性服务业企业出口产品质量和全球价值链地位的基础上，运用双向固定效应模型，重点研究增值税出口退税对生产性服务业的国际竞争效应、创新驱动效应和价值链升级效应。

第七章为新冠疫情冲击下生产性服务业价值链高端延伸的增值税激励效应。在全球经贸整体放缓、贸易保护主义逐渐抬头的背景下，中国对外贸易发展环境的不确定性因素正在增加，挑战和压力显著增大。特别是2020年新冠病毒感染疫情在全球蔓延以来，国际市场需求大幅下降，贸易下行压力明显增大，对生产性服务业对外贸易的发展造成了巨大的冲击。在此背景下，本章节重点分析了新冠疫情对生产性服务业发展的影响，并在此基础上探讨了增值税对生产性服务业对外贸易发展和价值链高端延伸的激励效果和提供的税制动力。

第八章为增值税激励生产性服务业价值链高端延伸的结论总结与路径优化。本章全面总结了本书的主要研究结论，并为今后进一步优化增值税政策，促进生产性服务业向价值链高端延伸提供政策建议。

本书的创新之处在于：

第一，研究思路和分析框架的创新。本书将"增值税激励"和"生产性服务业价值链高端延伸"置于一个整体理论框架之下，构建增值税激励对生产性服务业影响的理论框架，探求增值税激励促进生产性服务业向价值链高端延伸的现实路径，将多维的税收激励政策引入生产性服务业价值链向高端延伸的趋势演化与机制转化之中来加以考察，从而系统地论证生产性服务业在税收激励作用下向价值链高端延伸的发展态势。

第二，研究视角的创新。围绕"税收促进生产性服务业向价值链高端延伸"这一方向，分别从与制造业融合发展、向制造业周边集聚、生产率提升、全球价值链升级、新冠疫情冲击下的高端延伸不同研究视角出发，探求增值税税收激励促进生产性服务业向价值链高端延伸的实现路径，从而形成推动我国生产性服务业价值链高端延伸的增值税税收激励体系。

第三，研究理论的创新。以税收经济学、产业经济学、国际贸易学以及计量经济学的理论为基础和技术手段，试图突破以往从单一角度开展理论研究的桎梏，力求在中国式现代化和高质量发展的背景下，比较系统地考察税收激励对生产性服务业与制造业融合发展、向制造业周边集聚、生产效率提升、全球价值链升级以及疫情冲击下的动态影响效应及其内部作用机制，并对现有理论研究进行有效补充和深化拓展，为今后生产性服务业的高质量发展提供借鉴和依据。

谭光荣

2025 年 2 月

目　录

第一章　导论　/　1

　　一、导言：选题背景　/　1
　　二、学术价值与现实意义　/　3
　　三、核心概念的界定　/　4
　　四、相关研究综述　/　7
　　五、研究思路与研究方法　/　18
　　六、研究创新性与不足　/　23

第二章　增值税激励生产性服务业高端延伸的理论框架　/　25

　　一、增值税激励影响生产性服务业和制造业融合的理论分析　/　27
　　二、增值税激励影响生产性服务业集聚的理论分析　/　30
　　三、增值税激励促进生产率提升的理论分析　/　33
　　四、增值税激励影响生产性服务业价值链升级的理论分析　/　37
　　五、小结　/　38

第三章　增值税激励的生产性服务业和制造业融合效应　/　40

　　一、增值税激励生产性服务业和制造业融合的现实背景　/　40
　　二、样本选择、指标测度与模型构建　/　42
　　三、增值税与生产性服务业和制造业深入融合的实证分析　/　47
　　四、基于产权性质、规模、地区和行业的产业融合异质性特征　/　55
　　五、小结　/　61

第四章　增值税激励的生产性服务业集聚效应　/　64

　　一、增值税激励生产性服务业和制造业集聚的重要性　/　64
　　二、生产性服务业与制造业集聚与协同集聚的测度　/　66

三、生产性服务业与制造业集聚与协同集聚的空间相关性
   分析 / 67

四、基于空间杜宾模型的空间实证分析 / 68

五、按行业和地区分类的差异性集聚分析 / 77

六、案例分析：软件产品增值税即征即退政策的集聚效应 / 80

七、小结 / 81

第五章 增值税激励的生产率提升效应研究 / 83

一、生产性服务业生产率提升需要增值税激励 / 83

二、实证模型设定、变量选取及数据说明 / 85

三、增值税留抵退税生产率提升效应的实证分析 / 89

四、增值税留抵退税生产率提升效应的差异性效果分析 / 92

五、增值税留抵退税生产率提升效应的理论机制验证 / 102

六、增值税留抵退税政策效果的动态影响与稳健性分析 / 106

七、小结 / 110

第六章 增值税激励的生产性服务业价值链升级效应研究 / 112

一、增值税引导生产性服务业价值链提升的内外部环境 / 112

二、增值税出口退税的制度背景和历史演变 / 113

三、模型构建策略与生产性服务业价值链相关指标的
   度量 / 116

四、增值税出口退税全球价值链升级效应的实证分析 / 123

五、增值税出口退税全球价值链升级效应异质性分析 / 125

六、价值链升级的内在机制验证及稳健性检验 / 130

七、小结 / 136

第七章 新冠疫情冲击下生产性服务业价值链高端延伸的增值税激励效应 / 138

一、新冠疫情的挑战与应对 / 138

二、新冠疫情对我国生产性服务业的影响分析 / 140

三、新冠疫情下的财税政策分析 / 151

四、新冠疫情冲击下增值税对企业价值链升级的效益
　　　分析 / 155
五、小结 / 172

第八章　增值税激励生产性服务业价值链高端延伸的结论总结与路径优化 / 174

一、全书研究结论概述 / 174
二、促进生产性服务业向价值链高端延伸的路径优化 / 181

参考文献 / 185
附录1　我国激励生产性服务业发展的税收政策 / 197
附录2　课题组主要阶段性成果 / 204

第一章 导论

本书紧密围绕"生产性服务业向价值链高端延伸的增值税激励机制及政策优化"这一主题,在构建增值税激励生产性服务业向价值链高端延伸理论分析框架的基础上,重点分析增值税促进生产性服务业与制造业融合发展、产业集聚、生产率提升和全球价值链升级的内在机制和作用效果,深入探讨增值税激励生产性服务业高端延伸的现实措施与实现途径,从而为在当前中国式现代化高质量发展背景下,如何进一步深化增值税改革、优化增值税法律体系、为促进生产性服务业向价值链高端延伸提供决策依据和政策建议。作为本次研究的导论,本章主要介绍了选题背景、学术价值与现实意义、核心概念的界定、相关研究综述、研究思路与研究方法以及研究的创新性与不足。

一、导言:选题背景

近年来,生产性服务业的高质量发展逐渐成为学术界关注的热点问题。原因在于,生产性服务业作为现代服务业的重要组成部分,发展十分迅速,经济规模已然占到了国内生产总值的三分之一左右,但是同西方发达国家相比,中国的生产性服务业却始终存在着大而不强、自主创新能力较低、国际竞争力羸弱、与其他产业的融合力度不强、在全球价值链中的地位不高等问题(夏杰长和肖宇,2019)。同时,在世界百年未有之大变局下,国际贸易格局和全球价值链的变动和调整也为生产性服务业对外贸易的发展带来了很大的不确定性和挑战。因此,加快生产性服务业的改造提升和优化升级,推动生产性服务业向价值链高端延伸,不仅是调整经济结构、促进传统产业改造提升的重大举措和必然选择,更是实现中国经济高质量发展的重要途径和推动中国式现代化的内在要求。在这一大背景下,"十四五"规划提出:"以服务制造业高质量发展为导向,推动生产性服务业向专业化和价值链高端延伸。"2022年,习近平总书记在党的二十大报告中也指出：要加快构建新发展格局，着力推动高质量发展。高质量发展是全面建设社会主义现代化国家的首要任务。要建设现代化产业体系，构建优质高效的服务业新体系，推动现代服务业同先进制造业、现代农业深度融合。由此可见，加快促进生产性服务业的转型升级和向价值链高端延伸是高质量发展阶段实现中国产业结构调整、建设中国式现代化产业体系的核心要义。

近年来的实践表明，由于财税扶持力度和研究开发动力不足等原因，我国对生产性服务业的技术创新缺乏足够激励，导致我国高端领域、高端环节生产性服务业发展不足，竞争力较弱，支撑制造业转型和经济结构调整的功能无法得到充分发挥。而与此同时，我国生产性服务业的国际市场竞争格局正在发生根本性的转变，欧美发达国家主导的国际经贸规则变迁，将自身具有竞争优势的服务价值链进一步向全球延伸。同时，以新技术、新产品、新业态为动力的第三次产业革命正孕育和发展着新的市场竞争，我国以依附制造业企业谋求规模递增的传统生产性服务业发展方式不再具有可持续性，而全球新冠疫情也对其发展带来了极大的冲击。因此，亟须进一步深化生产性服务业专业化分工，培育新的竞争优势，推动对外贸易的发展和向价值链高端延伸（何树全，2018）。

为了更好地支持生产性服务业的发展，我国政府实施了一系列的财税政策，起到了一定的积极作用。但从价值构成上看，生产性服务业以"知识性"与"创新性"为主要特色，重要组成是活劳动创造价值和剩余价值。而在诸多财税政策之中，增值税作为税制结构中的主体税种也主要是对增值额征税，因此增值税税收激励是促进生产性服务业发展的重要制度性因素，在提升生产性服务业价值链地位过程中应当发挥基础性、支柱性和保障性作用。并且过往我国一直在努力实施促进产业结构优化升级的税收政策，如"营改增"极大地促进了生产性服务业的专业化分工与精细化发展，但是相比一些先进国家的激励力度，我国增值税的激励措施仍存在改进空间。如今，增值税改革正在逐步深入、增值税也即将立法，深化增值税改革和增值税法律体系的构建均应适应新时期产业发展的要求。同时，"在宏观经济政策上进行创新"，尤其是创新财税政策使之适应经济形势的变化也是习近平新时代中国特色社会主义思想有关财政理论的重要内容。深化税制改革不仅是促进经济高质量发展的内在要求，也是推动国家治理现代化的重要课题。因此，在新时期研究增值税对于生产性服务业向价值链高端延伸的激励作用及其内在机制，将有助于考察中国经济高质量发展的内在动力以及经济结构调整的关键着力点，为国家实施增值税激励政策和选择生产性服务业高端延伸的现实路径提供有价值的决策参考。

二、学术价值与现实意义

1. 学术价值

（1）**促进产业发展、加快增值税立法、不断完善税制是深化财税体制改革和建立现代财政制度的重要内容**。随着税收法制化进程的加速，"营改增"的系列规定在短期内对促进第三产业的发展发挥了较大的作用，但要保证增值税长期、稳定的作用效能，减少市场主体行为变动时滞和产业结构调整时滞的影响就必须以法的方式固定其发展方向；同时，增值税立法也是现代财政制度的具体要求。《中华人民共和国增值税法（征求意见稿）》于2019年11月27日至12月26日面向社会公开征求意见，但增值税法律体系（法律、法规、规章及各级规范性文件）的构建还需要一个过程，在此之前，与产业发展密切相关的"加计抵减"等优惠政策也即将到期。因此，不断完善增值税法律体系，使税收政策符合产业结构调整的发展方向，是建立现代财政制度的长期诉求。

（2）**增值税激励生产性服务业高端延伸的政策措施是服务业高质量发展的重要指南**。在中国式现代化和高质量发展的背景下，生产性服务业的发展面临着增长速度放缓、产业结构不合理、行业发展动力不足的问题，尤其是在百年未有之大变局下，贸易保护主义的流行和新冠疫情的暴发，使全球价值链与服务贸易格局发生了很大的变化，不确定性因素正在增加，给生产性服务业对外贸易的发展带来较大的挑战。本书从增值税激励的角度系统探讨生产性服务业与制造业的融合与集聚，通过优化生产要素利用效率、降低新技术搜寻成本来提升整体生产率，最终融入全球价值链。融入全球价值链的生产性服务业，也会反哺制造业的再融合与集聚。探求这个过程中增值税的激励途径与效果，提出系统的方案是生产性服务业向高端延伸的内在要求。

（3）**揭示增值税促进生产性服务业高端延伸的内在机制**。在增值税引导生产性服务业与制造业深度融合的基础上，通过增值税激励政策推动生产性服务业提升产品质量、激励技术创新、升级产业结构、实现全球价值链的攀升，从而构筑"产业融合—产业集聚—生产率提升—全球价值链"的税收激励效应联动理论分析框架，研究中国转型经济中生产性服务业向价值链高端延伸的增值税激励机制。

2. 现实意义

本书紧密围绕"生产性服务业向价值链高端延伸的增值税激励机制及政策优化"这一主题展开。以税收效应理论、税收控制理论和国际贸易理论等为基础,从融合效应、集聚效应、生产率提升效应和价值链升级效应等多个不同视角出发,系统考察增值税税收激励对生产性服务业的动态影响及其内部作用机制,对现有理论研究进行有效补充和深化拓展,搭建增值税激励生产性服务业向价值链高端延伸的理论框架;同时重点分析增值税对促进生产性服务业与制造业融合发展、产业集聚、生产率提升和全球价值链升级的激励效果,以实证数据为支撑深入探讨增值税促进生产性服务业高端延伸的现实措施与实现途径,为当前经济转型和结构调整背景下,进一步深化增值税改革、优化增值税法律体系、促进生产性服务业价值链高端延伸提供决策依据和政策建议。

三、核心概念的界定

1. 生产性服务业

美国经济学家 Greenfield 于 1966 年研究服务业分类时最早提出生产性服务业,他认为生产性服务业作为一种要素投入,服务于商品生产,但并不用于最终消费;1975 年美国经济学家 Browning 和 Singelmann 将生产性服务业界定为为工业生产提供保障服务的行业,并指出其具有知识密集性和专业性的特征。当前,经济合作与发展组织(Organization for Economic Co-operation Development,OECD)成员国认为生产性服务业的职能主要是提供中间投入服务,从而促进其他企业发展。而在国内,迄今为止对于生产性服务业并没有统一的定义,但认识已趋向一致。一般认为,生产性服务业企业本身并不直接向消费者提供服务,其依附于制造业企业而存在,是与制造业直接相关的配套服务业,贯穿于企业生产的上游、中游和下游等诸多环节中,以人力资本和知识资本为主要投入品。

我国为优化产业结构、促进生产性服务业的发展,曾在"十一五"规划和"十二五"规划中对生产性服务业的范围进行了简单划分。2015 年为加快发展生产性服务业、促进产业结构调整升级,国家统计局发布了《生产性服务业分类(2015)》,对生产性服务业的具体范围进行了界定;后考虑到结构调整和"营改增"后生产性服务业与生活性服务业的衔接问题，国家统计局于2019年4月对原分类标准进行了修订和调整，发布新的《生产性服务业统计分类（2019）》。我国最新的生产性服务业分类范围如表1-1所示，本书正是基于此范围进行研究。同时，由于生产性服务业按地域可以分为在地型和跨地型两种，其不仅对本地的制造业和其他产业存在影响，对全国其他地区相关产业也存在一定的辐射，本书按此分类标准选取的生产性服务业，实际上涵盖了全国所有的生产性服务业，能够为本书的研究提供较好的支撑。

表1-1 生产性服务业统计分类（2019）

行业大类	行业中类	备注（与2015版相比）
研发设计与其他技术服务	研发与设计服务	
	科技成果转化服务	
	知识产权及相关法律服务	
	检验检测认证标准计量服务	
	生产性专业技术服务	
货物运输、通用航空生产、仓储和邮政快递服务	货物运输服务	
	货物运输辅助服务	
	通用航空生产服务	新增通用航空生产服务
	仓储服务	
	搬运、包装和代理服务	
	国家邮政和快递服务	
信息服务	信息传输服务	
	信息技术服务	
	电子商务支持服务	
金融服务	货币金融服务	
	资本市场服务	
	生产性保险服务	
	其他生产性金融服务	
节能与环保服务	节能服务	
	环境与污染治理服务	
	回收与利用服务	
生产性租赁服务	融资租赁服务	
	实物租赁服务	
商务服务	组织管理和综合管理服务	
	咨询与调查服务	
	其他生产性商务服务	

续表

行业大类	行业中类	备注（与2015版相比）
人力资源管理与职业教育培训服务	人力资源管理	
	职业教育和培训	
批发与贸易经纪代理服务	产品批发服务	
	贸易经纪代理服务	
生产性支持服务	农林牧渔专业及辅助性活动	
	开采专业及辅助性活动	
	为生产人员提供的支助服务	
	机械设备修理和售后服务	新增生产用摩托车、助动车修理与维护服务
	生产性保洁服务	

2. 增值税激励

美国经济学家 Arthur Betz Laffer 于 1974 年提出著名的"拉弗曲线"，他认为在同一政府收入水平下总是存在两种不同的税率来产生相关收益，主张利用减税来激励经济增长，充分发挥税收对经济活动的激励作用。税收激励是指税收对生产、消费、投资等经济活动和行为产生激励作用的相关机制，包括国内生产一般激励、国内生产特别激励和对外贸易激励等。其中，国内生产一般激励主要指免税期、减免税等普惠性政策，国内生产特别激励主要指针对某些特殊行业或特殊地区所给予的特别优惠待遇，对外贸易激励则是对商品出口和对外投资实行退免税等鼓励措施。

增值税是一种流转税，征税对象包括纳税人销售的货物、劳务和服务以及进口货物，征税环节包括货物、劳务和服务流通的各环节以及进口环节。对生产性服务业征收增值税时，会产生税收金额影响服务价格变化从而影响行业供需结构变化的连锁反应。如果生产性服务业的增值税税负较重，导致服务成本上升，同时引发服务价格同步上升，无论是生产性服务业的供给方还是需求方，其经营负担都会增加（张岳，2010）。这不仅会影响生产性服务业的客户培育和市场开拓，也会妨碍生产性服务业企业进一步提高其自身竞争力，因此需要通过一定的增值税激励政策来为生产性服务业的高质量发展保驾护航。我国现行增值税政策对生产性服务业的激励主要以税负水平差异和相应的税收优惠为主，包括各地区由于行业结构差异和征管措施造成的税负水平差异、留抵退税等一般性增值税激励以及对交通运输、软件、金融、研发等行业的税收减免和即征即退等特殊性激励。本书通过对增值税基本征收制度下的地区税负差异和现行优惠政策在生产性服务业上产生的激励效果进行实证研究，提出增值税激励机制的优化思路，以促进生产性服务业向价值链高端延伸。除此之外，值得注意的是，由于现行的税收政策主要由中央政府负责制定，地方没有制定增值税优惠政策的权利，而增值税也由中央负责征收，随后分享给地方，所以单个企业层面的变动难以影响政策整体的制定和实施。因此，全书并未考虑企业为了获得增值税税收优惠所做出的努力及付出的相应的成本。

四、相关研究综述

生产性服务业作为新常态下中国经济增长的新动能，对推动中国经济可持续和高质量发展的重要作用不言而喻。隗斌贤（2009）提出在经济危机对世界的冲击仍在继续的形势下，我国能否最终实现整体产业结构的优化升级，进一步向专业化和价值链高端延伸仍然取决于多种因素的综合影响。邹芳（2011）认为在推动生产性服务业向价值链高端延伸的众多举措中，税收政策发挥着重要作用。但就目前而言，我国生产性服务业依然存在着税收激励不足的问题。其中，侯淑霞和王雪瑞（2014）发现这种不足主要体现在产业集聚与融合水平较低、全球价值链位置较低等方面，这直接制约着生产性服务业向高附加值、高价值链阶段攀升。江波和李江帆（2016）认为有效需求不足、供给失衡、信息化不足和研发投入少、对外开放度低以及体制机制障碍等因素严重阻碍了我国生产性服务业的高质量发展。因此，如何解决生产性服务业高端延伸问题成为理论界和实务界共同关注的话题。近些年，随着"营改增"的普及，增值税已经覆盖了全部的生产性服务业，也成为生产性服务业最主要的税负之一。为全面考察增值税的税收激励对促进生产性服务业向价值链高端延伸的政策效果和作用机制，近年来，国内外学者主要围绕税收激励与企业融合、集聚、生产率和价值链提升四个方面进行了大量的探索性研究。

（一）生产性服务业和制造业深度融合与税收激励

关于生产性服务业与制造业深度融合的探讨，学者主要关注的是两者之间的关系问题。早期的生产性服务行业主要是从制造业当中剥离出来的，直接决定了工业生产与工业技术的效率与产能。Borrás（1998）发现生产技术的日新月异使得两大行业之间的边界渐渐模糊，从简单的附属关系进一步提升到了深度融合关系。陈阳和唐晓华（2018）通过研究近些年两个行业之间的相关数据发现二者之间始终呈现出融合和互动的发展关系。

在深入研究二者关系的过程中，形成了四种主要观点，分别从需求、供给、产业互动和产业融合方向着手展开研究。

首先，国外学者 Cohen 和 Zysman（1987）认为"后工业经济"与生产性服务业概念的普及和认可是一个很好的趋势，但制造业在一国经济中仍处于不可撼动的地位，生产性服务业的发展必须依赖于制造业的发展，也必须顺应制造业的发展。因此二者的关系被一些学者认为是需求遵从型。韩德超（2009）收集了我国 1989—2008 年 20 年来的各行各业的相关数据，通过实证分析方法研究了我国制造业与生产性服务业之间的相互关系，并发现二者间一直存在着稳定的平衡，在这种均衡关系中生产性服务业的发展又依赖于制造业的发展所产生的需求。

其次，供给主导论则认为生产性服务业的发展奠定了制造业的基础与生产效率，若生产性服务业停滞不前，制造业部门也将发展困难。曹东坡等（2014）认为服务（特别是生产性服务）行业能够显著地推动制造业的前进并且对其发展存在着较强的溢出效应。

再次，也有一些学者认为产业互动，即生产性服务业与制造业之间相互协同的互动关系最能形象地描述二者相辅相成、共同发展的前景。焦爱丽（2014）通过构建固定效应模型验证了生产性服务业与制造业的互动联系，并且发现服务业专业化水平的增加将会促进制造业效率的提升，城市化水平等因素将影响二者的互动发展。同时这种互动关系也在信息革命后逐渐演变出"融合论"，即二者之间的界限逐渐趋于模糊，展现出融合的势头。贺正楚（2012）认为生产性服务业需要融入制造业的诸多环节，进一步推进价值链的升级转变，从而提高制造业的附加值。王小波（2016）、张晓涛和李芳芳（2013）则对价值链中生产性服务业与制造业的关系进行深入研究，揭示了二者之间的相互渗透是融合发展的一种现象，生产性服务业在其中起绝对的支撑作用。

最后，部分学者将生产性服务业与制造业的高度融合视为产业优化升级的重要证据之一，直接影响到生产性服务业的发展壮大与企业生产效率的提高。实际上，服务业对制造业的有益影响，在学术界早已成为共识，尤其是在制造业服务化和服务型制造两个方面。Goodman 等（1996）认为技术融合是产业融合的基础，并且是以数字信息技术为主要前提来融合本来相互独立的产品。Marceau（2002）认为生产性服务业与制造业更加密切地融合可以从消费者心理需求的角度提高产品的吸引力，进而提升产品的核心竞争力。张洁梅（2013）认为生产性服务业与制造业呈现出双向互动融合发展的演变，要通过加快市场化改革、加强信息技术的创新应用等措施来促进融合发展。杨玲（2014）认为，在生产性服务业进口复杂度提升之后，其效果能够溢出到制造行业，带来其生产效率的升高。魏艳秋和和淑萍（2018）研究了国际制造业回流和转移的规律，提出现代信息技术服务业推动了中国制造业转型升级。崔木花（2014）对长三角地区两个行业的动态联系分析发现，二者在中国经济转型升级中的联系已经越来越密切，未来进一步推动二者的融合，对中国产业结构的调整有着重要的影响。刘川（2014）以融合发展为切入点，从融合硬度、融合软度、融合深度等角度考察了我国珠三角地区生产性服务业与制造业融合发展水平与经济发展水平之间的灰色关联度，认为仍需进一步改变发展方法与路径来推动二者的融合发展。王星云（2019）指出产业融合是一项需要长期研究与改善的工程，并非一蹴而就的迅速变化，需要从技术、产品与业务、市场三个方面共同推进，最终推动产业融合升级。唐晓华等（2018）在研究生产性服务业与制造业融合发展对企业生产效率的影响中，运用灰色 GM（1，N）模型与 Malmquist 指数模型测算了生产性服务业与制造业的融合过程，并分析了制造业各分支行业 TFP 的变化情况以及对优化产业效率的差异性影响作用，为政府制定因地制宜的产业优化升级政策提供了详细的参考与依据。吕敏（2010）认为产业间的互联互动与深度融合是制造业转型升级的助推器，而税收激励政策将是促进产业间互联互动与深度融合的催化剂。

王星云（2019）发现了税收激励相比于其他财政手段具有诸多优势，虽然不能直接促进生产性服务业与制造业的融合，但它对二者融合所产生的间接刺激和外部刺激也起到了较为重要的主导作用。发力点主要体现在降低企业研发成本、增加企业研发投资、鼓励科研人员创新等多个方面。盛革（2013）构建了生产性服务业与制造业协同创新模型，通过协同创新来打破供需低效平衡等诸多制约因素。而税收激励则可以通过影响企业的技术创新、产业税负转移、产业融合发展、经济结构优化，来促进生产性服务业平衡发展并向高附加值、高价值链攀升。

（二）生产性服务业产业集聚与税收激励

由于资源禀赋与经济发展水平等方面的限制，多年来中国制造业仍然处于全球价值链的低处，为了实现制造业的进步与发展，必须寻求新的解决路径即生产性服务业集聚，因此生产性服务业集聚效应的研究成为近些年国内外专家学者研究的主题。Randles（1890）通过观察同类产业在一定区域内的发展，发现同类产业在相互作用下能够产生良好的外部规模效应。Webber（1931）总结了诸多学者的研究后，首次提出产业集聚的概念，认为产业集聚在经济发展的推动作用中占主导地位。随着生产性服务业从制造业中逐渐分离出来，Scott（1970）率先定义了生产性服务业集聚，使得对生产性服务业集聚的研究在世界范围内逐渐成为热点。

适逢国内产业转型升级的黄金时期，许多中国学者从诸多方面着手对生产性服务业集聚展开研究。余东华和信婧（2018）从全要素生产率的角度出发，研究考察了生产性服务业集聚对全要素生产率的影响，建立生产性服务业集聚区以促进制造业的转型升级。贾新宇（2014）认为产业集聚是达成突破性技术创新、增强市场竞争力的首选措施，并且能最大限度地降低市场风险。林秀梅和曹张龙（2019）对我国31个省、自治区、直辖市的具体数据进行分析研究，构建平滑迁移回归模型，研究后发现生产性服务业集聚效应对产业结构的转型升级有较为显著的非线性关系，非线性特征的主要分界点就是生产性服务业存在的一个门槛值，在门槛值的左右影响效果呈完全相反的关系。狄乾斌等（2014）利用省域就业人数，从不同角度对我国生产性服务业的地理集聚进行基于 ESDA 全局和局部的空间自相关分析，发现我国生产性服务业呈东、中、西梯次递减的"半环状"发展格局。宣烨（2012）通过研究发现，生产性服务业主要通过以下几个方面来提高制造业的效率，分别是外部性效应、竞争效应、专业化效应等。刘奕等（2017）认为生产性服务业集聚不仅可以提升制造业的生产效率，还能显著改善我国制造业在全球价值链中的较低地位，推动我国制造业由低端向高端升级。郭然和原毅军（2020）在发展新常态下从新旧动能转换的角度，通过实证分析研究了我国生产性服务业能否以及如何影响制造业生产与发展的质量，得出二者之间存在着"U"型关系，即也存在一个特定的数值，因为中国大部分省份没有突破这个特定的值，所以生产性服务业的推动作用不显著，甚至呈抑制作用。

关于生产性服务业集聚的研究，国内外学者没有简单地停留在影响效应和作用机制上，而是通过研究不同的区域分布和产业分布以不断完善生产性服务业集聚的特征。Coffey 和 Shearmur（1997）在对加拿大的研究中发现，大部分高水平服务业就业人口集中在人口较为稠密的三个城市地区。李佳洺等（2014）发现中国生产性服务业的产业格局逐渐形成，在地理上呈现出点状集中的模式，集聚特点在空间布局上也有差异。张浩然（2015）也从对我国31个省、自治区和直辖市的数据中研究发现，生产性服务业的极化现象在各大中心城市中不断增加，集聚现象区域不平衡的分布严重抑制了我国制造业与生产性服务业的协同发展。从国家范围缩小到城市或城市群范围来看，这种集聚分布不平衡现象仍然存在。Airoldi 等（1997）在对米兰的生产性服务业的研究中发现，由于中心城市集聚效应趋于饱和，使得集聚效应呈现出扩散趋势，城市交通运输业的发展进一步加速了这种扩散趋势，并预测信息时代的来临将使得生产性服务业的集聚转移至郊区。国内的研究则着重观察了一些重点经济带的集聚分布情况，陈红霞（2017）从京津冀、长三角、珠三角三大国内顶尖经济圈出发展开研究，发现这些地区的极化现象同样较为明显，且不同服务行业的集聚地区各不相同，例如金融业较多地集聚在外围城市之中。

由于生产性服务业与制造业呈现逐渐融合的趋势，专家学者从研究单一行业的集聚拓展到了两个甚至更多行业的协同集聚，分析表明协同集聚更加需要税收政策的推动。Ellison 和 Glaeser（1997）就一些水平关联企业与分布在价值链上下游的行业之间的集聚展开研究，并首次提出协同集聚的概念，引入了协同集聚测度指标来具体分析不同行业之间的协同关系。江曼琦和席强敏（2014）发现只有部分技术密集型的制造业与生产性服务业有空间协同集聚的倾向，同时城市范围内的投入产出关系是影响二者空间集聚的动因之一。吉亚辉和段荣荣（2014）通过构建垂直关联模型，发现两个行业的双重集聚现象，且在双重集聚现象中相互影响促进。虽然生产性服务业与制造业之间存在着协同集聚的关系，但二者的空间定位仍存在差异，甚至存在着一种被称为"分离式集聚"的特征。江静（2006）指出空间定位差异的原因是商业成本的差异，而增值税政策是影响商业成本的重点之一。对于生产性服务业和制造业来说，后者要素成本更为重要，因而集聚于边缘地区。而对于前者而言，交易成本更加重要，集聚于法律体系更加完善的中心城市。

税收激励作为推动生产性服务业产业集聚必不可少的推动力，近些年随着减税降负的不断实施也成为研究的热点。程中华和于斌斌（2014）通过分析地区工资水平，认为地区工资水平与两个行业的分别集聚和共同集聚存在良性互动关系，并且产业集聚对地区工资水平有较强的溢出效应。金晓雨（2015）认为生产性服务业可以通过税收的激励效应促进产业分工的专业化、降低交易成本以及促进技术外溢，进而提升制造业的效率。与此同时，刘奕（2017）指出生产性服务业通过技术外包的形式逐渐从制造业剥离并开始呈现区域性集聚和转移的特征，在此过程中税收的弹性分成和差异化的税收优惠会优化区域产业链条，促进我国生产性服务业的集聚，并依托生产性服务业集聚带动制造业在全球价值链体系下向高端跃升。

（三）生产性服务业与制造业生产率提升与税收激励

我国经济正处于由高速增长转为高质量增长的转型期，生产性服务业的发展对转变经济发展方式具有重要的作用。在此背景下，进一步提升企业的全要素生产率，是推动生产性服务业结构升级和高质量发展的核心路径。生产性服务业生产效率提升后，自身先进的技术、生产能力和集聚强度会带动中国经济的全要素生产率，从而推进中国经济的高质量发展（李平等，2017），而且也会通过技术外溢、协同集聚以及融合发展的方式推动相关行业如制造业的生产效率提升和转型升级，为突破制造业"低端锁定"的困境提供条件（任保全和叶婷，2020）。

全要素生产率是衡量产业发展的核心和基础，而税收优惠作为政府常用的政策激励工具，经常被用于激励企业的发展。对于二者之间的关系，一些学者认为税收优惠政策对企业的全要素生产率有正向的激励作用。Auerbach（1989）认为企业所得税所造成的税收减免会降低企业资金使用成本，从而刺激投资，提高制造业企业的全要素生产率。Bloom等（2002）比较了美国、英国等9个经济合作发展组织成员国的数据，发现税收政策对企业研发投入有显著的正向作用。

在近些年国内的研究中，李平等（2017）认为生产性服务业所具有的较高的技术进步水平以及对资本要素和劳动要素较强的凝聚力等可以提升宏观经济总体的全要素生产率，进而推动中国经济的可持续和高质量增长，完全可以成为新常态下中国经济高质量增长的新动能。任保全和叶婷（2020）基于上市公司2008—2018年的数据进行研究，表明税收优惠能够促进生产性服务业全要素生产率的提升，但在生产率较高时激励效应会减弱。刘方和赵彦云（2020）研究后发现金融支持和税收优惠对各类高新技术产业全要素生产率均有明显促进作用，且个体特征对促进作用有异质性影响。许坚和马广程（2021）利用省级面板数据测算税收竞争影响的直接效应和间接效应，发现劳动有效税率竞争对本地及临近地区生产性服务业劳动要素流动起到促进作用，从而助力生产性服务业全要素生产率提升，而资本有效税率竞争的作用相反。

与此同时，一些学者也将研究的目光聚焦于某项具体的税收政策尤其是税收优惠政策，探究其对企业全要素生产率的影响。如杨莎莉等（2019）发现在供给侧结构性改革期间，实施税收政策对企业生产效率有着明显的促进作用，而过度的优惠措施则会对研发、创新的主动性产生不利影响。薛钢等（2019）认为研发费用加计扣除的税收优惠政策对企业的全要素生产率有正向的促进作用,并且对于资源密集型企业的激励作用最明显。同时认为资本化加计扣除方式不利于企业的创新成果转化,税率式优惠更是会削弱其政策效果。林小玲和张凯(2019)针对企业所得税减免这一税收优惠政策,采用2012—2016年全国制造业税收调查数据和固定效应模型、系统 GMM 估计法进行研究,发现所得税减免会通过内源融资与债务融资的替代关系来提高生产率,并且这一激励作用在外资企业和小微企业中更加明显。刘柏惠等(2019)利用 2007—2012 年全国税收调查数据测算后发现增值税多档税率的简化乃至消除能够实现全要素生产率的提升。倪婷婷等(2020)考察"营改增"政策对制造业企业升级的影响,发现"营改增"促进了制造业企业升级,且该效应可以持续两期。同时,相比于税负渠道,地区服务业集聚的作用渠道发挥主要的作用。盛明泉等(2020)利用双重差分方法研究后发现"营改增"通过增加企业人力资本投入对生产性服务业企业全要素生产率的提升起到促进作用,且这一影响在国有企业中更显著。赵灿等(2021)基于 2014 年固定资产加速折旧政策,采用双重差分法检验了税收激励政策对企业国际化行为的影响,发现这一政策能够显著提升企业的出口规模和出口参与度,并且明显促进了对外直接投资规模的增大。这一"无息贷款效应",提高了全要素生产率,进而促进试点企业的国际化行为。燕洪国等(2022)利用 2008—2020 年沪深 A 股制造业上市公司数据实证检验了税收优惠政策能够通过促进企业加大创新要素投入来促进全要素生产率的提升,且税收征管强度低的地区这一提升作用更为显著。

但是,也有一些学者认为税收优惠政策不能带来全要素生产率实质性的提高。Rodrik(2004)认为企业为了获得税收优惠政策而产生寻租行为,没有将资源用于提高全要素生产率。张俊瑞等(2016)通过陕西省企业的调研数据发现,研发费用加计扣除优惠的效果存在明显的异质性,主要促进了高新技术企业的创新效率。王春元和叶伟巍(2018)认为双重税收优惠政策对企业自主创新存在抑制作用,融资约束的负效应会抵消甚至超过税收优惠对企业自主创新的正向促进作用,最终使得税收优惠政策的调整难以产生预期的积极创新效应。曹艳杰等(2018)发现产业政策虽然能够对创新的效果起到一定的促进作用,但会带来一定的扭曲和错配,特别是会给创新转化带来较大的抑制效果,不利于提升企业整体的创新效率。胡凯和吴清(2018)认为 R&D 优惠政策仅能增加研发支出,但不能增加专利产出和促进全要素生产率的提升,且外部制度环境对其发挥的作用也并不存在明显互补性效果。

（四）生产性服务业全球价值链高端延伸与税收激励

价值链理论由波特首次提出，在价值链中生产性服务业占据着重要的地位，对整个价值链的结构改善和升级起到了重要的作用。价值链是串联生产各环节的系统链条。牛蕊和郭凯旸（2018）提出价值分工已经逐步取代传统国家专业分工。生产性服务作为货物生产或其他服务的中间投入，其包括上游的活动（如研发）和下游的活动（如市场）。生产性服务中，上游服务涵盖的行业范围更窄，行业层级更高，其在知识、技术等高级生产要素方面的要求更多。换言之，上游服务业通常集聚了诸如可行性研究、产品与技术研发、风险资本研究等知识技术密集型生产服务业。席卫群（2012）认为这些知识技术密集型生产服务业既是重要产业和制造业的黏合剂，也是生产性服务业自身的强劲动力。同时指出我国的生产性服务业研发投入存在研发费用投入不足、风险投资比例低、研发力量薄弱等问题。顾国达和周蕾（2010）发现我国绝大多数生产性服务业还未完全融入全球价值链中，参与垂直专业化国际分工的水平还较低。王兴莲（2011）认为构建生产性服务业与制造业之间良好的融合平台和发展环境，有利于地方产业集群沿全球价值链升级。龚静和尹忠明（2018）利用世界投入产出表和全球价值链中的上游度指数测算方法，发现中国生产性服务业的国际竞争力较弱。唐宜红和张鹏杨（2018）通过对价值链位置和变动机制的研究发现外资的引进、企业全要素生产率和进出口的国别差异都将成为企业全球价值链转型发展的重要原因。在价值链的衡量指标上，盛斌和陈帅（2016）提出用出口国内附加值率（DVAR）来衡量各国企业的真实贸易利得和国际分工地位。在产品层面，Flam 和 Helpman（1987）的研究指出企业的出口产品质量与全球价值链地位息息相关。罗军（2019）发现生产性服务进口促进了制造业在全球价值链中的产品升级，并且不同类型的进口贸易所带来的升级模式存在明显差异。韩超和桑瑞聪（2018）、祝树金等（2019）的研究也表明提升企业的产品质量有助于企业国际地位的提升。因此，出口国内附加值率和出口产品质量水平是对一国企业全球价值链地位的有效衡量。黄蕙萍等（2020）利用实证分析研究后认为，生产性服务业全球价值链分工程度不断深化，我国生产性服务业在价值链中后向参与度不断提高但前向参与度较低，获利能力仍处于较低水平。黄繁华及洪银兴（2020）论证了生产性服务业发展水平提高能够对我国制造业全球价值链分工位置和出口国内增加值率有提升作用，但不利于我国全球价值链分工参与度的提高。崔岩等（2021）利用2005—2014年跨国行业面板数据实证检验发现，生产性服务业开放通过种类效应及创新效应对制造业价值链升级起到显著的提升作用。

汪建新（2015）认为一直以来中国凭借"人口红利"等低成本优势逐渐成为国际制造大基地，这种低端要素嵌入也使得中国制造业企业受到跨国公司的控制和挤压进而被低端锁定，位于价值链的低端环节，并且获益有限。路红艳（2009）在我国制造业转型停滞不前的严峻事态之下，提出若想实现制造业的结构转型必须充分认识到生产性服务业在全球价值链分工中的地位和重要作用，而税收激励政策则是巩固并提升这种地位的重要工具。王绍媛和罗婷等（2019）通过构建动态面板数据、应用系统 GMM 模型对生产性服务业的投入与全球价值链长度之间的关系进行研究分析，结果表明二者之间存在着显著的正向关系，除此之外劳动力的高技术化和增值税的减税降负程度均对价值链的延伸具有促进作用。樊秀峰和韩亚峰（2012）则从影响机制和集聚效应入手分析生产性服务进口对制造业的影响，结果表明前者促进了后者在全球价值链中的转型升级，并且不同类型的生产性服务进口对制造业的影响存在显著差异。张秋平（2015）认为"差别税收"、增加专项资金、加大财政扶持力度等财税政策能够有效推动制造业外包向价值链体系两端攀升。李平等（2017）通过对 TFP 指数的分解和测算，探寻生产性服务业的技术发展对全球价值链的延伸与宏观经济增长之间的关系，结果显示生产性服务业的技术水平高低直接决定了在新常态下中国经济能否实现高质量增长。苏丹妮等（2019）研究发现中国经济发展通过国内价值链连接的分工网络产生了显著溢出效应。余丽丽和彭水军（2019）通过研究发现我国各区域的生产性服务业嵌入全球价值链的地位以及方式存在差异，在制定相关经济产业政策及税收政策时，应该重视和发挥各区域资源禀赋和产业比较优势。

税收激励通过影响企业的技术创新、产业互动和互联，促进产业的融合发展，进而提升企业的国内附加值率和产品质量，因此对推动生产性服务业价值链高端延伸的重要性不言而喻。汪德华等（2010）认为税收激励是影响产业融合的关键因素，要通过税收政策的创新，鼓励服务业特别是生产性服务业的融合发展，同时认为要加大对人力资本的投入，允许服务部门人力资本进行折旧，计入成本，并在税前抵扣。姚战琪（2014）觉得进一步完善税收制度保障与人才激励机制，同时建立和推行具有新特点的收入分配方式是提升中国服务业在全球价值链下竞争力的必然要求。王星云等（2019）认为税收激励促进技术融合，进而促进产品与业务融合，最终促进产业的融合发展。白景明和何平（2019）认为生产性服务业已经追随全球价值链跨越国界分布在全球各地，利用税收激励促进我国生产性服务业上游的研发、设计等行业发展，对降低服务业被低端锁定风险，提升其在全球价值链分工中的地位至关重要。在生产性服务业转型升级，向全球价值链高端延伸的过程中，对增值税、企业所得税的调整极为敏感。王季和郭彬彬（2012）认为创新驱动是助力企业攀升全球价值链的重要渠道，研发费用加计扣除、加速折旧等所得税优惠政策的实施对促进企业自主创新激励机制的形成有着重要的推动作用。朱永明等（2019）基于中国制造业 2005—2015 年行业面板数据进行分析，认为税收优惠在一定门槛范围内对企业创新效率有提升作用。在增值税方面，白重恩（2011）的研究表明出口退税政策的实施对提升企业的出口规模和出口产品质量发挥着重要的作用：一方面，退税率的上调会降低企业出口产品的边际成本，推动企业积极参与国际市场竞争，从而显著提高企业出口产品的增长率；另一方面，周金琳（2015）认为出口退税率提高还会吸引更多企业进入出口市场，通过出口企业之间的竞争，激励企业通过自主研发、购买更高质量的中间投入品、更新机器设备、增加固定资产投资等方式来提高出口产品质量和国内附加值率，最终实现"摆脱竞争"和全球价值链升级的效果。

（五）简要评述

综上所述，以上研究为本书奠定了坚实的基础。自 1966 年美国经济学家 H. Greenfield 提出生产性服务业的初始概念至今，专家学者从融合效应、集聚效应、生产率提升、价值链分析等多个角度探索生产性服务业的发展战略和发展方向。这个概念的提出历经数十年的发展也印证了其存在的价值，成为衡量一国制造业水平与价值链定位的关键。生产性服务业已然成为世界经济中增长最快的行业之一，也成为各国投资的重中之重。生产性服务业和制造业之间产业链分工逐步深化，产业互动和关联越发紧密，推进两个行业的融合发展是中国新旧动能转换、产业结构升级以及经济高质量发展的重要路径。但现有的税收政策却无法激励其深度融合，进而更不能有效推动生产性服务业生产率提升和价值链高端延伸。专家学者对生产性服务业的重视日益提升时，也开始逐渐全方位地研究生产性服务业对全球价值链延伸的影响以及如何通过税收激励来促进这种影响。但在整体局面稳中向好的同时仍然存在一些问题，特别是在信息通信领域和科学与技术领域，中国与世界主要发达经济体的差距还十分巨大，甚至在 3 倍以上。这些差距都将成为中国制造业转型的直接障碍，并进一步拉大我国与发达国家的差距。所以必须完善促进生产性服务业发展的税收激励政策。

通过对上述研究的总结，现有研究仍有拓展的空间，主要表现在：

从融合发展的税收导向来看，税收政策引导生产性服务业与制造业融合发展、产业升级的最终方向不明确。 现有研究大多集中于通过一系列实证分析证明生产性服务业与制造业存在融合趋势，并且有助于中国在全球价值链中的定位，但未对生产性服务业与制造业融合面临的发展不平衡、协同性不强、深度不够的问题及生产性服务业产业集聚的发展方向提出系统的针对性建议。此外，对全面"营改增"后的生产性服务业增值税税收激励的分析还不完善，因此已有研究中不仅需要完善增值税税收激励机制的设计，调整税收激励政策，更应当注重税收政策调整后的激励效应，这样才能根据各地区的形势差异制定因地制宜的激励政策。

从价值链高端延伸的税收理论分析来看，税收促进生产性服务业高端延伸的理论分析框架不完整。 对税收促进生产性服务业价值链高端延伸仍是以理论分析为主，较多的研究集中于分析全球价值链高端延伸的多领域措施和最终目标，或者仅停留在零星的税收政策建议层面，不能把增值税税收激励效应用数据的形式与全球价值链的高端延伸结合。因此，对于如何构建"通过税收优惠促进生产性服务业价值链向高端延伸"的政策体系理论分析框架，仍缺乏系统深入的对策研究和路径设计。

从多税种角度对生产性服务业与制造业的影响来看，增值税促进产业集聚的作用效果和影响机制不清晰。 "营改增"全面实施后，生产性服务业与制造业受到更多税种的税收政策的影响，其中主要的便是所得税与增值税。但现行研究中所得税与增值税叠加导致产业集聚的作用效果和影响机制并不清晰，以营业税为主的研究较多，研究成果难以适应不断更新变革的税收政策。并且税收政策的概念模糊，有时是指增值税，有时是指所得税，很难形成系统的理论与方法。在增值税税收激励政策研究中，对国内产业集聚仍缺乏科学合理的指标度量。

从生产率提升的税收激励效应来看，促进生产性服务业生产率提升的增值税激励机制还不完善。 现有关于生产性服务业、制造业企业全要素生产率和税收激励的研究在学术界还存在较大的争议，尚未形成一致的结论。已有文献仍主要聚焦制造业企业，没有对现阶段生产性服务业的重要性提起足够的重视，且大多数文献都聚焦于所得税，针对流转税特别是增值税的文献还相对较少，背后的激励机制还不够完善，不利于构建促进生产性服务业生产率提升的增值税体系。

从税收激励的系统性实证分析来看，产业融合理论分析框架和实证研究不系统。 对于税收政策促进生产性服务业和制造业深度融合的研究多为定性研究或案例分析，还缺乏系统的全面的论述。较多专家学者都是从一些具有特殊性的地区，例如长三角、京津冀等大型城市圈展开研究，这些地区并不能很好地反映中国产业融合与全球价值链延伸进程中所遇到的阻碍。

五、研究思路与研究方法

（一）研究思路

本书旨在搭建增值税激励生产性服务业向价值链高端延伸研究的理论框架，深入探索增值税促进生产性服务业高端延伸的作用机制与实现途径。整体架构由三方面内容构成：第一部分为机理分析。根据生产性服务业发展的特征规律，在增值税引导生产性服务业与制造业深度融合的现实基础上，构筑"产业融合—产业集聚—生产率提升—全球价值链"税收激励效应联动理论框架，重点阐释我国生产性服务业向价值链高端延伸的增值税税收激励机制。第二部分为效应分析。该部分由具有递进关系的四方面内容组成，首先，将增值税税收激励政策与生产性服务业发展的特征结合，按照生产性服务业和制造业"融合集聚"的现实特征，分别考察增值税对生产性服务业与制造业的融合效应和产业集聚效应。其次，在融合集聚发展的背景下，从更为微观的角度研究增值税激励对生产性服务业和制造业企业全要素生产率的动态影响效应。最后，将增值税税收激励因素引入价值链升级理论，探讨由此产生的生产性服务业价值链高端延伸的效应。特别地，本书中还分析了新冠疫情所造成的冲击以及疫情下增值税对生产性服务业价值链高端延伸的重要作用。第三部分为政策建议，运用增值税税收激励与生产性服务业向价值链高端延伸的特征事实、影响机制以及其实证检验的结论，结合我国现行增值税制度的实际，就增值税激励如何有效地推动生产性服务业向价值链高端延伸进行路径设计和策略分析。具体而言，本书主要围绕以下六个方面进行理论分析和实证研究。

1. 增值税激励生产性服务业向价值链高端延伸的机制研究

在我国生产性服务业实际发展的过程中，向价值链的高端延伸可以分为两个阶段：一是生产性服务业与制造业高度融合及生产性服务业在制造业周边集聚；二是在二者的融合集聚中，具有优势的生产性服务业生产效率逐步提升，从而推动生产性服务业对外贸易的发展，进而逐步融入全球价值链。因此，根据生产性服务业实际发展的特征规律，本书将多维的税收激励政策引入生产性服务业价值链高端延伸的趋势演化与机制转化之中加以考察，在增值税激励引导生产性服务业与制造业深度融合的现实基础上，构筑"产业融合—产业集聚—生产率提升—全球价值链"税收激励效应联动理论框架，揭示增值税对我国生产性服务业向价值链高端延伸的激励机制，探求增值税税收激励促进生产性服务业价值链高端延伸的实现路径。

2. 增值税激励生产性服务业和制造业融合效应研究

生产性服务业从制造业内部分离出来后，二者之间始终呈现出融合与互动的发展态势。生产性服务业和制造业之间产业链分工逐步深化，随着高素质人才的不断集聚，人力资本和知识资本日益专业化，对制造业发展的促进作用越发明显，而制造业的转型升级同时也会反向促进生产性服务业自身的发展，生产性服务业和制造业之间的产业互动和关联越发紧密，推进制造业与生产性服务业的融合是中国新旧动能转换、产业结构升级以及经济高质量发展的重要路径。在所有的流转税中，增值税是最有利于推进社会分工和协作、调整产业结构的税种，并且从增值税"销项—进项"的核算方式来看，与上游行业的关联度越强，即中间投入越大，进项抵扣就会越多，从而减税效果越好。本书运用投入产出法来确认中间投入的关联效应以及生产性服务业与制造业的融合度；并尝试从增值税税负的角度，运用截面分析和固定效应模型相结合的方式分别对地区内和地区间的生产性服务业与制造业的产业关联效应和深入融合效应进行分析，揭示增值税对生产性服务业和制造业融合发展的作用渠道和内部作用机制，考察增值税对生产性服务业和制造业产业关联效应和深度融合的影响。

3. 增值税激励生产性服务业集聚效应研究

欧美发达国家产业结构演进的历史经验表明，生产性服务业在发展的过程中对地区内企业的创新能力、市场竞争能力和商务环境有很大的提升作用，相较于制造业能够产生更大的集聚效应，并且这一现象在大城市尤为明显。同时由于在产业内专业化集聚或与不同产业多样化集聚而产生的技术经济外部性也有利于生产性服务业企业与制造业企业间的知识或技术合作与交流并促进专业化技术共享，从而促使生产性服务业与制造业的协同集聚。增值税激励优化了生产经营环节的抵扣链条，有利于生产性服务业与制造业协同集聚，并促进专业化技术共享。本书在使用区位熵测算生产性服务业集聚指数和生产性服务业与制造业协同集聚指数的基础上，研究增值税激励对生产性服务业专业化和多样化集聚的引导与锁定效应、有效集合效应;并通过进一步构建产业结构升级指标,运用动态空间杜宾模型分析增值税激励对生产性服务业与制造业协同集聚的影响程度以及由此带来的产业结构升级效应。

4. 增值税激励生产性服务业和制造业生产率提升效应研究

我国经济正处在转变发展方式、优化经济结构、转换增长动力的重要时期,在经济增长中占主导地位的生产要素已逐渐由传统的人口、资本和土地等要素转变为以技术和知识为主的生产要素。因此研究生产性服务业和制造业的全要素生产率,有利于促进我国经济高质量发展,推动产业结构进一步优化。在供给侧结构性改革的背景下,要推动生产性服务业产业结构升级和高质量发展,必须通过深化税制改革来提高生产性服务业企业的全要素生产率。增值税的大规模减税效应在刺激生产性服务业技术创新、提高自身生产效率的同时,也通过技术外溢、协同集聚以及融合发展的方式提升了制造业的生产效率。因此,本部分在具体考察增值税"留抵退税"减税效果和测算微观企业全要素生产率的基础上,运用双重差分方法重点研究增值税减税激励对生产性服务业及制造业是否具有生产率提升效应、是否提供了促进经济高质量增长的税制动力。

5. 增值税激励生产性服务业全球价值链升级效应研究

近年来国际形势的变动使得我国未来经济发展面临着很大的不稳定性和不确定性,全球贸易保护主义的抬头和新冠疫情的影响更是使得生产性服务业对外贸易受到了较大的冲击,需要政策支持来促进对外贸易的发展和全球价值链的攀升。增值税出口退税政策的实施在推动企业积极参与国际市场竞争的同时,也对生产性服务业的技术创新、出口产品质量和国内附加值率的提升产生了积极的影响。为进一步提升生产性服务业国内附加值比重,推动生产性服务业企业技术创新、质量提升,从而实现生产性服务业全球价值链升级,本部分通过将税收因素引入国际分工和国际贸易理论,重点研究增值税出口退税对生产性服务业企业的影响,检验出口退税对生产性服务业的国际竞争效应、创新驱动效应和价值链升级效应。除此之外,本部分还特别分析了新冠疫情对生产性服务业所产生的具体影响以及政府所采取的财税政策,并在此基础上实证检验了疫情冲击下增值税对生产性服务业出口及价值链高端延伸所具有的重要作用,从而为利用增值税激励来助力"稳外贸"以及生产性服务业对外贸易的高质量发展提供一定理论依据和现实借鉴。

6. 优化增值税法律体系促进我国生产性服务业价值链高端延伸的政策建议

在经济转型和结构调整的大背景下，如何深化增值税改革，完善增值税法律体系，适应新时期产业发展的要求是摆在当前的一项重要任务。本书在研究深化增值税改革的进程中，将理论与实证研究相结合，在分析当前生产性服务业发展现状（尤其是新冠疫情发生后生产性服务业国际贸易格局发生的新变化）的基础上，探究增值税激励政策对我国生产性服务业与制造业深度融合效应、产业集聚效应、生产率提升效应及全球价值链升级效应的影响。同时在目前增值税即将立法的背景下完善增值税税式支出、调整增值税出口退税政策等促进生产性服务业价值链高端延伸的相关增值税税收政策并推敲其实现途径。

具体的研究思路如图1-1所示。

（二）研究方法

1. 案例分析与微观调研分析法

针对部分有代表性的典型企业，设计调查问卷，调研分析现有增值税和其他税收政策对企业发展现状的影响，特别采用线性图表分析法和对比分析法分别分析我国生产性服务业与制造业融合的动态演变特征、产业集聚的区域异质特征和价值链分工地位特征。

2. 理论研究方法

将税收理论引入产业经济学和国际贸易经济学，充分运用税收效应理论、税收控制理论、国际贸易理论构建起增值税与生产性服务业之间的联系，深入分析增值税税收政策对生产性服务业深度融合、集聚发展、生产率提升以及全球价值链升级的内部作用机制。

3. 计量经济方法

运用投入产出模型、区位熵、C-D生产函数等方法来分别实现对生产性服务业和制造业的产业关联指数、深入融合指数、协同集聚指数和全要素生产率的测算。计量方面，分别采用截面分析、双向固定效应模型、工具变量法、动态空间杜宾模型估计法、双重差分、中介效应模型等计量分析方法实证检验增值税税收政策对生产性服务业价值链高端延伸的激励效应及其作用机制。

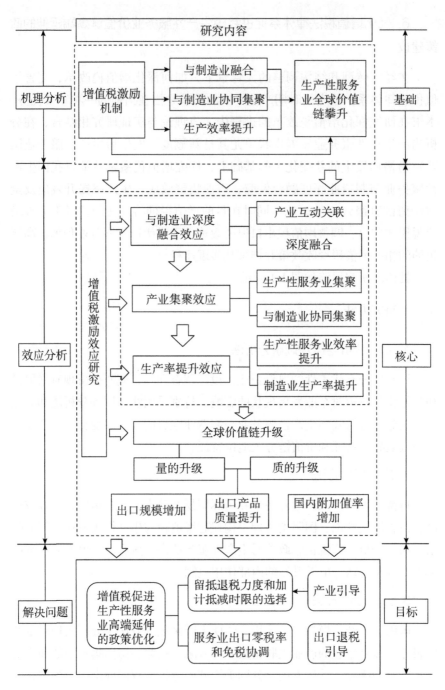

图 1-1　整体研究框架

4. 系统归纳法

通过系统研究、归纳研究和比较研究，分析生产性服务业发展与税制变迁之间的一般规律，同时对我国税制变革和生产性服务业价值链高质量发展的现状进行对比研究，深入挖掘发展中存在的问题，借鉴发达国家的发展经验。

六、研究创新性与不足

（一）研究创新性

1. 研究思路和分析框架的创新

本书将"增值税激励"和"生产性服务业价值链高端延伸"置于一个整体理论框架之下，构建增值税激励对生产性服务业影响的理论框架，探求增值税激励促进生产性服务业向价值链高端延伸的现实路径，将多维的税收激励政策引入生产性服务业向价值链高端延伸的趋势演化与机制转化之中来加以考察，从而系统地论证生产性服务业在税收激励作用下向价值链高端延伸的发展态势。

2. 研究视角的创新

围绕"税收促进生产性服务业向价值链高端延伸"这一方向，分别从与制造业融合发展、向制造业周边集聚、生产率提升、全球价值链升级、新冠疫情冲击下的高端延伸等不同研究视角出发，探求增值税税收激励促进生产性服务业向价值链高端延伸的实现路径，从而形成推动我国生产性服务业向价值链高端延伸的增值税税收激励体系。

3. 研究理论的创新

以税收经济学、产业经济学、国际贸易学以及计量经济学的理论为基础和技术手段，试图突破以往单一角度开展理论研究的桎梏，力求在中国式现代化和高质量发展的背景下，比较系统地考察税收激励对生产性服务业与制造业融合发展、向制造业周边集聚、生产效率提升、全球价值链升级以及疫情冲击下的动态影响效应及其内部作用机制，并对现有理论研究进行有效补充和深化拓展，为今后生产性服务业的高质量发展提供借鉴依据。

（二）不足之处

本书的研究为进一步优化增值税法律体系，探索增值税促进生产性服务业高端延伸的作用机制与实现途径具有积极的作用，但也存在以下可能的问题及不足之处：第一，增值税减税政策实施的过程中，其对生产性服务业的激励效应会受到地区差异和外部经济环境的影响，激励效应和作用机制有什么异同，仍需根据实际情况进一步深入考察。第二，增值税对生产性服务业产生激励效应的影响渠道应是多方面的，是否存在其他未考虑到的作用渠道，仍需从理论角度进行挖掘和深入探索。第三，增值税对于生产性服务业的激励效应必然是多维度的动态影响，囿于数据的可获取性和内生性问题的困扰，更长时期内关于增值税促进生产性服务业高端延伸的激励效应有待于进一步深入考证。第四，增值税政策有短期和长期之分，本书研究中并未对此进行细致的区分，原因在于：一是考虑到数据的可得性和内生性问题，针对某些增值税政策的考察只能局限于特定的年份；二是本书的目标是构筑起增值税和生产性服务业价值链高端延伸之间的理论联系和现实路径，而区分长短期增值税政策虽然不是主要的工作，但仍是未来值得探索的方向之一。

第二章　增值税激励生产性服务业高端延伸的理论框架

我国的生产性服务业作为现代服务业中最具活力的产业，随着社会分工细化和"服务经济"的兴起，逐渐从制造业中分离出来作为独立业态而存在。尽管生产性服务业已经从制造业内部分离出来，但二者之间始终呈现出融合与互动的发展态势。并且生产性服务业和制造业之间产业链分工的深化、高素质人才的不断集聚、人力资本和知识资本的日益专业化，对制造业发展的促进作用也会越发明显，而后者转型升级的同时也会反向促进生产性服务业自身的发展。两个行业之间的产业互动和关联越发紧密，由此也逐渐形成了生产性服务业与制造业融合发展及生产性服务业向制造业周边集聚的产业布局。在二者"融合集聚"特别是产业内专业化融合或与不同产业多样化融合集聚的发展特征下，生产成本和运输成本的下降缓解了生产性服务业和制造业的融资约束，有助于形成二者之间的规模经济。同时，生产性服务业企业与制造业企业间人才或知识的合作与交流、专业化技术的共享也在不断增加，这也极大地促进了生产性服务业和制造业企业的人才和技术升级以及研发创新。在此基础上，部分具有优势的生产性服务业企业生产效率得到逐步提升。根据新贸易理论，生产率高的企业更容易进入出口市场，出口倾向和出口规模都会显著增加，而生产率较低的企业只能继续为国内市场生产甚至退出市场。由此，生产率的提高也推动了生产性服务业对外贸易的发展，进而逐步融入全球价值链。因此，按照生产性服务业发展的特征规律，生产性服务业价值链高端延伸可以分为两个阶段：一是生产性服务业与制造业高度融合及生产性服务业在制造业周边集聚；二是具有优势的生产性服务业企业生产率逐步提升，逐步融入全球价值链并不断循环提升技术层级。

在此过程中，增值税税收激励作为重要的制度性因素，在促进生产性服务业价值链高端延伸方面起着基础性、支柱性和保障性作用。首先，从价值构成来看，生产性服务业以"知识性"与"创新性"为主要特色，重要组成是活劳动创造价值和剩余价值。增值税主要是对增值额征税，是税制结构中的主体税种。其次，从税种属性来看，在所有的流转税中，增值税是最有利于推进社会分工和协作、调整产业结构的税种，并且增值税"销项—进项"的核算方式意味着与上游行业的关联度得到加强，即中间投入越大，进项抵扣就会越多，从而减税效果越好。这有助于优化生产经营环节的抵扣链条，推动生产性服务业与制造业融合发展与协同集聚，并促进专业化技术共享。最后，从增值税改革的方向来看，增值税扩围改革接通了生产性服务业和制造业之间的抵扣链条，促进了二者的专业化分工与协同化发展。增值税降率改革则降低了生产性服务业和制造业的生产成本，激发了两个行业的市场活力。特别是增值税"留抵退税"减税政策及生产性服务业"加计抵减"等增值税优惠，是促进二者融合与集聚的重要手段。同时，增值税出口退税方法及退税率的调整使得生产性服务业中间投入品的成本降低，能有效促进生产性服务业全球价值链地位的提升。

尽管增值税与生产性服务业发展存在逻辑上的联系，但鲜有文献在一个整体的理论框架下对"增值税激励"和"生产性服务业价值链高端延伸"进行系统性的考察，对如何构建"通过增值税税收激励促进生产性服务业向价值链高端延伸"的政策体系仍然缺乏系统深入的对策研究和路径设计。鉴于此，本章节将"增值税激励"和"生产性服务业价值链高端延伸"置于一个整体理论框架之下，根据生产性服务业实际发展的特征规律，将多维的税收激励政策引入生产性服务业价值链高端延伸的趋势演化与机制转化之中来加以考察。在增值税激励引导生产性服务业与制造业深度融合的现实基础上，构筑"产业融合—产业集聚—生产率提升—全球价值链"增值税税收激励效应联动理论框架，揭示增值税对我国生产性服务业向价值链高端延伸的激励机制，探求增值税税收激励促进生产性服务业价值链高端延伸的实现路径。

因此，根据生产性服务业发展的特征规律，围绕"促进生产性服务业价值链高端延伸"这一方向，本章着重对增值税影响生产性服务业与制造业融合发展、生产性服务业向制造业周边集聚、生产性服务业与制造业生产率提升、生产性服务业全球价值链升级的理论机制进行分析，从而探求促进生产性服务业价值链高端延伸的增值税税收激励机制，也为后续章节实证分析奠定理论基础。

一、增值税激励影响生产性服务业和制造业融合的理论分析

关于生产性服务业和制造业之间的融合关系，主要存在以下四种理论假说，分别是制造业驱动生产性服务业发展的需求遵从论，生产性服务业驱动制造业发展的供给主导论，生产性服务业和制造业相互依赖、共同发展的互动论，以及二者定义的边界逐渐模糊、趋向一体的融合论。目前学术界较为赞同的观点是互动论，但随着我国经济由高速增长阶段转向高质量发展阶段，生产性服务业和制造业之间的互动关联越发紧密，推动二者融合发展在中国经济的新发展阶段有着重要的意义。生产性服务业和制造业的产业融合是指为了适应二者产业增长而引发的产业边界的模糊甚至消失现象，主要表现为产业间分工转变为产业内分工。以上海市为例，其生产性服务业与制造业的融合表现为两个方向：一是制造业企业向服务环节延伸价值链，从而转型为服务企业，二是生产性服务业企业利用科技研发能力生产产品，转型为制造业企业。无论是哪种方向，均属于产业内分工的发展趋势，企业逐渐具备自己独立的专业的服务或制造部门。目前上海市已有50多家大型制造业企业具备生产性服务部门，该部门收入已达到企业总体收入的五分之一。

然而放眼全中国，生产性服务业和制造业的融合程度仍比较低，且集中于资本或劳动密集型产业领域内。同时，由于市场在调节资源配置中的外部性，有效需求不足与缺乏创新人才等因素，都在不同程度上阻碍了生产性服务业与制造业的深度融合。那么，政府必须采取财税政策、人才引进机制等有效措施激励、推进产业融合，为其提供良好的政策环境。而财税政策在政府的各项干预措施中运用相对广泛且成熟，增值税作为中国第一税种，其"道道征收""进项抵扣"的特征不仅使税负在各个环节合理分配，更促进了不同产业之间的联系与融合。那么，增值税究竟是如何激励生产性服务业和制造业深度融合的？其激励效应是否由于地区、产权等因素存在差异？本部分构建了一个简单的理论框架进行阐释。

笔者认为，增值税激励生产性服务业和制造业深度融合的逻辑如下：首先，在供给方面，增值税影响了资本供给和技术供给。一方面，增值税在不同行业设定不同的税率，以及加计抵减、即征即退等优惠政策，调节了社会资金的分配与再分配，影响了资本供给的方向和数量。例如自2019年4月1日起，生产性服务业纳税人（特指提供邮政服务、电信服务、现代服务和生活服务的纳税人）按照当期可抵扣进项税额加计10%，抵减

应纳税额。另一方面，增值税中有关技术研发等方面的优惠政策一定程度上鼓励企业增加科学技术的投入，提高研发活动占整体活动的比重，从而影响技术供给。例如政府为鼓励"大众创业，万众创新"，规定技术转让、技术开发和与之相关的技术咨询、技术服务免征增值税，这一政策直接降低了企业研发成本，增加了研发投资。其次，在需求方面，增值税影响了国内投资需求和国外消费需求。一方面，增值税通过免税、减税、延期纳税等手段影响了企业当期利润，而投资者出于理性经济人思维调整投资方向和金额，以寻求更高收益；另一方面，增值税的出口免退税等规定一定程度上降低了本国商品与进口商品的相对价格，增强产品的国际吸引力，从而扩大国外消费需求。

增值税在供给与需求两方面的激励效应作用于产业融合的不同阶段，分别是技术融合阶段和市场融合阶段。技术融合是生产性服务业和制造业产业融合的第一步，也是最为关键的环节。由于技术研发活动具有周期长、高投入和高风险的特征，企业出于追求利益的目标通常缺乏动力开展技术研发活动，尤其是中小微企业难以承担研发支出的大额资金和研发失败的后果，那么增值税的激励效应在该阶段尤为重要。除此之外，增值税的中性特征能够减少税收政策对市场的扭曲效应，同时增值税又通过税率的设置、减免税和加计扣除等多种多样的方式有针对性地刺激企业生产发展的不同环节，更加有效地激励两个行业的深度融合。

除了上述在供给与需求方面的激励效应外，增值税销项税额扣减进项税额的核算方式也促进了生产性服务业和制造业的互联融合。按照国家界定的生产性服务业范围，生产性服务业包括研发设计与其他技术服务、货物运输、节能与环保服务等产业，呈现为其他产业提供中间服务的特征，通常与制造业存在上下游关系。例如，在高新技术服务业中，增值税核算方式增强了其与制造业的互动融合：研发与设计服务中的工程和技术研究和试验发展通过新产品的研究和开发，不仅为企业自身累积了知识资本，并通过技术外溢惠及本产业，也为下游制造业的产品生产提供了可行性和操作方案。

自"营改增"政策全面实行以来，所有服务业均已纳入增值税征税范围，除小规模纳税人以外，大多数企业采取销项税额扣减进项税额的核算方式。从此，上下游企业之间的税收抵扣链条被接通，对处于下游企业的制造业或生产性服务业而言，中间投入程序越多，可抵扣的进项税额就越多，制造业企业更愿意选择将中间业务外包给生产性服务业，进而减轻了二者的税负，一定程度上扩大了盈利空间。与此同时，企业出于税收筹划等目的更多地采取专业化分工,将精力集中于生产自身产品上,将研发设计和仓储物流等上下游程序外包给其他企业,从而促进了生产性服务业和制造业二者的融合发展。近年来,随着增值税改革不断深化,税收优惠措施愈加丰富、程度愈加强烈,不断减少制造业和生产性服务业实行专业化分工的生产成本,增加了企业的自有活动资金。这不仅刺激了制造业对生产性服务业的外包需求,也有利于推进产业结构升级和经济高质量发展。综合上述分析,增值税能够激励生产性服务业和制造业深度融合。

基于前文的分析,生产性服务业和制造业的互动融合主要通过服务外包形式来实现,而服务外包往往又伴随着人员大规模流动。就短期而言,人员大规模流动一定程度上影响就业和社会稳定问题。不难理解,长期服务于制造业的生产性服务职工的思维方式、工作技能等,通常受到企业文化环境的影响,一般情况下需要较长的时间来转变思维模式,以适应新的工作岗位。基于上述分析,可以推出,当国有资本在制造业的比重相对较高时,人员流动的概率偏低,制造业外购、分包生产性服务业的情况较少。因此相对于民营企业,国有企业性质的生产性服务业与制造业的融合程度相对较低。

结合中国特殊的制度背景进行分析。一方面,我国大型企业多为资本雄厚、规模较大的国有控股企业。通常来说,国有企业具有天然的"政治优势"和"预算软约束"(林毅夫等,2004),能够获得更多的政策支持。另一方面,国有企业以银行贷款作为债务融资的主要方式,政府的"父爱效应"能够让国有企业以较低成本获得债务融资,进而使得增值税税负的调整对国有企业的影响相对较小。除此之外,国有企业具有更为雄厚的资本、更为完善的融资渠道、更为规范及时的信息披露机制以及宏观当局的政策倾斜,信息不对称程度低,受到财政政策"挤出效应"挤占空间小;而民营企业资本力量弱小,财务管理不规范,融资渠道单一,政策支持力度不够,抵御风险能力较弱,受到挤出效应影响较大。因此国有企业在进行经营投资行为时对投资风险预期较小,受到增值税调整的激励更小;民营企业在进行投资活动时更容易受到宏观经济环境影响,会充分考虑融资投资决策,充分挖掘盈利空间,因而其对外部环境较为敏感。

综上所述,增值税激励生产性服务业和制造业深度融合的效应在不同产权企业之间存在差异,民营企业的产业融合受到增值税激励的效应更为显著。

根据国家关于生产性服务业的界定范围,生产性服务业包含许多个不同的子行业,每一种生产性服务业与制造业的互动关联存在或多或少的差异。一方面,从制造业价值链来看,可以将以上生产性服务业大致划分为三大类,第一类处于制造业价值链的上游环节,如研发技术与其他技术服务;第二类处于制造业价值链的下游环节,如批发与贸易经纪代理服务;剩下一类同时涉及制造业的上下游环节,或是贯穿整个制造业链条,如人力资源管理与职业教育培训服务。另一方面,从企业生产的角度来看,在产业链的上游,可以嵌入的生产性服务包括调研、评估和设计等服务;在产业链的中游,多为咨询、运营、运输、金融等服务的嵌入;而推广、配送、售后、回收等服务会嵌入产业链的下游。

通过对生产性服务业的再分类,可以分析增值税激励促进制造业与不同分类的生产性服务业互动融合过程的差异性。例如,人力资源管理与职业教育培训服务由于具备较高的行业专业性和保密性的特征,通常是由制造业内部的人力资源部门承担,那么该类生产性服务业与制造业的融合程度相对偏低。但人力资本作为关键的服务要素在生产性服务业与制造业的融合及进一步推动产业向价值链高端延伸方面发挥着日益重要的作用,因此研究如何通过增值税激励促进该类生产性服务业与制造业的融合具有重要意义。进一步以信息技术服务和研发服务类生产性服务业为例,说明增值税激励在生产性服务业与制造业融合时起到的重要作用。中国目前的增值税激励政策着力推进科学研究和技术开发,促进了生产性服务业知识资本的累积,从而在生产性服务业向制造业产业链条投入知识资本的过程中起到关键性作用:高新技术的研发成果作为企业知识资本的一部分具有较强的外溢性,能够促进制造业企业的技术创新并促进第二、第三产业加速融合,因此增值税激励政策对企业研发投入和产出的作用,通过知识资本这一关键要素加速了生产性服务业和制造业的融合;同时《2019年减税降费政策效应评估报告》显示高新技术企业和制造业企业对减税降费的获得感较强,表明减税降费政策能鼓励生产性服务业分类当中的高新技术企业与制造业的发展并为其进一步融合创造条件。综上所述,增值税激励产业融合效应在不同行业企业之间存在差异,如何进一步利用增值税激励政策尤其是通过人力资本要素与知识资本要素来促进不同生产性服务业与制造业的融合,是在研究生产性服务业与制造业融合问题时的重要关注点。

二、增值税激励影响生产性服务业集聚的理论分析

理论上,生产性服务业整个行业是服务于企业生产过程的,在相关产

业升级特别是制造业转型的过程中，扮演着极其重要的角色。生产性服务业的集聚则为制造业的产业升级提供了有利条件。通常来说，两个行业的产业集聚是指两个行业的相对位置集中在某地区特定的空间区域内，并且由此出现生产要素不断向该空间区域汇聚的现象。依据现象形成的原因，可分为相关行业的指向性集聚和经济联系集聚两种。前者主要是指由于区位优势相关产业在某个地方集中汇聚的现象，而后者则指不同产业之间由于经济联系和发展关系的不断加强而形成的集中聚集现象。在本书中，生产性服务业从制造业中分离出来后就一直依托于制造业。二者间密切的经济联系和发展关系决定了二者之间不仅存在指向性集聚，还存在经济联系集聚。同时，两个行业之间的经济联系集聚可以从内部和外部来表征，具体体现为生产性服务业自身内部的集聚和其与制造业的协同集聚。增值税对生产性服务业集聚的激励作用则主要体现在生产性服务业与制造业的协同集聚上。

生产性服务业依托于制造业而存在，与制造业全产业链有着密切的联系。在产业链的上游阶段，产品的研发需要咨询、市场研究、产品设计等服务；产业链中游的生产阶段，需要投入人力、技术、资本等要素进行生产，由此产生的人力资源、金融、信息技术等服务需求应运而生；产业链下游为产品销售和维护阶段，又需要物流运输、电子商务、维修外包等服务。生产性服务业融入工业产业链的方方面面，与其形成了紧密的经济关联，引入专业化人力资本和知识技术，降低了制造业企业的生产、管理和交易成本，使其产业价值链不断向更高附加值方向延伸。而增值税独特的链条抵扣政策，不仅能够从产业链上使生产性服务业与制造业的联系更为紧密，推动二者从融合走向集聚，而且进一步给予了两个行业企业巨大的税收红利，缓解了现金流压力，使得企业能够将更多的资源转向人力资本和知识技术等领域，通过人力资本升级和知识技术溢出等形式，实现第二、第三产业的进一步融合与集聚。在指向性集聚的基础上，生产性服务业和制造业的特殊关系也使得经济联系集聚现象不断深化。

首先，为了最大限度降低物流成本，实现企业利润的最大化，制造业企业通常会选择靠近市场的地方投资设厂，这样不仅有利于充分利用市场空间内集聚的生产要素，而且有助于产品的生产和出售。此时，政府的增值税改革不仅弥补了之前制造业中间投入品增值税不能抵扣的缺陷，同时通过增值税三档并两档以及降低税率等一系列举措，很大程度上为企业降低了税收负担。这在激励企业生产的同时，也将增加企业的服务需求，尤其是对制造业而言，效果更为明显。市场内部服务需求的增加会对生产性服务企业的投资产生明显的吸引效果，而随着集聚区中企业获得的规模报酬不断增加，会有越来越多的区外企业将进入集聚区，进而逐步形成具有辐射效应的集聚中心。特别地，在市场规模较为宏大且服务需求增加明显的地区，生产与物流成本的下降、信息资源可获取性的增加以及人力资本和知识技术的外溢将会对生产性服务业的发展带来巨大的好处，并产生持续性的发展效应。

其次，随着越来越多的生产性服务业企业因为经济联系汇聚到集聚区来，市场的竞争程度会明显增加，并且商品质量的同质化现象也会进一步增强市场中的竞争。在此背景下，生产性服务业或制造业企业为了获取更多的市场竞争优势，不仅会增加对研发创新的投入来提高产品供给的质量，而且采取联合生产的方式，有利于经济联系不断加强的同时进一步降低成本。由此，也会产生生产性服务业集聚在制造业周边的产业格局。而且，在增值税改革不断完善的今天，制造业与生产性服务业之间的经济往来所产生的进项税额均会在销项税额中予以扣除。这就意味着生产性服务业实际承担了生产过程中中间投入和服务部分，有助于促进制造业业务范围的核心化和专业化，也使二者之间的经济业务更密不可分，促进两个行业之间的经济联系集聚。基本而言，增值税的抵扣链条越是完善，为两个行业的这种经济联系所带来的税收优惠也就越是明显，从而也就更能够发挥增值税对生产性服务业集聚的"定向诱导"作用，两个行业的集聚化程度也就越强。由此可见，增值税改革使得制造业集聚区内的生产性服务业企业逐渐增多，并且由于抵扣链条完善所强化的经济联系也会加深两个行业的集聚化水平。

以信息传输、软件和信息技术服务业为例，在制造业产业链中，信息技术服务业虽然位于产业链的上游，但可以全程参与生产过程，在产品的研发设计、生产制造和销售维护等方面均发挥重要的作用。2021年11月30日，工业和信息化部信息技术发展司发布《"十四五"软件和信息技术服务业发展规划》，明确指出要"推动产业高效集聚发展，提升中国软件名城建设质量"。产业集聚可以通过劳动力市场的"蓄水池"效应降低生产成本和运输成本，促进产业链上下游的联通与往来，实现企业创新和整体生产效率的提高。而信息技术服务业与其他生产性服务业的不同之处在于，其行业的人力资本水平更高，知识技术溢出效应更加明显，也更易形成行业集聚的科技园区。针对这一特性，政府在信息服务业领域也推出了一系列增值税减免政策，如"软件企业出售产品所得缴纳增值税，实际税负超过3%的部分即征即退""科技孵化园向初创企业提供场地及服务的，免征增值税"等①，进一步降低了企业的税收负担。从制造业企业的角度来看，生产成本的降低增加了其他生产性服务的需求，加速了第二、第三产业的融合，从而吸引更多配套企业集聚。从信息技术服务业的角度来看，依托其人力资本和知识技术的外溢效应，也会吸引更多的生产性服务业企业进入园区，形成更大范围的规模效应。

和其他税种相比，增值税直接消除了服务业的重复征税问题，且增值税减税政策的实施减轻了企业的税费负担，降低了经营成本，提升了企业的全要素生产率，避免了其他间接税制所具有的低效率劣势。增值税在设计上主要是对增值额进行征税，且"销项—进项"的特殊核算方式使得增值税与产业链流通部分的长度无关，使其能够准确地在流通的下一环节收回部分成本，直接消除了服务业原本的重复征税问题。同时，增值税的"中性"原则也能极大地降低税收造成的资源的错配和扭曲。相比营业税，其效率水平更高，更能发挥税收的激励作用。近年来深化增值税改革进程中减税规模更是空前，政策效应逐步显现。以留抵退税和加计抵减政策为例，留抵退税政策实施后，允许部分企业在一定时期内未抵扣的进项税额一次性退还，增加了企业当期运转现金流，在当前经济低速运行的大背景下，极大地缓解了企业的融资约束，使得企业能更加专注于自己的专业化经营。加计抵减政策作为减税降费工作的重要措施，四大行业（早期税制行业分类）可按照进项税额加计10%抵减应纳税额，直接减轻了部分企业的税费负担。因此，实施增值税激励政策能够最大限度地降低生产性服务业的税费负担，且由于增值税政策的实施在生产性服务业与制造业间形成了环环相扣的链条。两个行业在增值税层面的相互监督的征税扣税机制，也有助于更好地发挥增值税的调控效率，进一步提升两个行业的协同集聚水平。

基于上述分析，增值税改革的税制统一效应和税收减免效应可以减轻两个行业的税收负担，增强经济联系，进而对推动生产性服务业和制造业集聚产生重要的税制动力。

三、增值税激励促进生产率提升的理论分析

在经济新常态下，经济发展必须坚持质量第一、效益优先的原则，需要进一步提升企业的生产效率，进而提高经济发展的质量。在生产性服务业与制造业融合集聚发展的背景下，增值税作为我国第一大税种，在进

---

① 资料来源于国家税务总局，经由作者整理得到。

一步激活企业发展动力方面的作用不容忽视。和其他税种相比，增值税直接消除了服务业的重复征税问题，且增值税减税政策的实施减轻了企业的税费负担，降低了经营成本，提升了企业的全要素生产率，避免了其他间接税制所具有的低效率劣势。近年来，由于深化增值税改革更是导致减税规模空前，政策效应逐步显现。以留抵退税政策为例，留抵退税政策实施后，允许部分企业在一定时期内未抵扣的进项税额一次性退还，增加了企业当期运转现金流，可以提高研发投资，缓解融资约束，提高企业的全要素生产率。由此可见，增值税激励对于提升企业的全要素生产率，促进企业高质量发展发挥着重要的作用。本小节在生产性服务业与制造业融合集聚的背景下，主要从人力资本、融资约束、创新研发以及规模经济四个方面分析增值税激励生产性服务业和制造业企业全要素生产率提高的作用机制（见图2-1），最后再以具体某个行业为例进一步详细地展开分析。

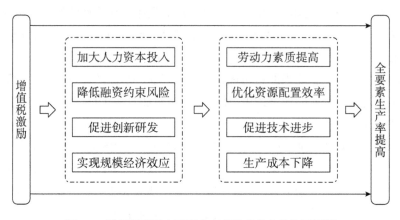

图 2-1　增值税激励全要素生产率提升效应的作用机制

1. 加大人力资本投入

优质的人力资源是企业生产率不断提升的基础和保障。生产性服务业依附于制造业企业而存在，贯穿于企业生产上中下游的整个生产过程，主要任务是为制造业生产产品提供中间必需品和服务，包括研发设计与其他技术服务、货物运输、信息服务、金融服务、商务服务等业务。生产性服务业属于知识密集型产业，以人力资本和知识资本作为主要投入品，依托企业自身专业技能和技术性服务来提供服务。通过大规模的增值税减税政策，企业的税费负担减轻，当期可支配现金流增加，可将更多的资金投入人力资本建设中，可以提高劳动力技能熟练程度，使其增加工作经验，提高创新能力，企业依托人力资本的提升提高专业化水平和市场竞争力，扩大业务总量和范围，生产性服务业和制造业企业之间联动发展，共同提升了全要素生产率。

2. 降低融资约束风险

不受融资约束的企业可以随时从企业外部获得经营所需资金，其全要素生产率不会受到融资因素影响；而受到融资约束影响的企业会面临资金不足风险，在经营决策时有所制约，难以做出最优选择，因此可能扭曲资源配置、降低企业生产率和经营效率。增值税减税激励可以从企业内外融资两个方面降低融资约束风险。营改增后，生产性服务业和制造业之间形成了完整的抵扣链条，制造业企业在购买中间产品时缴纳的税费可以抵扣，避免了重复征税问题，尤其在实施留抵退税政策后，很大程度上降低了企业的纳税负担，使企业可支配现金流增加，内部资金供给增加，从而使企业内部融资成本较低，企业可以通过增加研发投入实现生产率提高的目标。从企业外部融资视角来看，由于内部资金可获得性增加，企业本身经营风险下降，经营质量提高。而深化增值税改革向市场释放有利信号，激发市场活力与管理者的创新和经营动力，增强了外部投资者的信心。因此增值税减税激励通过降低企业内外融资成本来降低融资约束风险，资金可获得性增加，激励企业专注发展，提高生产率。

3. 促进创新研发

创新对企业长期发展和培养自身核心竞争力起着重要作用，是促进企业全要素生产率提高的关键因素。在增值税税收优惠激励的作用下，尤其是实施留抵退税政策后，企业税负成本显著下降，当期可支配现金流增加，在满足日常生产经营所需的同时，可以投入专项资金更大幅度地支持创新活动。另外，企业购买固定资产时进项税额可以抵扣销项税额，使得企业研发创新和设备更新升级的成本降低，减低因创新活动不确定性造成的沉没成本，这会刺激企业强化创新意识，关注长期发展并培养核心力量。创新带来的技术水平提升对企业全要素生产率的提高是变革性的，因此，增值税减税激励通过可支配现金流增加和投资成本降低效应来激发企业开展创新活动，增强创新能力、促进技术进步并带动全要素生产率提高。

4. 实现规模经济效应

增值税扩围改革和降率改革后，依托生产性服务业和制造业之间完整的抵扣链条，制造业企业购买中间产品作为支出成本缴纳的进项税额均可以抵扣，部分符合条件的企业还可以在留抵退税政策下获得一次性全部抵扣的资格，减税效应明显，企业的成本降低，有更多的资金和能力扩大生产规模，拓展经营业务，加大研发投入和引进高素质人才，提高生产效率。随着企业生产规模的不断扩大和资本的积累，逐渐实现产出绝对量增加，单位成本下降，使生产更加集中，利润水平得到不断提高。另外，生产性服务业和制造业分工明确，各自集中资源发展核心业务，培养核心竞争力，极大地提高了专业性和生产效率。在上下游各环节都实现规模经济效应，最终推动全要素生产率的提升。

以上分析从整体上阐明了生产性服务业与制造业融合集聚发展过程中，增值税是如何激励企业全要素生产率逐步提升的。下面以信息服务业为例，详细分析增值税是如何从上述四个方面影响其全要素生产率的。信息服务业是指现代经济中利用计算机、通信网络等技术对信息进行生产、收集、处理、加工、存储、运输、检索和利用，并提供信息服务的相关行业，具体包括各种互联网及相关服务、信息技术服务、信息传输服务以及其他相关的信息服务行业。此处选取该行业作为案例的原因，一方面在于该行业位于产业链的上游，属于知识资本密集型行业，在发展过程中与制造业融合集聚的程度相对较高；另一方面在于该行业是生产性服务业中的代表性行业，是现代生产性服务业中一个重要且快速发展的产业领域。按照上述分析，在生产性服务业与制造业融合与集聚之后，增值税激励可以通过提升人力资本、降低融资约束、促进研发创新和实现规模经济四个方面，促进信息服务业全要素生产率的提升。首先，在提升人力资本方面，增值税税费负担减轻，使得信息服务业企业有更多的资金投入人力资本的建设中，提高从业人员的技能水平与知识储备。同时，增值税激励还会促进固定资产投资的增加，从而与更高水平的人力资本产生互补效应。在以人力资本为主要中间投入品的情况下，信息服务业不仅自身从业人员将拥有更高的专业素养与技术能力，还通过融合与集聚的过程促进了关联制造业企业人力资本水平的提高，从而提升了产业整体的全要素生产率。其次，在融资约束上，在融合与集聚后，信息服务业与制造业的企业更可能从事跨领域合作，增值税的"销项—进项"的特殊核算方式，使得增值税激励政策能够同时降低生产性服务业和制造业内外部的融资约束，从而有助于更好地实施创新项目，推动产业整体的技术进步，提高全要素生产率。再次，在创新研发方面，信息服务业依赖于技术创新，研发投入是其核心竞争力之一。通过减免部分增值税税负，鼓励企业增加研发投入，推动创新活动的开展，这将有助于信息服务业的技术水平提升，推动全要素生产率的提高，并且这一效果也最终会通过产业链来传导至制造业企业。最后，信息服务业与制造业的融合与集聚过程中，增值税激励有助于形成规模经济效应。在融合集聚后，信息服务业企业与制造业企业之间可以进行更密切的合作与资源共享，共同利用先进的生产设备与技术，从而降低生产成本。增值税销项税额扣减进项税额的核算方式，使得上下游企业之间的税收抵扣链条被接通，增值税激励政策无疑会进一步加深生产性服务业与制造业间的紧密联系，促进企业形成规模经济效应，进而推动全要素生产率的提升。综上所述，增值税激励在生产性服务业与制造业融合集聚过程中，通过提升人力资本、降低融资约束、促进研发创新和实现规模经济四个方面，对信息服务业的全要素生产率提升发挥着重要的促进作用。并且这一作用效果会在一定程度上通过产业链传导至关联的制造业企业，这也有助于推动生产性服务业与制造业的快速发展及两个行业向价值链高端延伸，并推动中国式现代化的进程。

四、增值税激励影响生产性服务业价值链升级的理论分析

理论上，税收的变动与企业出口规模的变动息息相关，税负水平的变化会通过"成本效应"直接影响到企业的出口规模。在增值税激励政策当中，增值税出口退税政策更是与生产性服务业对外贸易的发展和参与全球价值链竞争的程度直接相关。增值税激励政策特别是出口退税政策在服务贸易领域的实施，降低了服务业企业的出口成本，有利于推动服务业企业产品参与国际市场竞争，从而有利于其出口规模的扩大和出口利润的增加。同时，从增值税出口退税制度的实际运行效果来看，中国政府自1985年建立起的增值税出口退税制度虽然经历了多次的调整，但是总体上来说对企业的出口贸易和企业的利润率产生了极大的促进作用（王孝松等，2010；向洪金和赖明勇，2010；周琢和陈钧浩，2016）。其中，增值税出口退税率的下调会对中国的出口贸易产生明显的抑制作用（白重恩等，2011），并且这种抑制作用对于一般贸易领域的企业尤为明显，对加工贸易领域中的进料加工贸易企业的抑制作用次之（范子英和田彬彬，2014）。相反，增值税出口退税率的向上调整则有利于企业出口额的增加（万莹，2007；林龙辉 等，2010；袁劲和刘啟仁，2016）。

如果将增值税激励政策放在当前国际贸易分工深化和全球价值链变动视角下来考量，实施增值税激励政策的意义就不仅限于促进企业出口规模的增加。长期以来，随着我国经济的发展，生产性服务业占国民经济的

比重不断增加，对推动新常态下国民经济的高质量发展发挥着重要的作用（李平等，2017），但是与发达国家相比，中国的出口产品始终伴随着技术薄弱、质量不高、附加值低的问题，并且在国际市场上存在着一定的价格劣势，长期处于价值链的低端环节，缺乏明显的竞争优势（汪建新等，2015）。当前，我国正处于三期叠加的关键时期，经济下行压力加大、产业结构升级困难增加以及中美贸易摩擦所带来的不确定性影响正在不断增加（许伟和陈斌开，2016；余泳泽等，2019），因此需要采取有效的措施来进一步提升生产性服务业的产品质量，实现出口产品的国内附加值率的增加。在生产性服务业与制造业进一步融合集聚且全要素生产率提升后，增值税激励政策的实施，尤其是增值税出口退税率的提升会吸引更多企业进入出口市场，通过出口企业之间的竞争，激励企业加强自主研发、购买更高质量的中间投入品、更新机器设备、增加固定资产投资等方式来提高出口产品质量和出口国内附加值率，最终实现摆脱竞争和全球价值链升级的目标（Melitz，2003；李秀芳和施炳展，2013；刘怡和耿纯，2016）。

五、小结

生产性服务业虽已从制造业内部分离出来，但二者之间始终呈现出融合与互动的发展态势，生产性服务业与制造业全产业链有着密切关系，并因专业服务类型的差异而分别嵌入产业链的上中下游阶段。生产性服务业的发展对制造业的发展存在明显促进效果，其中人力资本与知识资本起到了关键作用，而制造业在转型升级的同时也会反向促进生产性服务业自身的发展，由此也逐渐形成了生产性服务业与制造业融合发展及生产性服务业向制造业周边集聚的产业布局。在二者融合集聚的发展特征下，融资约束的缓解、人力资本和知识资本的累积和外溢、技术升级与研发创新均有助于形成二者之间的规模经济。在此基础上，部分具有优势的生产性服务业企业生产效率得到逐步提升，推动了生产性服务业对外贸易的发展，进而逐步融入全球价值链。总体而言，按照生产性服务业发展的特征规律，本章将生产性服务业价值链高端延伸分为两个阶段：一是生产性服务业与制造业高度融合及生产性服务业在制造业周边集聚；二是具有优势的生产性服务业企业生产率逐步提升，逐步融入全球价值链并不断循环提升价值链等级。而在此过程中，增值税税收激励作为重要的制度性因素和政府调控经济的主要政策工具，凭借其特殊的税种属性和核算方式，贯穿生产性服务业价值链升级的全过程，对促进生产性服务业价值链高端延伸起着基础性、支柱性和保障性作用。

因此，本章节按照生产性服务业发展的特征规律，围绕"促进生产性服务业价值链高端延伸"这一方向，将增值税税收激励引入生产性服务业价值链高端延伸的趋势演化与机制转化之中加以考察。在增值税激励引导生产性服务业与制造业融合集聚发展的现实基础上，构筑并阐释了"产业融合—产业集聚—生产率提升—全球价值链"的增值税激励效应联动理论框架。在此框架下，本章节以产业经济学、发展经济学、区域经济学、国际贸易经济学与税收经济学等多学科的经济理论为基础，重点分析了增值税影响生产性服务业与制造业融合发展、生产性服务业向制造业周边集聚、生产性服务业与制造业生产率提升、生产性服务业全球价值链升级四个方面的理论机制，同时选取生产性服务业中典型的部门进行了具体的案例分析，全面且详细地揭示了增值税对我国生产性服务业向价值链高端延伸的激励机制，探求增值税税收激励促进生产性服务业价值链高端延伸的实现路径。

第三章 增值税激励的生产性服务业和制造业融合效应

随着产业链分工的逐步深化,生产性服务业和制造业之间的产业互动和关联越发紧密。推进制造业与生产性服务业的融合是中国实现新旧动能转换、产业结构升级以及经济高质量发展的重要路径。在所有的流转税税种中,增值税是最有利于推进社会分工和协作,调整产业结构的税种。本章尝试从增值税税负的角度,揭示增值税对生产性服务业和制造业融合发展的作用渠道,考察增值税对生产性服务业和制造业产业关联效应和深度融合的影响。

一、增值税激励生产性服务业和制造业融合的现实背景

当前阶段,我国正面临着制造业转型升级、服务业内涵提升等多重挑战。近些年来,生产性服务业和制造业之间的关联度逐步提高,特别是技术密集型制造业对新兴生产性服务业的需求逐渐扩大,"两业"互动呈现良好态势。移动互联网、云计算和大数据等技术的快速普及,新型互联网技术的飞速发展,对于发展服务型制造业来说,也是一次历史性的机遇。倪鹏飞和肖宇(2019)利用世界投入产出表的数据测算生产性服务业与传统制造业的融合程度,发现我国制造业与服务业正反向融合度都显著低于OECD国家,表明我国产业融合程度还有较大的提升空间。

为支持产业融合,我国发布了《工业企业信息化和工业化融合评估规范》《发展服务型制造专项行动指南》等政策文件。工业和信息化部还遴选出以小米通讯技术有限公司、中航工业电子采购平台、天河工程仿真云服务平台等为代表的示范企业、示范项目和示范平台。旨在通过示范企业、示范项目和示范平台的引领带动作用以及公共服务作用,鼓励更多的生产型企业转变为"生产+服务"型企业,从而增加产品附加值,提高企业的市场竞争力和市场占有率,使其获得更高的收益。

然而,目前我国的生产性服务业与制造业在顶层设计、市场需求、内

部结构、政府扶持等方面存在诸多不足之处，阻碍了生产性服务业与制造业的进一步融合发展。首先，我国目前尚缺乏引领"两业"协同发展的顶层设计和专项计划。尚缺乏引领产业融合集聚与协同发展的整体规划纲要，无法提供方向指引；也难以针对各类生产性服务业的不同性质和各地区发展状况提供针对性指导。其次，产业融合的观念不够深入，大量服务内部化的情况，使得制造业对服务业的潜在需求无法转化为有效需求。最后，协同发展的配套政策仍有待完善。目前，我国尚缺乏促进产业创新的人才引进机制和产学研深度融合机制、缺乏避免无序竞争的行业规范、缺乏具有针对性的财政、税收扶持政策等配套措施，从而无法为产业融合提供良好的发展环境。

增值税作为我国第一大税种，其征收覆盖产品流转的各个环节，并与企业的生产经营活动密切相关，其在企业的策略选择和产业的融合方面的影响不容忽视。因此，为进一步提升我国产业融合程度、助力我国服务型制造向价值链高端方向延伸，本章将以增值税为切入点，分析我国的增值税税收政策对产业融合程度的激励效应及其改进方向。目前，我国的增值税改革不断深化，增值税制度不断完善，税收优惠政策方式愈加多样，为生产性服务业和制造业的转型升级提供了良好的环境，并为二者进一步融合发展创造了条件。"营改增"的顺利完成，完善了增值税抵扣链条，降低了制造业和生产性服务业进行专业化分工的制度成本，刺激了制造业对生产性服务业的外包需求。进一步地，近年来减税降费的不断推进，增值税税率的不断下降，减少了对企业生产资金的占用，增强了企业活力，使企业得以将更多精力放在投资研发和技术更新上。增值税销项税额减进项税额的税收设计，有利于企业技术研发成果等知识资本通过产业链产生外溢效应。此外，我国还出台了诸如纳税人提供技术转让、技术开发和与之相关的技术咨询、技术服务免征增值税等的税收优惠政策，增强了高新技术服务业与制造业企业的互动，推动了生产性服务业和制造业的创新发展与深度融合。

有鉴于此，本章将在以往研究的基础之上，更有针对性地考察增值税对生产性服务业和制造业深度融合的激励效应。本章将首先使用2007年和2012年（最新）各省投入产出表构建影响力系数和感应度系数来衡量各省生产性服务业和制造业的融合互动。结果显示，2007—2012年产业间融合程度偏低，这也间接说明我国生产性服务业和制造业的融合互动还有很大提升空间，未来有继续融合的趋势。接着将各省分行业的影响力系数和感应度系数、省级层面增值税与国泰安微观企业数据库中数据进行匹配,从形成的面板数据中分析增值税变化对生产性服务业和制造业融合的影响效应。结果显示,样本企业增值税负担提高会导致生产性服务业和制造业融合度降低,初步证明增值税调整可以激励生产性服务业和制造业融合。最后,考虑所在地域、产权性质、企业规模、所处行业等因素,对研究结果进行异质性分析。最终结果显示,增值税税负与产业融合呈显著负相关关系。这也说明增值税的变化能够激励生产性服务业和制造业融合,进而加快产业和地区间的集聚以及生产性服务业向价值链高端延伸,最终促进我国经济的高质量发展。

二、样本选择、指标测度与模型构建

(一) 样本选择和数据说明

本部分重点研究增值税如何激励生产性服务业和制造业的融合效应。回顾相关文献,发现目前国内外针对产业融合程度的测度尚未达成共识,存在较大的差异。经过系统梳理,发现关于生产性服务业和制造业融合的测度主要有四种方法:①赫芬达尔指数。计算此指数时需要获取行业的专利数据,从而构建产业融合指标,西方发达国家大多采用此方法进行融合度测算。这一指数能够较好地反映产业之间的融合与关联,但是存在专利数据获取困难等问题,故而国内很少采用相关方法进行衡量。在本章稳健性检验部分就借鉴相关的文献,采用赫芬达尔指数来衡量产业融合。具体而言,由于专利数据难以获取,相关回归中采用公式 $HHI=\sum_{i=1}^{N}\left(\frac{x_i}{x}\right)^2$ 计算赫芬达尔指数①,式中,x 代表该企业所处行业总的主营业务收入,x_i 代表单个企业的主营业务收入。②投入产出法。这一方法在现有研究中较为常见,众多国内研究中采用投入产出法构建产业融合指标进行分析(陈晓峰,2012;惠利和丁新新,2019;顾乃华和朱文涛,2019;夏斐和肖宇,2020)。由于投入产出法5年发布一次且存在较大的滞后性,结合本章研究并考虑数据可得性,我们使用2007年和2012年(最新)各省投入产出表构建影响力系数和感应度系数来衡量各省生产性服务业和制造业的融合互动。接着将各省分行业的影响力系数和感应度系数、省级层面增值税与

---

① 生产性服务业从制造业中分离出来,一般认为,产业集中程度(HHI)越高,其提供的生产性服务越多,与制造业的融合程度越高。

国泰安微观企业数据库中数据进行匹配，利用形成的面板数据分析增值税变化对生产性服务业和制造业融合的影响效应。③耦合协调度。这是一种相对较为复杂但经常使用的方法，唐晓华等（2018）就采用这一方法研究制造业与生产性服务业动态协调发展情况，但这一方法并不适用本章的研究。④其他相关方法，如熵指数法等其他拓展方法。

基于本章的研究内容，采用各省的投入产出表构建影响力系数和感应度系数作为产业融合的相关指标开展研究。之所以采用影响力系数和感应度系数进行衡量，主要有以下几个方面的原因：一是本章主要研究服务业和制造业的互动和融合，投入产出表中的行业分类比较全面和细致，与现行生产性服务业有较多重合之处，可以很好地衡量生产性服务业和制造业的融合。二是以往研究由于数据受限多采用省级层面数据进行分析，未能进一步采用微观数据进行分析。本章采用地区融合度指标、增值税税负与企业层面的数据进行匹配，从微观企业的层面进行研究，因而根据投入产出表构建的影响力系数和感应度系数能够较好地匹配本章研究。三是由于我国经济形势和经济结构发生了很大的变化，需要采用更为及时和更为合理的数据进行研究，为此本章采用最新的投入产出表数据构建产业的融合，能很好地反映科技发展、技术进步，故而能够较好反映产业间的交互和融合。四是限于数据方法以及研究主题，本章只能采用影响力系数和感应度系数作为产业融合的代理指标，且这一指标也在以往众多研究中使用，具有一定的科学性和可行性。

综合以上分析，采用2007—2012年中国A股上市公司与省级投入产出表匹配数据以及2007—2019年中国A股上市公司数据为研究样本进行相关研究①。具体而言，首先，收集各省的投入产出表，进而计算出生产性服务业和制造业的影响力系数和感应度系数，并将其作为生产性服务业和制造业融合的衡量指标②。其次，收集省级层面的增值税数据，进而与微观上市公司数据进行匹配，最终合成非平衡的面板数据。当然，如何在上市公司中筛选分离出生产性服务业对研究的开展至关重要。关于生产性服务业的范围界定，2019年国家统计局作出了详细说明。具体来说，主要以《国民经济行业分类》（GB/T 4754—2017）作为主要标准，将生产性服务业从国民经济行业分类中划分出来。因此，生产性服务业主要包括为生产活动提供的研发与其他技术服务、货物运输、通用航空生产、仓储和邮

---

① 稳健性检验部分HHI采用2007—2019年中国A股上市公司数据为研究样本。
② 以国家统计局《生产性服务业统计分类（2019）》以及《2017年国民经济行业分类》为标准，从投入产出表中筛选出生产性服务业和制造业。

政快递服务、节能与环保服务等,进一步明晰了生产性服务业的范围界定。当然,研究中需要从上市企业中分离出生产性服务业进行研究。中国上市公司目前采用证监会2012的分类方式进行划分,主要参照《国民经济行业分类》(GB/T 4754—2011),将上市公司的经济活动分为门类、大类两级。这样的划分存在连续性和重叠性,为研究的开展提供了基础。具体而言,本章将2019年国家统计局划分的生产性服务业和2012年证监会划分的行业门类进行比对,并筛选出符合条件的生产性服务业。此外,研究中删除了缺失值、异常值以及研究年度内被ST、*ST的上市公司。所使用的投入产出表来自各省以及国家统计局,上市公司相关数据来自国泰安数据库,增值税税负相关数据信息来源于2005—2015年《中国统计年鉴》等。

(二)产业融合与增值税激励的定义与度量

1. 被解释变量——产业融合

开展研究之前需要找到合适的方法对生产性服务业和制造业的融合进行衡量。正如前文所述,国内外针对产业融合程度的测度尚未达成一致,需要结合具体研究问题进行相关设计。通过文献回顾,发现目前研究主要采用赫芬达尔指数法(Gambardella and Torrisi,1998;Suzuki 和 Kodama,2004;刘奕等,2017)、投入产出法(顾乃华和朱文涛,2019)以及耦合协调度(唐晓华等,2018)等方法。本章主要从增值税角度探讨增值税的税负变化如何激励生产性服务业和制造业的融合,涉及微观层面的探讨。为此,采用各省的投入产出表构建影响力系数和感应度系数对生产性服务业和制造业融合进行衡量,在稳健性检验部分则采用赫芬达尔指数法衡量产业融合。其中,本章中主要使用投入产出表构建影响力系数和感应度系数来衡量产业融合,并探讨增值税的税负变化如何激励生产性服务业和制造业的融合。但限于数据和方法,本章中仅分析二者之间的互动融合而没有详细区分其产业关联变化的短期和长期作用机理。当然,区分其短期和长期作用机理是本文未来需要继续深化和努力探索的方向。具体的,影响力系数($influ$)是指在国民经济中,如果某一部门增加了一单位的最终使用,那么除此之外的国民经济其他部门中产生的生产需求的波动程度,这一指标可以反映国民经济中各产业部门向后关联的程度。借鉴陈晓峰等(2012)、惠利和丁新新(2019)的相关研究,采用以下公式计算影响力系数[①]:

[①] 基础回归中采用感应度系数衡量产业融合,稳健性检验部分采用影响力系数衡量。

$$influ_i = \sum_{j=1}^{n} b_{ij} \Big/ \frac{1}{n}\sum_{i=1}^{n}\sum_{j=1}^{n} b_{ij} \quad (i,j=1,2,\cdots,n) \quad (3\text{-}1)$$

感应度系数（feel）代表如果国民经济的某一部门增加一单位的最终使用所造成的需求感应程度，与影响力系数相反，这一指标可以反映国民经济中各产业部门的向前关联程度。借鉴陈晓峰等（2012）、惠利和丁新新（2019）等的相关研究，采用以下公式计算感应度系数：

$$feel_i = \sum_{j=1}^{n} g_{ij} \Big/ \frac{1}{n}\sum_{i=1}^{n}\sum_{j=1}^{n} g_{ij} \quad (i,j=1,2,\cdots,n) \quad (3\text{-}2)$$

2. 解释变量——增值税激励

关于增值税激励的衡量，主要采用增值税税负的变化进行衡量。分税制改革以来，增值税作为我国的第一大税种，对我国经济的发展做出重要贡献，另外，增值税的征收涉及生产、加工、销售等各环节，并与企业的生产经营活动密切相关，其税负的变化能够较好地反映企业增值税税负的变化，进而影响企业的策略选择和产业的融合。因此，本章中采用增值税税负的变化来衡量增值税激励的效果，用于捕捉增值税税负的调整如何作用并影响生产性服务业和制造业的融合。众多的研究也基于以上的思路进行，比如范子英和彭飞（2017），通过"营改增"改革前后企业税负的变化来分析"营改增"的减税效应和分工效应，认为只有存在产业互联的企业才存在明显的减税效应，有效地推动了跨地区的分工与协作。陈钊和王旸（2016）检验了"营改增"后企业增值税税负变化促进专业化分工的两种可能。

3. 控制变量的选取

结合研究内容，为了保证研究结果的可靠与稳健，研究中需要控制一些可能影响生产性服务业和制造业融合的变量。具体而言，参考以往的相关研究（顾乃华和朱文涛，2019；唐晓华 等，2018），主要控制了固定资产比率（fix）、企业规模（size）、资产负债率（tl）、盈利能力（roa）、成长机会（tobin）、企业年龄（age）、行业变量（ind）、实际GDP增长（gdp）、对外直接投资（fdi）、采用各省申请专利数据衡量的创新能力（inno）等一系列对产业融合产生影响的因素。另外，为防止极端值和异常值对回归结果的影响，对相关变量进行清理，并对以上连续变量上下1%的值进行了缩尾处理。具体变量的详细阐述如表3-1所示。

表 3-1 变量的定义

变量符号	变量名	变量定义
feel	感应度系数	具体定义见正文
influ	影响力系数	具体定义见正文
HHI	赫芬达尔指数	具体定义见正文
HHI2	赫芬达尔指数 2	具体定义见正文
HHI3	赫芬达尔指数 3	具体定义见正文
HHI4	赫芬达尔指数 4	具体定义见正文
vtax	增值税税负	地区增值税税负
roa	盈利能力	企业息税前净利润与总资产比值
tobin	成长机会	公司市值／公司账面值
tl	资产负债率	资产负债率 = 负债合计／总资产
size	企业规模	总资产的自然对数
age	企业年龄	企业开业至今总年限
fix	固定资产比率	固定资产与总资产的比值
gdp	实际 GDP	各省实际 GDP 增长率
fdi	直接投资	国际直接投资
inno	创新能力	地区专利数

（三）增值税激励产业融合的模型构建

为了检验增值税税负变化如何激励生产性服务业和制造业的融合，本部分中设计如下模型来研究增值税如何激励生产性服务业和制造业的融合，进而促进产业的集聚，助推生产性服务业向价值链高端延伸，最终促进我国经济的高质量发展。

$$feel_{it}=\alpha_0+\beta_1 vtax_{it}+\gamma control_{it}+\alpha_i+\alpha_t+\phi_{it} \tag{3-3}$$

式中，$feel_{it}$ 为被解释变量，表示生产性服务业和制造业的融合，基础回归中用感应度系数表示；α_0 为模型的截距项；α_i 代表企业层面的固定效应，用于控制企业层面不随时间改变的因素对产业融合的影响；α_t 为时间层面的固定效应，用于控制时间效应对产业融合的影响；$vtax_{it}$ 为增值税激励衡量指标，用于检验增值税税负变化如何激励生产性服务业和制造业的融合；$control_{it}$ 为其他可能影响被解释变量，即产业融合的一系列控制变量，其中包括资产负债率、公司规模、创新能力等公司层面的特征变量以及实际 GDP 等宏观层面的变量，用于控制企业层面以及宏观层面随时间变化的因素对产业融合的影响；ϕ_{it} 为误差项。在模型（3-3）中，重点关心 $vtax_{it}$ 的系数 β_1，其代表了增值税激励对生产性服务业和制造业的融合影响。

三、增值税与生产性服务业和制造业深入融合的实证分析

（一）相关变量的描述性统计与基本特征

1. 描述性统计

表 3-2 报告了本部分主要变量的描述性统计结果，可以发现，产业融合 $feel$ 均值为 0.820，这说明 2007—2012 年产业间融合程度偏低，这也间接说明我国生产性服务业和制造业的融合互动还有很大提升空间，未来有继续融合的趋势。产业融合的最小值为 0.203，最大值为 4.123，二者之间存在一定的差异，这说明样本企业产业间融合程度相差较大。当然为了保证研究结果的稳健性，还采用其他方式（$influ$、HHI、HHI2、HHI3、HHI4）来衡量产业融合度，其变量的描述性统计如表 3-2 所示。观察发现产业融合度并未有明显的改变，这也间接说明基本回归结果稳健，但具体结果还须后文继续检验。增值税激励指标 $vtax$ 的最小值为 0.077，最大值为 28.642，最小值与最大值之间存在巨大的差距，这充分说明地区增值税负担的巨大差距，也间接说明地区可以通过调整增值税负担激励企业产业融合。其余为影响产业融合的一系列公司层面的特征变量以及宏观层面的变量，从表 3-2 中的数据可以看出，本章中选取的各控制变量无极端值，且存在一定的差异，恰好说明了实际情况中不同的上市公司企业存在个体差异，此处不再一一阐述。

表 3-2　变量的描述性统计

变量名	样本量	均值	标准差	最小值	中位数	最大值
feel	2800	0.820	0.576	0.203	0.618	4.123
influ	2800	1.030	0.198	0.347	1.058	2.132
vtax	2800	3.420	2.544	0.077	2.908	28.642
fdi	2800	55.425	52.767	0.000	35.393	160.046
gdp	2800	105.729	74.935	0.000	82.638	251.502
inno	2800	72.792	75.792	28.000	33.530	221.530
roa	2800	0.050	0.053	−0.165	0.042	0.196
roe	2800	0.070	0.116	−0.700	0.073	0.336
size	2800	21.600	1.184	19.345	21.423	25.910
age	2800	7.400	5.675	0.000	7.000	22.000
tobin	2800	1.890	1.054	0.938	1.572	9.207
tl	2800	0.420	0.211	0.045	0.424	0.918
fix	2800	0.250	0.161	0.002	0.214	0.728

2. 相关性分析

本部分主要变量的相关系数检验如表 3-3 所示。其中，产业融合 feel 与增值税激励 vtax 呈负相关，说明样本企业增值税负担提高会导致生产性服务业和制造业融合度降低，初步证明增值税调整可以激励生产性服务业和制造业融合。其他一系列公司层面的特征变量也并无异常，从表中数据可以看出，各变量之间的相关系数大部分小于 0.5，说明变量之间不存在严重的多重共线性，控制变量的选择较为合理。

表 3-3　变量的相关系数

	feel	vtax	fdi	gdp	inno	roa	size	age	tobin	tl	fix
feel	1										
vtax	−0.173	1									
fdi	−0.078	0.876	1								
gdp	−0.125	0.856	0.784	1							
inno	−0.171	0.811	0.657	0.721	1						
roa	0.022	0.040	0.051	0.037	0.038	1					
size	−0.090	−0.006	−0.056	−0.014	0.040	−0.031	1				
age	−0.025	−0.172	−0.161	−0.217	−0.173	−0.211	0.276	1			
tobin	0.073	−0.175	−0.092	−0.205	−0.209	0.303	−0.313	0.169	1		
tl	0.003	−0.203	−0.159	−0.189	−0.223	−0.394	0.435	0.433	−0.064	1	
fix	−0.037	−0.186	−0.152	−0.135	−0.249	−0.190	0.146	0.153	−0.055	0.211	1

注：估计结果保留三位小数。

（二）生产性服务业细分行业与制造业融合程度分析

表 3-4 报告了生产性服务业细分行业与制造业融合程度的测度结果。由表第（3）列可知，在 2012 年，相较于其他行业，软件和信息技术服务，电信、广播电视和卫星传输服务及互联网和相关服务三个生产性服务业与制造业融合程度相对较高，铁路运输、道路运输、水上运输、航空运输、多式联运和运输代理、装卸搬运和仓储和邮政快递服务等行业与制造业的融合度相对较低。其中，软件和信息技术服务，电信、广播电视和卫星传输服务及互联网和相关服务这三个生产性服务业均属于高端生产性服务业，具有知识资本密集型的特点，主要嵌入产业链的上游，更多地服务于

制造业企业的开发、设计、生产和制造等环节，体现出了与制造业更高的融合程度。相比之下，铁路运输、道路运输、水上运输、航空运输、多式联运和运输代理、装卸搬运和仓储和邮政快递服务等行业属于低端生产性服务业，具有劳动密集型的特点，主要嵌入产业链的下游，更多地服务于制造业企业的产品运输环节，与制造业的融合程度也相对较低。

进一步观察 2007 年和 2012 年各行业与制造业融合度的变化可知，电信、广播电视和卫星传输服务，互联网和相关服务及软件和信息技术服务三个行业在 2007 年到 2012 年与制造业融合程度相对升高，铁路运输、道路运输、水上运输、航空运输、多式联运和运输代理、装卸搬运和仓储和邮政快递服务等行业的融合程度相对降低。这一方面符合生产性服务业的产业升级与价值链高端延伸的发展方向；另一方面也体现出在生产性服务业高质量发展的过程中，相比低端生产性服务业，高端生产性服务业和制造业融合得更为紧密。因此，在后续增值税激励的过程中，也更容易对高端生产性服务业与制造业的融合水平产生激励效果。

表 3-4　生产性服务业细分行业与制造业融合程度描述性统计

行业名称	2007 年融合度	2012 年融合度
铁路运输	1.049	0.286
道路运输	0.918	0.340
水上运输	0.753	0.318
航空运输	0.703	0.311
多式联运和运输代理	0.666	0.312
装卸搬运和仓储	1.360	0.284
邮政快递服务	0.565	0.290
电信、广播电视和卫星传输服务	0.753	1.090
互联网和相关服务	0.726	1.039
软件和信息技术服务	0.684	1.124
货币金融服务	—	0.474
资本市场服务	0.965	0.485
保险业	1.026	0.469
其他金融业	0.780	0.505
研究和试验发展	0.366	0.274
专业技术服务	0.397	0.288
科技推广和应用服务	0.625	—

（三）对产业融合影响的实证结果与分析

理论分析预期增值税税负与生产性服务业和制造业融合负相关，表 3-5

报告了增值税税负变化对生产性服务业和制造业融合的 OLS 回归检验结果。其中，vtax 为增值税税负变化对产业融合的估计结果，需要重点关注。具体而言，第（1）列的 OLS 回归结果未添加稳健标准误，第（2）列为在第（1）列的基础上控制了稳健标准误的生产性服务业和制造业融合回归结果，研究发现在控制稳健标准误，考虑异方差问题后回归结果发生了明显变化，初步分析表明增值税税负变化与生产性服务业和制造业融合呈负相关关系。第（3）、（4）列则进一步报告了控制年份和企业层面固定效应后的回归结果。其中，第（3）列为控制时间层面固定效应后的基础回归，第（4）列为控制公司层面固定效应后的回归结果。对比可以发现，在使用 OLS 方法进行回归估计时，得到的结果并不稳健，回归系数的符号也存在很大的差异，说明使用 OLS 估计的结果有偏，并不能反映增值税税负变化对生产性服务业和制造业融合的影响。因此，为了得到更加稳健的研究结果，采用固定效应模型进行分析，估计结果如表 3-6 所示。其中第（1）~（5）列分别为加入一系列影响生产性服务业和制造业融合的因素后的结果，第（6）列为控制相关变量并控制企业和时间层面固定效应后的结果。观察相关的回归结果，不难发现，增值税税负与产业融合呈显著负相关关系。随着增值税税负的增加，生产性服务业和制造业的融合程度逐渐降低，这也说明增值税的变化能够激励生产性服务业和制造业融合，进而加快产业和地区间的集聚，生产性服务业向价值链高端延伸，最终促进我国经济的高质量发展。为此，在未来的战略规划中要继续加大对生产性服务业的投入，使其成为经济发展的新动能，进而推动我国经济的可持续健康发展。

表 3-5 增值税税负变化对产业融合的 OLS 回归结果

变量名	（1）	（2）	（3）	（4）
	feel			
vtax	−0.137***	−0.137***	−0.151***	−0.103***
	（0.012）	（0.034）	（0.040）	（0.032）
fdi	0.000***	0.000***	0.000***	0.000*
	（0.000）	（0.000）	（0.000）	（0.000）
gdp	0.000***	0.000**	0.000	0.000***
	（0.000）	（0.000）	（0.000）	（0.000）
inno	0.000***	0.000*	0.000	0.000
	（0.000）	（0.000）	（0.000）	（0.000）
roa	−0.151	−0.151	0.000	0.182
	（0.242）	（0.236）	（0.235）	（0.506）

续表

变量名	(1)	(2)	(3)	(4)
	feel			
tobin	−0.010	−0.010	0.010	0.027
	(0.012)	(0.013)	(0.013)	(0.027)
tl	0.041	0.041	0.154**	0.261
	(0.067)	(0.070)	(0.071)	(0.197)
size	−0.003	−0.003	−0.012	−0.068
	(0.011)	(0.011)	(0.011)	(0.059)
age	−0.003	−0.003	−0.006***	−0.206***
	(0.002)	(0.002)	(0.002)	(0.041)
fix	−0.044	−0.044	0.036	0.095
	(0.069)	(0.065)	(0.066)	(0.231)
Constant	0.911***	0.911***	0.922***	2.937**
	(0.234)	(0.220)	(0.218)	(1.363)
N	2800	2800	2800	2800
robust	NO	YES	YES	YES
year	NO	NO	YES	YES
firm	NO	NO	NO	YES
R^2	0.087	0.087	0.107	0.710

注：括号内为标准误；*、**、*** 分别表示在10%、5%、1% 的显著性水平上显著。

表 3-6 增值税税负变化对产业融合的面板回归分析结果

变量名	(1)	(2)	(3)	(4)	(5)	(6)
	feel					
vtax	−0.109***	−0.110***	−0.103***	−0.103***	−0.103***	−0.103***
	(0.032)	(0.032)	(0.028)	(0.024)	(0.024)	(0.028)
fdi	0.000**	0.000**	0.000**	0.000***	0.000***	0.000**
	(0.000)	(0.000)	(0.000)	(0.000)	(0.000)	(0.000)
gdp	0.000***	0.000***	0.000***	0.000***	0.000***	0.000***
	(0.000)	(0.000)	(0.000)	(0.000)	(0.000)	(0.000)
inno	−0.000	−0.000	0.000	0.000	0.000	0.000
	(0.000)	(0.000)	(0.000)	(0.000)	(0.000)	(0.000)
roa		−0.033	0.182	0.182	0.182	0.182
		(0.405)	(0.464)	(0.437)	(0.437)	(0.464)
tobin		0.048**	0.027	0.027	0.027	0.027
		(0.020)	(0.022)	(0.024)	(0.024)	(0.022)
tl			0.261	0.261	0.261	0.261
			(0.164)	(0.166)	(0.166)	(0.164)

续表

变量名	（1）	（2）	（3）	（4）	（5）	（6）
			feel			
size			−0.068	−0.068	−0.068	−0.068
			(0.049)	(0.044)	(0.044)	(0.049)
age			−0.009	−0.009	−0.009	−0.009
			(0.011)	(0.010)	(0.010)	(0.011)
fix			0.095	0.095	0.095	0.095
			(0.190)	(0.199)	(0.199)	(0.190)
Constant	0.026	−0.096	1.249	1.249	1.249	1.249
	(0.303)	(0.311)	(1.069)	(0.933)	(0.933)	(1.069)
N	2800	2800	2800	2800	2800	2800
robust	YES	YES	YES	YES	NO	YES
year	NO	NO	NO	NO	NO	YES
firm	YES	YES	YES	YES	YES	YES
R^2	0.064	0.069	0.075	0.075	0.075	0.075

注：括号内为标准误；**、*** 分别表示在5%、1%的显著性水平上显著。

（四）相关的稳健性检验分析

1. 替换产业融合指标

为了进一步验证前文的研究结论，保证研究结果的稳健性，在借鉴以往研究并充分考虑数据可得性的基础上，采用其他可以衡量产业融合的方式，对上述模型重新检验。具体的，重新度量产业融合的几种方式如下。首先，用影响力系数代替感应力系数对产业融合进行测度并重新进行回归检验。其次，将HHI模型中的 x 的值替换为所有者权益、公司资产总计以及公司营业收入对应的数值，从而获得赫芬达尔指数（HHI2、HHI3、HHI4）[①]，并将模型（3-1）中的被解释变量替换，重新进行实证检验，如若检验结果显示增值税税负的系数不再显著，则表示结论存在偏误，不够稳健；反之，若回归后增值税税负的系数仍然显著，则表明结果具有稳健性。具体结果如表3-7和表3-8所示。结果表明，在替换产业融合的度量方式后，作为解释变量的增值税税负对被解释变量即产业融合的回归结果仍然显著为负，说明结论是稳健的。

---

① HHI的回归结果也与预期一致，并不存在明显的偏误，数据方面，使用2007—2019年的面板数据进行检验，限于篇幅未报告HHI的结果。

表 3-7 替换被解释变量 I 后的回归结果

变量名	（1）	（2）	（3）	（4）	（5）	（6）
	influ					
vtax	−0.014***	−0.014***	−0.014**	−0.014*	−0.014*	−0.014**
	（0.004）	（0.004）	（0.006）	（0.008）	（0.008）	（0.006）
fdi	0.000	0.000	0.000***	0.000***	0.000***	0.000***
	（0.000）	（0.000）	（0.000）	（0.000）	（0.000）	（0.000）
gdp	0.000***	0.000***	−0.000	−0.000	−0.000	−0.000
	（0.000）	（0.000）	（0.000）	（0.000）	（0.000）	（0.000）
inno	0.000	0.000	0.000***	0.000***	0.000***	0.000***
	（0.000）	（0.000）	（0.000）	（0.000）	（0.000）	（0.000）
roa		−0.123	0.172	0.172	0.172	0.172
		（0.095）	（0.136）	（0.146）	（0.146）	（0.136）
tobin		−0.006	−0.004	−0.004	−0.004	−0.004
		（0.004）	（0.007）	（0.008）	（0.008）	（0.007）
tl		0.035	0.056	0.056	0.056	0.056
		（0.022）	（0.047）	（0.056）	（0.056）	（0.047）
size			−0.014	−0.014	−0.014	−0.014
			（0.013）	（0.015）	（0.015）	（0.013）
age			0.006*	0.006	0.006	0.006*
			（0.003）	（0.004）	（0.004）	（0.003）
fix			0.053	0.053	0.053	0.053
			（0.059）	（0.067）	（0.067）	（0.059）
Constant	1.049***	1.051***	1.142***	1.142***	1.142***	1.142***
	（0.008）	（0.017）	（0.280）	（0.311）	（0.311）	（0.280）
N	2800	2800	2800	2800	2800	2800
robust	YES	YES	YES	YES	NO	YES
year	NO	NO	NO	NO	NO	YES
firm	YES	YES	YES	YES	YES	YES
R^2	0.007	0.012	0.041	0.041	0.041	0.041

注：括号内为标准误；*、**、*** 分别表示在 10%、5%、1% 的显著性水平上显著。

表 3-8 替换被解释变量 II 后的回归结果

变量名	（1）	（2）	（3）	（4）	（5）	（6）
	HHI2		HHI3		HHI4	
vtax	−0.002***	−0.001**	−0.002***	−0.001**	−0.002***	−0.001**
	（0.001）	（0.001）	（0.001）	（0.001）	（0.001）	（0.001）
Control	YES	YES	YES	YES	YES	YES
Constant	0.153***	0.159***	−0.122	−0.124	−0.124***	−0.149
	（0.002）	（0.007）	（0.104）	（0.104）	（0.046）	（0.115）

续表

变量名	（1）	（2）	（3）	（4）	（5）	（6）
	HHI2		HHI3		HHI4	
N	2781	2781	2781	2781	2781	2781
robust	YES	YES	YES	YES	YES	YES
year	NO	YES	NO	YES	NO	YES
firm	YES	YES	YES	YES	YES	YES
R^2	0.034	0.064	0.080	0.081	0.081	0.106

注：括号内为标准误；**、*** 分别表示在5%、1%的显著性水平上显著。

2. 控制地区层面控制变量

前文的研究中控制了时间和企业层面的固定效应，但是仍然可能存在随地区不同而出现产业融合程度不同的情况，出现遗漏变量问题，进而影响研究结果。为了保证前文研究结果的稳健性，通过采用不同的方式调整并控制地区层面的变量，来观察回归结果的稳健性。如果在控制地区层面的变量之后，研究结果并未发生明显的改变，则说明研究结果是稳健的，反之则认为研究结果存在偏误。具体回归的检验结果如表3-9第（1）～（5）列所示，从表中数据不难发现，在不同情况的调整下增值税税负均与产业融合显著负相关，这进一步说明前文的研究结果是稳健的。

表 3-9 控制地区层面的变量后的回归结果

变量名	（1）	（2）	（3）	（4）	（5）
	feel				
vtax	−0.151***	−0.103***	−0.129***	−0.129***	−0.103***
	（0.040）	（0.024）	（0.029）	（0.032）	（0.028）
fdi	0.000***	0.000***	0.000***	0.000***	0.000**
	（0.000）	（0.000）	（0.000）	（0.000）	（0.000）
gdp	0.000	0.000***	0.000***	0.000***	0.000***
	（0.000）	（0.000）	（0.000）	（0.000）	（0.000）
inno	0.000	0.000	−0.000	−0.000	0.000
	（0.000）	（0.000）	（0.000）	（0.000）	（0.000）
roa	0.000	0.182	0.571	0.571	0.182
	（0.235）	（0.437）	（0.443）	（0.527）	（0.464）
tobin	0.010	0.027	0.023	0.023	0.027
	（0.013）	（0.024）	（0.024）	（0.024）	（0.022）
tl	0.154**	0.261	0.300*	0.300*	0.261
	（0.071）	（0.166）	（0.166）	（0.163）	（0.164）

续表

变量名	（1）	（2）	（3）	（4）	（5）
	feel				
size	−0.012	−0.068	−0.074	−0.074	−0.068
	（0.011）	（0.044）	（0.046）	（0.046）	（0.049）
age	−0.006***	−0.009	−0.018	−0.018	−0.009
	（0.002）	（0.010）	（0.011）	（0.017）	（0.011）
fix	0.036	0.095	−0.017	−0.017	0.095
	（0.066）	（0.199）	（0.198）	（0.170）	（0.190）
Constant	0.922***	1.249	−0.288	−0.288	1.249
	（0.218）	（0.933）	（1.110）	（1.299）	（1.069）
N	2800	2800	2800	2800	2800
robust	YES	YES	NO	YES	YES
year	YES	YES	NO	NO	YES
firm	NO	YES	YES	YES	YES
Area	YES	NO	YES	YES	YES
R^2	0.107	0.075	0.140	0.140	0.075

注：括号内为标准误；*、**、*** 分别表示在10%、5%、1%的显著性水平上显著。

四、基于产权性质、规模、地区和行业的产业融合异质性特征

（一）产权性质差异分析

我国具有特殊的政治体制和经济制度背景，一方面，我国大型企业多为资本雄厚、规模较大的国有控股企业。通常来说，国有企业具有天然的"政治优势"和"预算软约束"，会有更多对应的支持政策。另一方面，国有企业的主要债务融资模式是银行贷款，政府的"父爱效应"能够让国有企业以较低成本获得债务融资，进而使得增值税税负的调整对国有企业的影响相对较小。此外，国有企业相较于民营企业，资本更加雄厚，融资渠道更加完善，信息披露机制更加及时，加之宏观当局的政策倾斜，拥有较低的信息不对称性，受到财政政策"挤出效应"挤占空间小；而与此相比，民营企业弱小的资本力量、不规范的财务管理模式、单一的融资渠道、政府政策的偏向等都导致其抵御风险的能力较弱，挤出效应的影响较大。因此国有企业对投资风险预期较小，受到增值税调整的激励更小；民营企业在进行投资活动时更容易受到宏观经济环境影响，会充分考虑融资投资

决策，充分挖掘盈利空间，为此其对外部环境较为敏感。如若上述预期成立，应该看到相比国有企业，民营企业产业融合程度会更加显著。表3-10第（1）、（2）列报告了不同产权性质下，增值税税负对产业融合的影响。回归结果显示，增值税税负对产业融合的影响存在产权异质性，相比国有企业，民营企业产业融合程度更为显著，与理论预期一致，这说明，我国要继续加大对中小企业的政策扶持，从而促进产业结构的不断融合，最终促进我国经济的发展。

表3-10 产权和企业规模大小差异对产业融合影响的回归结果

变量名	（1）	（2）	（3）	（4）
	feel			
vtax	−0.105	−0.141***	−0.092	−0.302***
	（0.069）	（0.045）	（0.056）	（0.081）
fdi	0.000**	0.000***	0.000**	0.000**
	（0.000）	（0.000）	（0.000）	（0.000）
gdp	−0.000***	−0.000***	−0.000***	−0.000**
	（0.000）	（0.000）	（0.000）	（0.000）
inno	0.000***	0.000	0.000***	0.000**
	（0.000）	（0.000）	（0.000）	（0.000）
roa	0.071	−0.167	−0.384	−0.156
	（0.497）	（0.669）	（0.703）	（0.584）
tobin	−0.073*	0.032	−0.031	−0.010
	（0.037）	（0.031）	（0.062）	（0.032）
tl	0.001	−0.175	−0.309	−0.043
	（0.164）	（0.222）	（0.254）	（0.232）
size	0.051	−0.009	0.150*	−0.076
	（0.057）	（0.063）	（0.082）	（0.087）
age	0.030**	0.088***	0.031*	0.084***
	（0.015）	（0.018）	（0.018）	（0.020）
fix	−0.028	0.156	0.122	0.062
	（0.236）	（0.283）	（0.283）	（0.286）
Constant	−0.264	0.953	−2.625	2.533
	（1.196）	（1.324）	（1.758）	（1.792）
N	1283	1512	1400	1400
robust	YES	YES	YES	YES
year	YES	YES	YES	YES
firm	YES	YES	YES	YES
R^2	0.106	0.120	0.079	0.137

注：括号内为标准误；*、**、*** 分别表示在10%、5%、1% 的显著性水平上显著。

(二)企业规模差异分析

从理论上讲,规模大小不同的企业产业融合的程度存在很大差异,面对外部政策环境的变化,小规模的企业会及时反应,以防企业因外部环境变化而面临各种风险和挑战;相比小规模企业,大规模企业因具有资本实力雄厚、财务制度规范和融资渠道多样等特征,对外部环境变化的反应速度较慢,因此其产业融合也相对较慢。本部分中尝试分析不同规模产业融合程度的差异。具体而言,将研究样本分为高低两组,以此反映企业规模的差异。具体的,当高于中位数时为企业规模较大组,反之则为企业规模较小组,并分组检验增值税税负变化对产业融合的影响。表3-10第(3)、(4)列报告了不同企业规模增值税税负变化对产业融合的回归结果。回归结果显示,增值税税负变化与产业融合在不同规模企业中存在异质性,规模较小的企业受到增值税税负变化的影响较大,受到税负调整的激励较大。相反,规模较大的企业,增值税税负变化对产业融合的影响较小,两者之间的关系并不显著,说明我国的小规模企业相比大规模企业面临的市场压力更大,经营风险更高,对外部环境更为敏感,产业结合更为紧密。

(三)地区产业融合差异分析

中国是一个地大物博、疆域广阔的国家,由于不同地区的不同政策以及政策的时滞效应、执行效率的差异,导致各地区经济体制改革呈现阶段性和区域性差异,进而造成区域间经济发展存在很大差异。此外,由于各地区地理位置、资源禀赋、人力资本的差异,致使各地区产业和经济发展水平不一,产业融合程度可能存在较大的差异。另外,地区间经济发展的不平衡和不充分性,也会直接导致产业融合程度存在地区差异。基于以上分析,需要考察增值税税负改变对不同地区产业融合情况的影响,从而分析企业在地区间产业融合变动的异质性。表3-11第(1)~(3)列报告了西部、中部和东部地区增值税税负改变对不同地区产业融合的回归结果。回归结果显示,西部和中部地区增值税税负与产业融合的负向关系十分显著,而东部地区企业的相关回归结果并不显著。这可能说明中西部欠发达地区产业融合十分有限,再加之中西部地方经济发展相对于东部发达地区存在较大差异,导致落后地区产业发展深受增值税税负调整的影响。这也间接说明欠发达地区需要更多的政策扶持和税收优惠。

（四）生产性服务业行业差异分析

1. 生产性服务业细分行业分析

研究中预期增值税税负的改变对不同行业的融合存在异质性。具体而言，结合国家统计局《生产性服务业统计分类（2019）》及研究的数据，样本企业可以被划分为以下几大类，包括交通运输、仓储和邮政业，信息传输、软件和信息技术服务业，金融业，租赁和商务服务业，科学研究和技术服务业等。并对前期的结果进行再次检验①。表 3-11 中第（4）~（7）列报告了不同行业面对增值税激励后产业融合程度的回归结果。回归结果显示，在增值税激励下，信息传输、软件和技术服务业以及科学研究和技术服务业企业的产业融合程度更加显著，而交通运输、仓储和邮政业以及租赁和商务服务业企业的产业融合程度不显著，这充分说明我国计算机、软件等高技术生产性服务业深受增值税税负变化的激励。与其他行业相比，高技术领域的快速发展有利于打破行业壁垒，促进生产性服务业与制造业的深度融合，提高社会生产力水平。不断加快增值税制度建设，加大增值税激励可以更好地加快高技术行业的融合发展，最终促进生产性服务业向价值链高端迈进，助力中国经济的转型发展。

表 3-11 地区和生产性服务业细分行业差异对产业融合影响的回归结果

变量名	（1）	（2）	（3）	（4）	（5）	（6）	（7）
				feel			
vtax	-0.678**	-0.231***	0.150	-0.109	-0.316***	-0.118***	0.103
	（0.276）	（0.064）	（0.457）	（0.122）	（0.094）	（0.031）	（0.070）
fdi	0.000	0.000***	-0.001	-0.000	0.000	0.000*	0.000***
	（0.000）	（0.000）	（0.000）	（0.000）	（0.000）	（0.000）	（0.000）
gdp	0.000***	0.000***	0.000	0.000	-0.000	-0.000	0.000**
	（0.000）	（0.000）	（0.000）	（0.000）	（0.000）	（0.000）	（0.000）
inno	-0.000**	0.000	0.000	0.000	0.000***	0.000	-0.000***
	（0.000）	（0.000）	（0.000）	（0.000）	（0.000）	（0.000）	（0.000）
roa	0.468	1.278**	-1.241	-1.641	-2.653***	0.955	0.322
	（0.963）	（0.592）	（1.042）	（1.860）	（0.758）	（0.757）	（0.393）
tobin	0.058	-0.006	0.043	0.246	0.020	0.069	-0.012*
	（0.042）	（0.029）	（0.048）	（0.171）	（0.044）	（0.087）	（0.006）

---

① 刘奕等（2017）也将生产性服务业归纳为交通运输、仓储和邮政业、信息传输、软件和信息技术服务业、金融业、租赁和商务服务业、科学研究和技术服务业等。

续表

变量名	（1）	（2）	（3）	（4）	（5）	（6）	（7）
				feel			
tl	0.001	0.453**	0.046	−0.088	0.961**	−0.087	0.203*
	（0.334）	（0.221）	（0.342）	（0.692）	（0.374）	（0.148）	（0.113）
size	−0.092	−0.066	−0.110	0.012	−0.146*	−0.034	−0.121***
	（0.075）	（0.074）	（0.097）	（0.198）	（0.082）	（0.184）	（0.018）
age	0.003	0.028	−0.026	−0.091**	0.069**	−0.011	−0.082***
	（0.023）	（0.029）	（0.058）	（0.041）	（0.028）	（0.019）	（0.008）
fix	0.124	0.177	−0.404	−0.269	−0.287	0.090	−0.350***
	（0.284）	（0.276）	（0.320）	（0.468）	（0.366）	（0.272）	（0.105）
Constant	2.346	−0.124	3.585*	1.006	3.555**	1.427	2.460***
	（1.582）	（1.637）	（1.996）	（4.189）	（1.802）	（4.410）	（0.386）
N	486	1764	491	140	248	80	54
robust	YES	YES	YES	YES	YES	YES	YES
year	YES	YES	YES	YES	YES	YES	YES
firm	YES	YES	YES	YES	YES	YES	YES
R^2	0.123	0.215	0.051	0.520	0.690	0.890	0.991

注：括号内为标准误；*、**、*** 分别表示在10%、5%、1%的显著性水平上显著。

2. 生产性服务业高低端行业差异分析

根据前文的理论分析，高低端生产性服务业会分别嵌入产业链上下游的不同位置，与制造业的融合程度也有所差异，因而增值税税负的变化对生产性服务业与制造业融合度的影响在高端和低端生产性服务业中可能会有差异。本部分将生产性服务业所属行业进一步划分为高端生产性服务业与低端生产性服务业（孙正等，2022）①，并分别检验其融合程度，结果如表3-12第（1）、（2）列所示。由检验结果可知，增值税税负变化对高端及低端生产性服务业与制造业的融合度均有显著影响，且系数都为负值，表明无论是高端还是低端生产性服务业，其与制造业的融合程度都会受到增值税税负变化的影响。进一步地，观察两个系数的不同可知，高端生产性服务业与制造业融合的程度受到增值税税负变化的影响更大，且系数更显著，表明增值税税负变化对高端生产性服务业与制造业融合度的降低作用大于低端生产性服务业。高端生产性服务业的行业类别主要为高技

---

① 高端生产性服务业包括：电信、广播电视和卫星传输服务、互联网和相关服务、软件和信息技术服务、货币金融服务、资本市场服务、保险业、其他金融业、研究和试验发展、专业技术服务、科技推广和应用服务等，其余为低端生产性服务业。

术、高研发类行业，其与制造业的融合更能促进制造业与服务业的发展，推动生产性服务业向产业价值链高端延伸，因此以上结果表明有必要增加对生产性服务业尤其是高端生产性服务业的增值税税收激励，从而进一步推动生产性服务业与制造业的融合。

（五）知识资本差异分析

生产性服务业与制造业的融合贯穿于企业生产的上、中和下游环节，而知识资本作为生产性服务业投入制造业中的关键要素，能够加速第二、第三产业的融合。基于此，本节首先测度生产性服务业知识资本水平，令企业知识资本=研发资本+人力资本（程惠芳等，2017），其中研发资本=企业R&D支出/企业员工人数，人力资本=企业支付给职工以及为职工支付的现金/企业员工人数。根据企业知识资本水平进一步将生产性服务业划分为高知识资本企业与低知识资本企业，检验不同知识资本水平下增值税税负变化对生产性服务业与制造业融合程度是否有差异，结果如表3-12第（3）、（4）列所示。由结果可知，增值税税负变化对生产性服务业和制造业融合度的影响在高知识资本组显著为负，系数为-0.251，而在低知识资本组不显著，说明生产性服务业知识资本水平较高时，增值税税负变化会对其与制造业的融合产生较大影响，这表明我国应该加大对具有高知识资本的生产性服务业的增值税激励力度，以推动生产性服务业知识资本的累积及生产性服务业与制造业的进一步融合。

表3-12 高低端生产性服务业差异和知识资本差异对产业融合影响的回归结果

变量名	（1）	（2）	（3）	（4）
	feel			
vtax	-0.298***	-0.092*	-0.251***	-0.011
	（0.090）	（0.054）	（0.058）	（0.155）
fdi	0.000***	0.000***	0.000**	0.000*
	（0.000）	（0.000）	（0.000）	（0.000）
gdp	0.000	-0.000***	-0.000***	0.000
	（0.000）	（0.000）	（0.000）	（0.000）
inno	0.000***	0.000***	0.000***	-0.000
	（0.000）	（0.000）	（0.000）	（0.000）
roa	-1.166	-0.070	-0.141	-2.002
	（0.862）	（0.444）	（0.560）	（2.034）
tobin	0.113**	-0.026	0.000	-0.036
	（0.048）	（0.028）	（0.040）	（0.074）

续表

变量名	(1)	(2)	(3)	(4)
			feel	
tl	0.644*	-0.170	0.100	-2.517***
	(0.337)	(0.162)	(0.201)	(0.867)
size	-0.049	0.016	0.015	0.114
	(0.094)	(0.042)	(0.060)	(0.124)
age	0.041	0.055***	0.041**	0.036
	(0.028)	(0.013)	(0.017)	(0.042)
fix	0.223	-0.095	0.067	0.134
	(0.397)	(0.179)	(0.227)	(0.649)
Constant	0.572	0.561	0.675	-1.514
	(2.102)	(0.871)	(1.275)	(2.674)
N	328	2472	1690	1110
robust	YES	YES	YES	YES
year	YES	YES	YES	YES
firm	YES	YES	YES	YES
R^2	0.435	0.088	0.142	0.122

注：括号内为标准误；*、**、*** 分别表示在10%、5%、1%的显著性水平上显著。

五、小结

生产性服务业与制造业融合有利于提升产业竞争力，促进产业升级。增值税与企业的生产经营活动息息相关，当前在"营改增"顺利完成与实施减税降费等一系列税收优惠政策的背景下，生产性服务业和制造业相互融合发展的趋势日渐明显。但当前生产性服务业与制造业融合仍然面临发展不平衡、协同性不强、深度不够等问题。过往研究对增值税是否能真正促进生产性服务业与制造业相融合的论述缺乏系统的理论分析框架和实证研究。因此，为更进一步地促进生产性服务业与制造业的深度融合，促进产业的集聚，助推生产性服务业向价值链高端延伸，对于增值税激励生产性服务业和制造业深度融合的效应有待更多研究，以便为增值税税收政策的更新提供方向性指导和政策评估标准。在这样的背景下，本章内容更有针对性地考察增值税对生产性服务业和制造业深度融合的激励效应，具体采用增值税税负的变化衡量增值税激励，来反映增值税税负的调整如何作用并影响生产性服务业和制造业的融合。

本章采用各省投入产出表构建影响力系数和感应度系数，将其作为各省生产性服务业和制造业融合的衡量指标，接着将2007—2012年中国A股上市公司数据与省级投入产出表的数据进行匹配，从中研究增值税变化对生产性服务业产业融合的影响。本章在稳健性检验部分则以2007—2019年中国A股上市公司数据为研究样本，采用赫芬达尔指数法来衡量产业融合，并进一步控制地区层面的固定效应。

研究结果表明：从整体上看，增值税税负的降低的确有助于促进制造业与生产性服务业的产业融合，且该结果通过了一系列的稳健性检验。进一步研究发现，增值税变动对制造业与生产性服务业产业融合的激励作用存在地区异质性、产权异质性、企业规模异质性、行业差异以及知识资本异质性。具体而言，相比国有企业，民营企业产业融合程度更为显著；规模较小的企业受到增值税税负变化的激励较大，而对规模较大的企业来说，增值税税负变化对产业融合的影响较小；西部和中部地区增值税税负与产业融合的负向关系十分显著，而东部地区企业的相关回归结果并不显著；不同行业面对增值税激励后产业融合的程度不同，在增值税的激励下，生产性服务业中的信息传输、软件和信息技术服务业以及科学研究和技术服务业的产业融合程度更加显著。相比低端生产性服务业，增值税税负变化对高端生产性服务业与制造业融合程度的负面影响更显著。此外，增值税激励对高知识资本生产性服务业的影响比对低知识资本生产性服务业的影响更为显著。因此，基于本章内容研究，为了更好地促进生产性服务业和制造业的产业融合度，本书提出以下几点政策启示：

（1）在全球化竞争时代，中国要想实现经济的转型发展，还需要继续促进产业链上不同环节之间功能的互补，发展生产性服务业和制造业的融合，提升制造业的层次和水平，促进生产性服务业向价值链高端迈进。而实践研究证明，增值税的减税和激励效应有助于生产性服务业和制造业融合，尤其是高端生产性服务业及拥有高知识资本的生产性服务业与制造业的融合。从具体行业来讲，计算机、软件等高技术生产性服务业受增值税税负变化的激励幅度较大，这使得增值税的税收优惠政策在发挥激励作用上还存在很大的发展空间。因此，在未来的战略规划中应当继续完善增值税的制度设计，逐步建立起对高技术生产性服务业企业税负的整体规划，加大增值税激励的幅度，可以进一步扩大增值税的进项税抵扣范围以及增值税即征即退优惠政策适用范围，积极制定并落实有利于产业融合发展的税收政策，及时有效评估税收政策的效果，并修改完善。要让增值税优惠政策对高技术生产性服务业及拥有高知识资本的生产性服务业和制造业融合全过程起到激励作用，使得生产性服务业和制造业的增值税改革更加到位和彻底，从而降低企业的研发成本，减轻企业研发资金投入的风险，促进企业知识资本积累，加快高技术生产性服务业和高知识资本生产性服务业的发展，促使我国产业向价值链高端延伸，使其成为经济发展的新动能，最终实现经济高质量发展目标。

（2）协调地区间经济的均衡发展是税收政策的目标之一。相比发达地区，中西部欠发达地区产业发展受增值税调整的影响更大。因此，增值税税收优惠与产业扶持政策可以加大向中西部欠发达地区倾斜的力度，在落实普惠性税收优惠政策的基础上，更进一步推出具有地区指向性的增值税优惠措施。同时区域性税收优惠应与产业性税收优惠相结合，增值税优惠政策要更针对地方特色产业，在带动区域经济发展的同时避免产业结构趋同。另外还可以适度下放税收优惠权限，对于地方性的产业优惠政策，可以由地方政府有针对性地制订税收优惠的具体措施，拓宽享受激励政策的先进产业项目范围，吸引大量资本与人才进入，让更多的企业享受到税收红利，减少企业税费负担，从而进一步促进产业融合和地方经济高质量发展。

（3）民营经济是推动经济发展的重要力量、增加就业的主要渠道、国家税收的重要来源，也是提升国家创新力的重要渠道。本章研究表明，我国的中小企业和民营企业对外部环境更为敏感，产业融合程度相对于大型企业和国有企业也更为显著。因此首先要继续制定并实施对中小企业和民营企业的增值税税收优惠与激励政策。其次要保持政策执行的稳定性与持续性，避免"朝令夕改"。最后要加大减税宣传力度，把政策落到实处，税务机关和各级政府要适当利用各种纳税服务平台，让纳税企业充分了解和掌握增值税优惠政策的适用条件，真正为企业减负，增强经济发展内生动力，推动创业创新，帮助企业稳定和扩大就业，并对生产性服务业与制造业的融合发展起到促进和支撑效应。

第四章　增值税激励的生产性服务业集聚效应

生产性服务业在聚集的过程中会产生大规模的集聚效应，产业内或产业间的多样化集聚都会产生技术经济的外部性，这种外部性有利于生产性服务业与制造业企业间知识与技术的合作交流，也有益于促进专业化技术共享。增值税激励优化了生产经营环节抵扣链条，有利于生产性服务业与制造业协同集聚，并促进专业化技术共享。本章首先使用区位熵测算生产性服务业集聚指数，其次测算生产性服务业和制造业协同的集聚指数，最后构建空间杜宾模型，研究增值税激励对生产性服务业专业化和多样化集聚的引导和锁定效应、有效集合效应，并分析增值税激励对生产性服务业与制造业协同集聚的影响程度，根据对影响程度的测度来进一步分析产业结构的升级效应。

一、增值税激励生产性服务业和制造业集聚的重要性

《中国制造2025》对与制造业相关的生产性服务业提出了大力发展的要求，其中重点强调要辅助支撑制造业转型升级。社会分工的细化使得生产性服务业成为现代服务业中最有活力的产业，逐渐作为独立业态，脱离了传统制造业形态。在一定程度上，生产性服务业集聚水平可以反映一个地区调配资源流向的能力，该水平还可以反映驱动产业链升级的能力（喻胜华等，2020），增值税激励可以进一步刺激生产性服务业产生集聚效应。这种集聚效应更为专业化、多样化，同时有助于制造业形成规模经济，对生产性服务业与制造业企业之间知识或技术合作以及专业化技术交流共享都可以产生激励效应，形成区位或国别有竞争优势的创新效率，最终助力生产力水平的大幅度提高（O'Farrell and Hitchens，1990）。在增值税减税政策实施的过程中，其对生产性服务业的激励效应会受到内置经济结构和外部经济效应的影响。一方面，在内置经济结构上，增值税通过一种内置的激励结构来促进税收实施，这种激励结构会利用第三方文件账

簿，账簿会清楚记录公司间交易情况，使得企业不容易向政府隐瞒其交易状况（Burgess and Stern, 1993; Agha and Haughton, 1996; Kopczuk and Slemrod, 2006）。增值税激励优化了生产经营环节抵扣链条，紧密的抵扣链条可以提高实际经济效率（Keen and Lockwood, 2010）。另一方面，在外部经济效应上，增值税激励对生产性服务业专业化和多样化集聚所产生的引导、锁定和集合效应在一定程度上可以促进其协同集聚。显然，这种集聚效应主要呈现在两个方面，一个是自身集聚，另一个则是与制造业协同集聚。根据欧美发达国家产业结构的演进经验，生产性服务业的发展过程中能产生更大的集聚效应。同时技术外部性理论表明通过专业集聚产生动态外部性能够提升企业技术效率和城市产业竞争力。然而，我国的生产性服务业发展却存在较为严重的滞后性，产生这种滞后性的原因，不同的学者给出了不同的解读。郭进和徐盈之（2015）探讨了城镇化扭曲通过低技能劳动力供给的增加、土地财政规模的扩大和城镇创新活力的降低，对生产性服务业滞后产生影响。席强敏等（2015）发现生产性服务业专业化和多样化集聚对城市工业效率的提升效果会因城市规模不同而存在差异。张柯贤和洪敏（2016）发现税收政策导向、差别税率、缺乏税收优惠政策对支持生产性服务业转型升级都有着不同程度的阻碍。加之2019年突如其来的新冠疫情暴露了当前经济全球化中的产品内分工体系的脆弱性，中国深度嵌入全球价值链的现状使得这种影响远超自身体量，作为全球供应链网络的中心，疫情对生产性服务业及其上下游企业所造成的影响十分深远，破坏性不可估量。实际上，对生产性服务业来说，防止供应链中出现因某些环节停摆或阻塞对上下游企业的影响，或者防止出现负面效应的连锁反应可能更加重要。

总体看来，不少城市实施产业布局、经济结构转型升级都可以成为依靠生产性服务业与制造业协同集聚的重要抓手（张虎等，2017），这也意味着这种集聚可以成为产业协同发展的现实空间平台（陈建军等，2016）。协同集聚形成的近距离协同式生产模式，不仅克服了以往分离式集聚等传统分工模式生产效率低下的问题，还可以最大限度地促进生产性服务业全面参与到制造业的各个生产环节，有利于加快劳动和资本密集型的初级制造向知识和技术密集型的高端制造转变。与此同时，这种协同集聚会加速价值链的分解、延伸与重组，并赋予新价值链更多核心内容，更有利于升级整体价值链，从而促进生产性服务业向价值链的高端延伸。因此，本部分在使用区位熵测算生产性服务业集聚指数的基础上，研究增值税激励对生产性服务业专业化和多样化集聚的引导和锁定效应、有效集合效应，并分析增值税激励对生产性服务业与制造业协同集聚的影响程度以及由此带来的产业结构升级效应。

二、生产性服务业与制造业集聚与协同集聚的测度

（一）集聚与协同集聚相关的数据获取

本章样本选取 2005—2015 年全国 279 个地级市面板数据，数据主要来源于 2006—2016 年《中国城市统计年鉴》《中国城乡建设统计年鉴》《中国区域经济统计年鉴》《中国税务年鉴》《中国财政年鉴》以及 EPS 数据库和 CEIC 数据库。本章涉及的所有货币价值形式的数据均采用 2005 年为基期进行调整。以下是关于解释变量、被解释变量以及控制变量的数据说明和指标构建。依据《国民经济行业分类》（GB/T 4754—2017）及 2015 年国家统计局对生产性服务业的分类，参照杨仁发（2013）、席强敏等（2015）等学者的研究，将房地产业、交通运输仓储和邮政业、信息传输计算机服务和软件业、租赁和商务服务业、科学研究和技术服务业、金融业六个产业，确定为本章所要研究的生产性服务业样本。

（二）生产性服务业与制造业协同集聚的度量

1. 生产性服务业集聚

产业集聚的测度归纳起来主要有基于产业空间转移的测度、基于距离空间的测度和空间相关的方法等，具体测算方法有区位熵、空间基尼系数、赫芬达尔指数等。参考张浩然（2015）的做法，使用区位熵测度 279 个地级市的生产性服务业集聚水平，具体做法如下：

$$Ass_i = \frac{(H_{i,s}/H_i)}{(H_s/H)} \quad (4-1)$$

式中，$H_{i,s}$ 表示生产性服务业细分行业 s 在城市 i 的总就业人数，H_i 表示城市所有行业的总就业人数，H_s 表示全国生产性服务业的总就业人数，H 表示全国总就业人数。如果 Ass_i 大于 1，则说明生产性服务业在城市 i 的专业化程度高；如果 Ass_i 小于 1，则生产性服务业在该城市就业的占有份额小于生产性服务业在整个经济中的占有份额，说明其集聚水平较低。

2. 生产性服务业和制造业协同集聚

参考张虎等（2017）的做法，先使用区位熵测算生产性服务业和制造

业的集聚水平，再利用二者的测算指标来构建生产性服务业和制造业协同集聚指数。其中 $Manu_i$ 表示城市 i 的制造业集聚水平，Ass_i 表示城市 i 的生产性服务业集聚水平。

$$Coll_i = (1 - \frac{|Manu_i - Ass_i|}{Manu_i + Ass_i}) + |Manu_i + Ass_i| \qquad (4-2)$$

式中，$Coll_i$ 表示城市 i 的制造业和生产性服务业协同集聚水平，这种集聚水平的数值越大，就表示制造业和生产性服务业的协同集聚程度越高，产业间协同发展深度越广。

三、生产性服务业与制造业集聚与协同集聚的空间相关性分析

在进行空间计量模型回归之前，首先需要对各地区生产性服务业集聚水平与各地区生产性服务业和制造业协同集聚之间是否存在空间自相关进行分析，本章使用莫兰指数 I（Moran's I）进行检验：

$$I = \frac{\sum_{i=1}^{n}\sum_{j=1}^{n}W_{ij}(X_j - \bar{X})(X_i - \bar{X})}{S^2 \sum_{i=1}^{n}\sum_{j=1}^{n}W_{ij}} \qquad (4-3)$$

式中，W_{ij} 为空间权重矩阵中的元素，而 S^2 为样本方差，莫兰指数 I 的取值介于 -1 和 1 之间，当 I 的值大于 0 时则说明存在空间正相关，反之则存在负相关。而空间权重矩阵则采用 0-1 空间权重矩阵 W_1 和经济距离空间权重矩阵 W_2，具体构造如下：

邻接权重矩阵为 $W_{ij} = \begin{cases} 1 & i \text{ 市和 } j \text{ 市相邻} \\ 0 & i \text{ 市和 } j \text{ 市不相邻} \end{cases} \qquad (4-4)$

参考林光平（2005）的做法构建经济距离空间权重为：

$$W_{ij} = \begin{cases} \dfrac{1}{|\bar{Y}_i - \bar{Y}_j|} & i \neq j \\ 0 & i = j \end{cases} \qquad (4-5)$$

式中，$\bar{Y}_i$ 为 i 市的人均实际 GDP，两市之间的人均 GDP 差距越小，则赋予的权重值越大，两地之间的经济密切度越强，反之则越弱。最后采用样本数据进行生产性服务业集聚和生产性服务业与制造业协同集聚的空间相关性检验，具体结果如表 4-1 所示。

表 4-1 生产性服务业集聚和生产性服务业与制造业协同集聚的莫兰指数

年份	生产性服务业集聚		生产性服务业和制造业协同集聚	
	0-1 空间权重（W1）	经济距离空间权重（W2）	0-1 空间权重（W1）	经济距离空间权重（W2）
2006	0.207***	0.376***	0.121***	0.026**
2007	0.249***	0.331***	0.104**	0.014*
2008	0.262***	0.341***	0.097**	0.034**
2008	0.219***	0.398***	0.054*	0.031**
2009	0.225***	0.347***	0.078*	0.044**
2010	0.215***	0.390***	0.103*	0.030**
2010	0.198***	0.312***	0.099	0.050**
2011	0.273***	0.345***	0.090*	0.075**
2012	0.298***	0.306***	0.101	0.042**
2013	0.277***	0.370***	0.154**	0.049**
2014	0.218***	0.386***	0.194***	0.033**
2015	0.248***	0.313***	0.197***	0.035**
2016	0.241***	0.379***	0.113*	0.047**

注：*、**、***分别表示在10%、5%、1%的显著性水平上显著。

从表4-1中可知，产业集聚和协同集聚的莫兰指数最低都在10%的水平上显著为正，这说明生产性服务业的集聚和协同集聚水平都具有明显的空间溢出效应，由此可见，本章采用空间计量分析这一问题具有较强必要性。

四、基于空间杜宾模型的空间实证分析

（一）考虑集聚空间溢出效应的实证模型设计

考虑变量在市域之间的空间溢出效应，将生产性服务业集聚和生产性服务业与制造业协同集聚的空间滞后项以及各解释变量的空间滞后项放入基本回归模型中，构建空间杜宾模型（Spatial Durbin Model），设定如下两个模型：

$$Ass_{it} = p\sum_{j=1}^{n}W_{ij}Ass_{it} + \alpha_0\sum_{j=1}^{n}W_{ij}Manu_{it} + \alpha_1\sum_{j=1}^{n}W_{ij}VAT_{it} + \alpha_2\sum_{j=1}^{n}W_{ij}Infra_{it}$$

$$+ \alpha_3\sum_{j=1}^{n}W_{ij}Human_{it} + \alpha_4\sum_{j=1}^{n}W_{ij}Gov_{it} + \alpha_5\sum_{j=1}^{n}W_{ij}lnFdi_{it} + \alpha_6\sum_{j=1}^{n}W_{ij}lnDjj_{it}$$

$$+ \alpha_7\sum_{j=1}^{n}W_{ij}Market_{it} + \beta_0 + \beta_1Manu_{it} + \beta_2VAT_{it} + \beta_3Infra_{it} + \beta_4Human_{it}$$

$$+\beta_5 Gov_{it}+\beta_6 lnFdi_{it}+\beta_7 lnDjj_{it}+\beta_8 Market_{it}+v_i+u_t+\epsilon_{it} \quad (4\text{-}6)$$

$$Coll_{it} = p\sum_{j=1}^{n}W_{ij}Coll_{it} + \alpha_0\sum_{j=1}^{n}W_{ij}Manu_{it} + \alpha_1\sum_{j=1}^{n}W_{ij}VAT_{it} + \alpha_2\sum_{j=1}^{n}W_{ij}Infra_{it}$$

$$+\alpha_3\sum_{j=1}^{n}W_{ij}Human_{it} + \alpha_4\sum_{j=1}^{n}W_{ij}Gov_{it} + \alpha_5\sum_{j=1}^{n}W_{ij}lnFdi_{it} + \alpha_6\sum_{j=1}^{n}W_{ij}lnDjj_{it}$$

$$+\alpha_7\sum_{j=1}^{n}W_{ij}Market_{it}+\beta_0+\beta_1 Manu_{it}+\beta_2 VAT_{it}+\beta_3 Infra_{it}+\beta_4 Human_{it}$$

$$+\beta_5 Gov_{it}+\beta_6 lnFdi_{it}+\beta_7 lnDjj_{it}+\beta_8 Market_{it}+v_i+u_t+\epsilon_{it} \quad (4\text{-}7)$$

使用式（4-6）对增值税税负对生产性服务业集聚影响进行识别和实证检验，使用式（4-7）对增值税税负对生产性服务业和制造业协同集聚进行识别和实证检验。式中，Ass_{it} 表示 i 市在 t 年的生产性服务业集聚水平，$Coll_{it}$ 表示 i 市在 t 年的生产性服务业和制造业协同集聚水平，除此之外，核心解释变量系数 α_1 代表空间滞后项系数，并且如果系数大于零，说明增值税税负对周边地区有正向溢出效应；小于零，说明解释变量对周边地区有负向溢出效应并产生虹吸效应。

在控制变量方面，由于解释变量和被解释变量都是同一地级市层面数据，增值税和生产性服务业集聚之间存在一定的双向因果关系，故我们借鉴 Bartik 工具变量的思路来测算城市层面增值税税负，使用全国生产性服务业被征收的增值税收入乘以城市生产性服务业生产总值与全国生产性服务业生产总值的比值，得到城市生产性服务业的增值税收入，再除以城市生产总值得到增值税税负指标 VAT。生产性服务业作为为制造业提供中间投入或服务的行业，通过将制造业服务外部化，最终形成自身集聚发展的模式，因此将制造业集聚（Manu）作为控制变量纳入模型。交通基础设施（Infra）反映地区的运输成本，当地区间的交通基础设施水平较高时，地区之间的运输费用较低，上下游关联企业会逐渐集中，产业集聚现象会逐渐凸显。再加上生产性服务业具有高知识和高技术密集的特点，而人力资本（Human）作为知识要素的重要载体，通过发挥技术创新效应可能会促进生产性服务业的加速发展和集聚。此外还将政府干预（Gov）、市场化水平（Market）、外商直接投资（Fdi）和地区经济发展水平（Djj）作为控制变量纳入模型。

剔除掉个别数据缺失严重的地级市，使用插值法对缺失较少的地级市样本数据进行补充，最后得到了 279 个地级市 2005—2015 年的面板数据。变量的统计性描述如表 4-2 所示。

表 4-2　变量的统计性描述

变量	样本量	均值	标准差	最大值	最小值	偏度	峰度
Ass	3069	0.482	0.201	1.471	0.293	0.758	6.017
Coll	3069	2.605	0.958	4.633	1.149	1.301	5.181
VAT	3069	12.73	0.476	13.85	12.63	1.360	3.007
Manu	3069	0.871	0.331	1.690	0.212	0.799	2.642
Infra	3069	44.24	5.721	41.50	12.30	-1.233	6.475
Gov	3069	0.894	0.403	1.694	0.908	2.453	11.83
Market	3069	0.661	0.648	3.081	-0.710	0.435	3.014
lnFdi	3069	1.299	1.137	5.077	1.201	3.456	11.41
lnDjj	3069	5.201	6.761	6.009	2.000	1.368	18.42
Human	3069	68.77	4.729	97.50	66.30	-0.460	4.902

（二）增值税对生产性服务业和制造业集聚与协同集聚效应及其解释

利用 2005—2015 年的样本数据分别对邻接空间权重矩阵和经济距离空间权重矩阵下的空间杜宾模型做了估计，表 4-3 所示为对生产性服务业集聚影响进行识别的基准回归结果。由表 4-3 的 Model1 和 Model3 中的解释变量 W*VAT 和 VAT 可知，增值税税负的市际溢出效应显著为负，说明增值税存在空间集聚，其他相邻城市的增值税政策的推行辐射了本市。同时，Model2 和 Model4 在 Model1 和 Model3 的基础上加入了控制变量，增值税回归系数仍然显著为负，说明增值税税负的减轻促进了地级市生产性服务业产业集聚水平的提高。从控制变量的系数来看，外商直接投资的系数和滞后项系数显著为正，这说明外商直接投资会对地区的生产性服务业发展产生积极影响，可以加强城市生产性服务业的区位优势，吸引新企业进驻，促进当地生产性服务业的集聚，并且通过溢出效应促进周边城市生产性服务业的集聚。

表 4-3　对生产性服务业集聚影响进行识别的基准回归结果

解释变量	Model1	Model2	Model3	Model4
	0-1 空间权重（W1）		经济距离空间权重（W2）	
VAT	-0.266***	-0.251***	-0.316***	-0.302***
	（-2.678）	（-3.789）	（-2.945）	（-2.789）
Manu		0.093**		0.082**
		（2.221）		（1.988）
Infra		0.009***		0.011**
		（1.976）		（2.430）

续表

解释变量	Model1	Model2	Model3	Model4
	0-1 空间权重（W1）		经济距离空间权重（W2）	
Gov		0.531***		0.508***
		（3.377）		（3.376）
Market		0.070*		0.062*
		（1.679）		（1.675）
lnFdi		0.050*		0.026*
		（1.667）		（1.768）
lnDjj		0.030*		0.085*
		（1.730）		（1.843）
Human		0.015*		0.014*
		（1.812）		（1.726）
W* VAT		−0.012*		−0.062*
		（−1.684）		（−1.734）
W* Manu		0.018*		0.022*
		（1.691）		（1.748）
W* Infra		0.013*		0.022*
		（1.812）		（1.822）
W* Gov		0.051*		0.077*
		（1.705）		（1.850）
W* Market		0.055*		0.060*
		（1.738）		（1.937）
W* lnFdi		0.006*		0.016*
		（1.736）		（1.835）
W* lnDjj		0.034*		0.019*
		（1.899）		（1.953）
W* Human		0.017*		0.016*
		（1.815）		（1.935）
Observations	3069	3069	3069	3069
R^2	0.142	0.110	0.146	0.082
Log likelihood	985.24	985.20	967.90	967.89
地区固定效应	是	是	是	是
时间固定效应	是	是	是	是

注：*、**、*** 分别表示在10%、5%、1% 的显著性水平上显著，括号内为 t 值。

如表 4-4 所示为对生产性服务业和制造业协同集聚进行识别的回归结果，由表 4-4 的 Model1 和 Model3 中的解释变量 W*VAT 和 VAT 可知，增值税税负的市际溢出效应显著为负，说明增值税存在空间集聚，其他相邻城市的增值税政策的推行辐射了本市。同时，Model2 和 Model4 在

Model1 和 Model3 的基础上加入了控制变量，增值税回归系数仍然显著为负，说明增值税税负的减轻促进了地级市生产性服务业产业与制造业协同集聚水平的提高。

表 4-4 对生产性服务业与制造业协同集聚影响进行识别的回归结果

解释变量	Model1	Model2	Model3	Model4
	0-1 空间权重（W1）		经济距离空间权重（W2）	
VAT	−0.226***	−0.221***	−0.326***	−0.321***
	（−2.936）	（−3.689）	（−2.845）	（−2.889）
Manu		0.083**		0.083**
		（2.321）		（1.998）
Infra		0.089**		0.081**
		（1.986）		（2.330）
Gov		0.431***		0.408***
		（3.777）		（3.976）
Market		0.060*		0.052*
		（1.779）		（1.775）
lnFdi		0.040*		0.036*
		（1.767）		（1.769）
lnDjj		0.032*		0.039*
		（1.830）		（1.893）
Human		0.014*		0.015*
		（1.872）		（1.766）
W* VAT		−0.012*		−0.062*
		（−1.684）		（−1.734）
W* Manu		0.018*		0.022*
		（1.691）		（1.748）
W* Infra		0.013*		0.022*
		（1.812）		（1.822）
W* Gov		0.052*		0.067*
		（1.745）		（1.851）
W* Market		0.045*		0.061*
		（1.838）		（1.947）
W* lnFdi		0.005*		0.017*
		（1.836）		（1.935）
W* lnDjj		0.035*		0.018*
		（1.889）		（1.943）
W* Human		0.018*		0.019*
		（1.865）		（1.925）

续表

解释变量	Model1	Model2	Model3	Model4
	0-1 空间权重（W1）		经济距离空间权重（W2）	
Observations	3069	3069	3069	3069
R^2	0.173	0.130	0.159	0.181
Log likelihood	982.34	982.20	965.90	965.89
地区固定效应	是	是	是	是
时间固定效应	是	是	是	是

注：*、**、*** 分别表示在 10%、5%、1% 的显著性水平上显著，括号内为 t 值。

从控制变量市场化水平的系数和空间滞后项系数可以看出，城市的市场化水平显著促进了生产性服务业与制造业的协同集聚水平。这可能是因为市场化水平越高的城市，代表了其契约制度越完善，企业进行交易的成本也就越低，从而有助于产业协同集聚的形成与发展。政府干预的系数和空间滞后项系数显著为正，说明政府干预促进了生产性服务业与制造业协同集聚水平。我国是政府主导型的国家，政府可以通过直接投资、财政补贴、税收减免和信贷优惠等行为对企业进行财政支持，并影响地区的产业区位分布（师博和沈坤荣，2013），从而在一定程度上对产业协同集聚产生积极效应。

表 4-5 为基于空间杜宾模型 0-1 空间权重矩阵的直接效应和间接效应分析。从表 4-5 中可以看出增值税税负对生产性服务业集聚与生产性服务业和制造业协同集聚的直接效应分别为 -0.397 和 -0.326。其直接效应回归系数绝对值均大于其空间杜宾模型回归系数，这是因为其间接效应也显著为正，也即本地区的增值税税负的降低会使得周边地区的产业集聚程度降低，也即税收洼地效应。

表 4-5 空间杜宾模型的直接效应和间接效应

解释变量	直接效应	间接效应	总效应	直接效应	间接效应	总效应
	生产性服务业集聚			生产性服务业与制造业协同集聚		
VAT	-0.397***	0.001**	-0.396***	-0.326***	0.011***	-0.315***
	(-2.778)	(2.389)	(-3.471)	(-2.947)	(3.889)	(-3.996)
Manu	0.123*	0.033**	0.156**	0.227*	0.083**	0.310**
	(1.722)	(2.221)	(2.421)	(1.887)	(1.998)	(2.512)
Infra	0.031	0.088**	0.119**	0.016	0.041**	0.057**
	(1.052)	(1.996)	(2.144)	(0.311)	(2.370)	(2.444)
Gov	0.001*	0.331***	0.332***	0.011*	0.108***	0.119***
	(1.701)	(3.797)	(3.889)	(1.771)	(3.906)	(3.711)

续表

解释变量	直接效应	间接效应	总效应	直接效应	间接效应	总效应
	生产性服务业集聚			生产性服务业与制造业协同集聚		
Market	0.006	0.160*	0.166*	0.051	0.152*	0.203*
	(0.010)	(1.879)	(1.702)	(1.010)	(1.715)	(1.722)
lnFdi	0.002	0.032*	0.034*	1.229	0.030*	1.259*
	(0.108)	(1.707)	(1.811)	(0.779)	(1.709)	(1.777)
lnDjj	0.118	0.012*	0.130*	0.126	0.032*	0.158*
	(0.997)	(1.820)	(1.811)	(1.500)	(1.873)	(1.732)
Human	0.900	0.004*	0.904*	0.111	0.005*	0.116*
	(1.200)	(1.802)	(1.799)	(1.425)	(1.706)	(1.744)

注：*、**、*** 分别表示在10%、5%、1%的显著性水平上显著，括号内为 t 值。

（三）相关稳健性检验分析

1. 替换代理变量

为了检验前文中基准回归结果的稳健性，通过变更被解释变量生产性服务业集聚水平测度方法来进行稳健性检验。借鉴韩峰等（2014）的做法，以城市生产性服务业就业密度与全国生产性服务业总就业的比值表示生产性服务业空间集聚水平，具体做法如下：

$$Ass_{it} = H_{i,s}/(H_s S_i) \quad (4\text{-}8)$$

式中，$H_{i,s}$ 表示生产性服务业细分行业 s 在城市 i 的总就业人数，H_s 表示全国生产性服务业的总就业人数，S_i 表示 i 市的市辖区面积。

表 4-6 的实证结果进一步证实了增值税对于生产性服务业集聚存在着空间溢出效应。无论是在邻接空间权重下，还是在经济距离空间权重下，增值税税负的系数都显著为负，并与基准回归中的增值税税负系数差距很小，从而证实了实证回归结果的稳健性。

表 4-6　替换代理变量后的稳健性检验结果

解释变量	Model1	Model2	Model3	Model4
	0-1 空间权重（W1）		经济距离空间权重（W2）	
VAT	−0.258***	−0.256***	−0.309***	−0.305***
	(−2.698)	(−3.799)	(−2.955)	(−2.989)
Manu		0.094**		0.083**
		(2.231)		(1.998)
Infra		0.010**		0.0107**
		(1.989)		(2.425)

续表

解释变量	Model1	Model2	Model3	Model4
	0-1 空间权重（W1）		经济距离空间权重（W2）	
Gov		0.529***		0.518***
		（3.379）		（3.398）
Market		0.070*		0.063*
		（1.689）		（1.685）
lnFdi		0.051*		0.027*
		（1.697）		（1.788）
lnDjj		0.032*		0.086*
		（1.740）		（1.863）
Human		0.017*		0.015*
		（1.832）		（1.736）
W* VAT		−0.013*		−0.064*
		（−1.694）		（−1.834）
W* Manu		0.019*		0.023*
		（1.791）		（1.848）
W* Infra		0.014*		0.023*
		（1.842）		（1.852）
W* Gov		0.041*		0.087*
		（1.805）		（1.856）
W* Market		0.056*		0.061*
		（1.838）		（1.947）
W* lnFdi		0.007*		0.026*
		（1.836）		（1.935）
W* lnDjj		0.033*		0.019*
		（1.789）		（1.893）
W* Human		0.017*		0.016**
		（1.825）		（1.975）
Observations	3069	3069	3069	3069
R^2	0.143	0.111	0.160	0.083
Log likelihood	985.44	985.39	967.92	967.88
地区固定效应	是	是	是	是
时间固定效应	是	是	是	是

注：*、**、*** 分别表示在 10%、5%、1% 的显著性水平上显著，括号内为 t 值。

2. 变更样本估计时间段

通过随机性剔掉 2015 年和 2016 年两年的数据，来进行变更样本估计量的稳健性检验，利用其余 2006—2014 年的数据对基础回归模型重新估计。稳健性检验结果如表 4-7 所示。

表 4-7　变更样本估计时间段后的稳健性检验结果

解释变量	Model1	Model2	Model3	Model4
	0-1 空间权重（W1）		经济距离空间权重（W2）	
VAT	−0.215***	−0.210***	−0.317***	−0.321***
	（−2.948）	（−3.729）	（−2.935）	（−2.689）
Manu		0.081**		0.082**
		（2.229）		（1.788）
Infra		0.082**		0.082**
		（1.996）		（2.341）
Gov		0.421***		0.468***
		（3.477）		（3.996）
Market		0.060*		0.053*
		（1.879）		（1.945）
lnFdi		0.038*		0.032*
		（1.797）		（1.679）
lnDjj		0.032*		0.039*
		（1.840）		（1.899）
Human		0.015*		0.015*
		（1.892）		（1.776）
W* VAT		−0.021*		−0.022*
		（−1.884）		（−1.794）
W* Manu		0.021*		0.025*
		（1.791）		（1.788）
W* Infra		0.017*		0.023*
		（1.912）		（1.922）
W* Gov		0.054*		0.058*
		（1.845）		（1.951）
W* Market		0.044*		0.062*
		（1.848）		（1.957）
W* lnFdi		0.006*		0.018*
		（1.856）		（1.945）
W* lnDjj		0.034*		0.028*
		（1.789）		（1.953）
W* Human		0.017*		0.014*
		（1.895）		（1.945）
Observations	3069	3069	3069	3069
R^2	0.183	0.140	0.160	0.182
Log likelihood	982.36	982.27	965.92	965.87
地区固定效应	是	是	是	是
时间固定效应	是	是	是	是

注：*、**、*** 分别表示在 10%、5%、1% 的显著性水平上显著，括号内为 t 值。

由 Model1、Model2、Model3 和 Model4 的结果可知，核心解释变量增值税税负和其空间滞后项的符号和显著性水平均未发生改变，基准回归模型的估计结果保持稳健。

五、按行业和地区分类的差异性集聚分析

（一）生产性服务业细分行业分析

本部分中将生产性服务业分为劳动密集型生产性服务业（交通运输、仓储和邮政业、租赁服务业）以及资本和技术密集型生产性服务业（信息传输、计算机服务和软件业、科学研究和技术服务业、金融业），并考察不同行业分类增值税税负对生产性服务业集聚水平的影响。回归结果如表 4-8 所示。

表 4-8　按行业分类的空间计量回归结果

解释变量	Model1	Model2	Model3	Model4
	0-1 空间权重（W1）		经济距离空间权重（W2）	
VAT	−0.251***	−0.210***	−0.347***	−0.321***
	（−3.789）	（−3.729）	（−2.935）	（−2.689）
Manu	0.093**	0.081**	0.081**	0.082*
	（2.221）	（2.229）	（2.299）	（1.788）
Infra	0.009**	0.082**	0.081**	0.082**
	（1.976）	（1.996）	（2.451）	（2.341）
Gov	0.531***	0.421***	0.448***	0.468***
	（3.377）	（3.477）	（2.729）	（3.996）
Market	0.070*	0.060*	0.054*	0.053*
	（1.679）	（1.879）	（1.955）	（1.945）
lnFdi	0.050*	0.038*	0.032*	0.032*
	（1.667）	（1.797）	（1.844）	（1.679）
lnDjj	0.030*	0.032*	0.038*	0.039*
	（1.730）	（1.840）	（1.871）	（1.899）
Human	0.015*	0.015*	0.013*	0.015*
	（1.812）	（1.892）	（1.774）	（1.776）
W* VAT	−0.032*	−0.021*	−0.032**	−0.022*
	（−1.684）	（−1.884）	（−2.366）	（−1.794）
W* Manu	0.018*	0.021*	0.025*	0.025*
	（1.691）	（1.791）	（1.866）	（1.788）
W* Infra	0.013*	0.017*	0.022*	0.023*
	（1.812）	（1.912）	（1.943）	（1.922）

续表

解释变量	Model1	Model2	Model3	Model4
	0-1 空间权重（W1）		经济距离空间权重（W2）	
W* Gov	0.051* （1.705）	0.054* （1.845）	0.056* （1.941）	0.058* （1.951）
W* Market	0.055* （1.738）	0.044* （1.848）	0.061* （1.959）	0.062* （1.957）
W* lnFdi	0.006* （1.956）	0.006* （1.856）	0.018* （1.957）	0.018* （1.945）
W* lnDjj	0.032* （1.881）	0.034* （1.789）	0.028* （1.949）	0.028* （1.953）
W* Human	0.017* （1.921）	0.017* （1.895）	0.014* （1.957）	0.014* （1.945）
Observations	3069	3069	3069	3069
R^2	0.183	0.140	0.160	0.183
Log likelihood	982.46	982.47	965.91	965.86
地区固定效应	是	是	是	是
时间固定效应	是	是	是	是

注：*、**、*** 分别表示在 10%、5%、1% 的显著性水平上显著，括号内为 t 值。

其中，Model1、Model3 为高端生产性服务业的回归估计结果，Model2、Model4 为低端生产性服务业的回归估计结果。从表 4-8 中可以看出，增值税税负的减轻同时促进了高低端生产性服务业的集聚水平，但对低端生产性服务业的空间溢出影响更小，即对交通运输、仓储和邮政业等行业的影响更小，可能的原因是低端生产性服务业主要集中于劳动密集型产业，行业内更多的是低技能劳动者，受增值税的影响相对较小。而高端生产性服务业主要依靠资本和知识技术，对技术创新的敏感度更大，增值税税负的减轻，影响了企业的内部融资，增加了企业的自有资金，有助于提升企业的技术创新能力以及知识资本。与此同时，第三章的研究表明高端生产性服务业与制造业融合得更为紧密，按照"融合—集聚"的发展过程，在空间选择上高端生产性服务业将会更大程度上向制造业周边集聚以及与制造业协同集聚，因而增值税的激励效果也会更为明显。当然，高端生产性服务业的发展也在一定程度上依赖于良好的制度环境，比如完善的知识产权保护体系和契约执行效率，近年来政府对于企业创新的大力推动以及知识产权保护力度的增加也为增值税政策效果的发挥奠定了良好的基础。

（二）按地区分类的考察

本部分中将样本分为东、中、西三个区域，分样本比较增值税税负对生产性服务业与制造业协同集聚水平的区域异质性影响。表4-9 中 Model1、Model2 是东部地区样本估计回归结果，Model3、Model4 为中部地区样本估计回归结果，Model5、Model6 是西部地区样本估计回归结果。Model1 为邻接空间权重矩阵下的空间计量回归结果，Model2 是经济距离空间权重矩阵下的空间计量回归结果，Model3、Model4、Model5、Model6，以此类推。

表 4-9 按地区分类的空间计量回归结果

解释变量	Model1	Model2	Model3	Model4	Model5	Model6
	东部地区		中部地区		西部地区	
VAT	−0.351**	−0.310**	−0.274*	−0.207**	−0.221**	−0.209*
	(−2.489)	(−2.429)	(−1.749)	(−2.335)	(−2.389)	(−1.687)
Manu	0.093**	0.081**	0.082**	0.081**	0.082*	0.081*
	(2.221)	(2.229)	(1.972)	(1.999)	(1.788)	(1.851)
Infra	0.009**	0.082**	0.072**	0.081**	0.082**	0.081**
	(1.976)	(1.996)	(2.378)	(2.451)	(2.341)	(2.229)
Gov	0.531***	0.421***	0.419***	0.448***	0.468***	0.439***
	(3.377)	(3.477)	(2.821)	(2.729)	(3.996)	(3.962)
Market	0.070*	0.060*	0.051*	0.054*	0.053*	0.054*
	(1.679)	(1.879)	(1.911)	(1.955)	(1.945)	(1.845)
lnFdi	0.050*	0.038*	0.030*	0.032*	0.032*	0.033*
	(1.667)	(1.797)	(1.732)	(1.844)	(1.679)	(1.689)
lnDjj	0.030*	0.032*	0.029*	0.038*	0.039*	0.034*
	(1.730)	(1.840)	(1.684)	(1.871)	(1.899)	(1.939)
Human	0.015*	0.015*	0.011*	0.013*	0.015*	0.012*
	(1.812)	(1.892)	(1.769)	(1.774)	(1.776)	(1.749)
W* VAT	−0.032*	−0.021*	−0.020*	−0.020*	−0.020*	−0.019*
	(−1.684)	(−1.884)	(−1.786)	(−1.866)	(−1.794)	(−1.824)
W* Manu	0.018*	0.021*	0.012*	0.025*	0.025*	0.024*
	(1.691)	(1.791)	(1.672)	(1.866)	(1.788)	(1.669)
W* Infra	0.013*	0.017*	0.025*	0.022*	0.023*	0.023*
	(1.812)	(1.912)	(1.926)	(1.943)	(1.922)	(1.917)
W* Gov	0.051*	0.054*	0.048*	0.056*	0.058*	0.053*
	(1.705)	(1.845)	(1.872)	(1.941)	(1.951)	(1.943)
W* Market	0.055*	0.044*	0.047*	0.061*	0.062*	0.056*
	(1.738)	(1.848)	(1.849)	(1.959)	(1.957)	(1.873)

续表

解释变量	Model1	Model2	Model3	Model4	Model5	Model6
	东部地区		中部地区		西部地区	
W* lnFdi	0.006* (1.956)	0.006* (1.856)	0.015* (1.823)	0.018* (1.957)	0.018* (1.945)	0.017* (1.831)
W* lnDjj	0.032* (1.881)	0.034* (1.789)	0.023* (1.874)	0.028* (1.949)	0.028* (1.953)	0.028* (1.862)
W* Human	0.017* (1.921)	0.017* (1.895)	0.013* (1.772)	0.014* (1.957)	0.014* (1.945)	0.014* (1.845)
Observations	1177	1177	1111	1111	979	979
R^2	0.183	0.180	0.148	0.160	0.163	0.166
Log likelihood	982.46	982.47	965.89	965.91	965.86	965.88
地区固定效应	是	是	是	是	是	是
时间固定效应	是	是	是	是	是	是

注：*、**、*** 分别表示在 10%、5%、1% 的显著性水平上显著，括号内为 t 值。

由表 4-9 可知，Model 分析中东部地区增值税税负系数和其滞后项系数分别为 -0.351 和 -0.310，其系数绝对值均大于中西部地区，说明增值税税负对我国东部地区生产性服务业与制造业协同集聚水平的影响要比对中西部的影响程度更深，可能的原因是东部地区作为我国对外开放的窗口，较早地承接了我国大部分的加工制造业，并且凭借早期政策红利和其独有的地理优势，吸引了外资进驻，外商投资的增多又进一步强化了东部地区生产性服务业集聚的技术溢出效应（韩峰等，2014），从而在国内外的双重影响下造就了东部沿海城市产业协同集聚的领先地位。

六、案例分析：软件产品增值税即征即退政策的集聚效应

与其他生产性服务业行业相比，信息传输、软件和信息技术服务业的人力资本和知识技术水平较高，针对这一特性，《财政部　国家税务总局关于软件产品增值税政策的通知》（财税〔2011〕100 号）规定，增值税一般纳税人销售其自行开发生产的软件产品，按适用税率征收增值税后，对其增值税实际税负超过 3% 的部分实行即征即退政策。生产成本的降低进一步增加了生产性服务业的需求，加速了产业的融合集聚。与此同时，信息服务业的人才和技术外溢也吸引了更多的关联企业进入园区，形成更大范围的规模效应和产业集聚。

2011 年实行的软件产品增值税即征即退政策对软件产业产生了重要

的影响，本部分基于地级市数据，运用双重差分模型考察软件产品增值税即征即退政策对软件产业集聚的影响。分析中将受到软件产品增值税即征即退政策影响的当年及之后的年份设定为 1，反之赋值为 0。并设定模型如下：

$$Ass_{it} = \alpha_0 + \alpha_1 treat_i \times post_t + \sum \alpha_j \times X + \gamma_t + \mu_i + \epsilon_{it} \quad (4-9)$$

式中，γ_t 为时间固定效应，μ_i 为地级市层面固定效应，ϵ_{it} 为混合固定效应。X 为控制变量，包含制造业集聚、市场化水平、人力资本、政府干预、外商直接投资、交通基础设施水平。

从表 4-10 中可以看出，实施软件产品增值税即征即退政策显著促进了软件产业的集聚水平，并且在加入控制变量后，政策影响效应依然显著，系数变化不大。这说明软件产品增值税即征即退政策有效降低了企业税负。软件产业是资本密集型产业，知识资本的提升对产业经营发展至关重要，而增值税即征即退政策的实施，能够使企业更大力度地投入人力资本并进行技术创新，进而提升知识资本水平，加速产业的融合集聚，因而对软件产业的集聚起到了良好的作用。

表 4-10　软件产品增值税即征即退政策效应的估计结果

变量名	Ass					
	（1）	（2）	（3）	（4）	（5）	（6）
treat × post	0.171***	0.167***	0.162***	0.165***	0.174***	0.179***
	（3.187）	（3.673）	（3.245）	（3.243）	（3.567）	（3.467）
Constant	3.210***	3.187***	3.018***	3.174***	3.163***	3.142***
	（2.991）	（2.984）	（2.787）	（2.889）	（2.996）	（2.865）
控制变量	否	是	否	是	否	是
地区固定效应	否	否	是	是	是	否
年份固定效应	否	是	否	是	是	否
N	3069	3069	3069	3069	3069	3069
R^2	0.365	0.418	0.506	0.241	0.404	0.596

注：*** 表示在 1% 的显著性水平上显著，括号内为 t 值。

七、小结

产业集聚能够形成规模效应，从而有利于产业内及产业间知识技术合作与交流，是一国或地区形成竞争优势并最终提高生产力水平的有效路径。生产性服务业作为现代服务业中最具活力的产业，其集聚水平反映了一个地区调配资源流向和驱动产业链升级的能力，而增值税激励能够刺激生产性服务业专业化及多样化集聚，有利于生产性服务业与制造业协同集聚并促进专业化技术共享，故研究增值税的这一激励效应具有重要意义。增值税减税政策实施过程中通过内置经济结构和外部经济效应对生产性服务业发挥激励效应，促进生产性服务业自身集聚及与制造业的协同集聚，这一集聚效应已成为不少城市实施产业布局、促进经济结构转型升级的重要抓手。协同集聚形成的近距离协同式生产模式，最大限度地促进了生产性服务业全面参与制造业的各个生产环节，有利于制造业加快从劳动密集型的初级制造向知识和技术密集型的高端制造转变。

  基于以上分析，本章利用 2005—2015 年地级市面板数据，在使用区位熵测算生产性服务业集聚指数的基础上，构建空间杜宾模型，研究了增值税激励对生产性服务业专业化和多样化集聚的引导和锁定效应、有效集合效应。本章首先根据产业集聚和协同集聚的莫兰指数得到生产性服务业的集聚水平和协同集聚水平具有明显的空间溢出效应的结论。其次进一步采用空间计量分析，实证检验了以下结论：增值税存在空间集聚，其他相邻城市的增值税政策的推行辐射了本市，且增值税税负的减轻促进了地级市生产性服务业产业集聚水平的提高。此外，本地区的增值税税负的降低会使得周边地区的产业集聚程度降低，即税收洼地效应。以上结果在更换被解释变量测度方法、变更样本估计时间段的稳健性检验后依然成立。从模型关键控制变量来看，外商直接投资的流入，对地区生产性服务业的发展产生了积极影响，促进了当地生产性服务业的集聚，并且通过溢出效应促进了周边城市生产性服务业的集聚。同时，城市的市场化水平、政府干预促进了生产性服务业与制造业的协同集聚水平。本章研究发现增值税税负的溢出效应存在行业和地区的异质性，增值税税负的减轻对高端生产性服务业（知识资本密集型生产性服务业）的空间溢出影响更大。从对不同地区影响程度的考察中得到增值税税负对我国东部地区生产性服务业与制造业协同集聚水平的影响要比对中西部影响程度更深的结论。本章还基于以上结果进行了案例分析，利用双重差分模型考察软件产品增值税即征即退政策对软件产业集聚的影响，结果表明实施软件产品增值税即征即退政策显著促进了软件产业的集聚水平，且软件产品增值税即征即退政策有效降低了企业税负。

第五章 增值税激励的生产率提升效应研究

在供给侧结构性改革的背景下，税制改革能够促进生产性服务业企业全要素生产率的提升，是推动生产性服务业结构升级及实现高质量发展的核心路径。增值税的大规模减税效应在刺激生产性服务业技术创新，提高自身生产效率的同时，也通过技术外溢、协同集聚以及融合发展的方式提升了制造业的生产效率。本章在具体考察增值税"留抵退税"减税效果和测算微观企业全要素生产率的基础上，运用双重差分和中介效应模型重点研究增值税减税激励对生产性服务业及制造业的生产率提升效应和现实作用路径。

一、生产性服务业生产率提升需要增值税激励

随着全球产业结构转型升级和深度调整，中国经济的发展增速开始逐步放缓，由高速增长转为中高速增长，与此同时增长方式由粗放的规模速度型转向集约的质量效率型。随之而来的，各产业间也开始陆续呈现出相应的变化趋势，过去曾支撑中国经济高速增长的人口、资本和土地等生产要素的作用正在逐步减弱，技术、知识等生产要素的作用正在逐步增强。在此背景下，中央财经领导小组会议指出，供给侧结构性改革的根本目的是提高社会生产力水平。提高供给结构适应性和灵活性，提高全要素生产率，使供给体系更好适应需求结构变化；2022年，党的二十大开启了以中国式现代化全面推进中华民族伟大复兴的新征程，迫切需要进一步推动经济发展质量变革、效率变革、动力变革，提高全要素生产率，着力加快建设实体经济、科技创新、现代金融、人力资源协同发展的产业体系。综上，进一步提高全要素生产率不仅关系到产业结构的转型升级，更是成为高质量发展下中国经济实现可持续增长的关键，是今后一段时期内经济工作的重点任务。

当前，中国经济正处在转变发展方式、优化经济结构、转换增长动力的重要时期，生产性服务业作为服务业中的新兴产业，普遍具有知识密集、

技术密集、信息密集、人才密集的特点，经济规模也已占到国内生产总值的三分之一左右，已完全成为推动中国经济高质量增长的重要引擎。并且生产性服务业从制造业内部分离出来后，二者之间始终呈现出融合与互动的发展态势。目前，生产性服务业已贯穿于企业生产的上中下游诸多环节，产业链分工逐步深化，并通过向制造业引进日益专业化的人力资本与知识资本，提高了对制造业转型升级的支撑能力，而制造业的转型升级也会反向促进生产性服务业的发展。鉴于此，在传统生产要素对经济增长支撑作用持续减弱的背景下，生产性服务业和制造业间的融合发展对中国经济的高质量发展有着重要拉动作用。研究其全要素生产率，有助于考察中国经济高质量发展的内在动力以及产业结构优化的关键着力点，为政府进一步鼓励生产性服务业和制造业企业融合发展并在此基础上提高全要素生产率提供有价值的决策参考。

为了更好地支持生产性服务业和制造业的发展，政府实施了一系列的财税政策。而在诸多财税政策之中，增值税作为税制结构中的主体税种，其税收激励在生产性服务业企业和制造业企业高质量发展的过程中发挥着基础性、支柱性和保障性的作用，且增值税减税激励能否促进生产性服务业和制造业持续性增长，关键在于政策效应是否会有效提升生产性服务业企业和制造业企业的全要素生产率。近年来，深化增值税改革是实施大规模减税降费的"重头戏"，其中，增值税"留抵退税政策"更是改革的重点内容。国家税务总局数据显示，2019年到2021年，税务部门累计办理留抵退税12339亿元，2022年更是计划实施安排大规模留抵退税约1.5万亿元。增值税留抵退税政策是近年来政府增值税激励的重要内容，减税力度空前，其实施不仅能够通过增值税特殊的核算方式，降低服务业和制造业企业的税收负担进而缓解融资约束，更为重要的是通过强化服务业和制造业间的产业关联，促进产业间的人才技术共享和实现规模经济，从而有利于生产性服务业企业和制造业企业全要素生产率的提升。而在现有文献中，鲜有文献对其实际效果进行论证。鉴于此，本章节基于中国政府正在大规模实施的增值税留抵退税政策，考察了增值税减税激励对生产性服务业企业和制造业企业全要素生产率的影响效果，并在此基础上尽可能地探索政策影响的动态效果及其作用机制，从而为丰富增值税激励效应的分析框架，进一步深化增值税改革，制定和完善有针对性的增值税政策，以促进生产性服务业和制造业高质量发展提供借鉴。

二、实证模型设定、变量选取及数据说明

（一）计量模型的设定

我国早期的增值税留抵退税政策是为了解决集成电路重大项目企业因采购设备引起的增值税进项税额占用资金问题，仅对其因购进设备形成的增值税期末留抵税额予以退还，涉及的企业也相对较少（仅有29家[①]），政策影响范围十分有限。2017年，因国际上允许对集成电路企业增值税实行期末留抵退税，我国政府也相应允许享受增值税期末留抵退税政策的集成电路企业可以将其退还的增值税期末留抵税额从城市维护建设税、教育费附加和地方教育附加的计税（征）依据中予以扣除[②]，由此拉开近年来增值税留抵退税政策变革的序幕。2018年6月，为助力经济高质量发展，财政部和税务总局进一步拓宽了退还期末留抵税额的行业企业范围，决定对包括专用设备制造业、通用设备制造业、研究和试验发展、软件和信息技术服务业等在内的18个大类行业的增值税期末留抵税额予以退还[③]。随后在2019年3月的《关于深化增值税改革有关政策的公告》中进一步改为符合规定条件的一般纳税人均可向主管税务机关申请退还增量留抵税额[④]，这一公告表明增值税留抵退税政策行业限制的取消，也标志着我国正式建立了常态化的增值税留抵退税制度。

从2017年增值税留抵退税政策开始变革到2019年在全行业企业开始推广，建立常态化的增值税留抵退税制度，各行业企业间受到增值税留抵退税的影响始终存在差异。增值税留抵退税制度这一"准自然试验"为使用双重差分法来研究增值税留抵退税政策对生产性服务业和制造业企业全要素生产率提升效应提供了宝贵机会。因此在计量模型的构建上，将受到增值税留抵退税政策影响的当年及之后的年份设定为1，反之赋值为0，则可根据各行业企业是否受到增值税留抵退税政策影响时间差异设置 $treat \times post$ 变量，并构建以下双向固定效应模型来验证增值税留抵退税政

[①] 具体名单见《财政部　国家税务总局关于退还集成电路企业采购设备增值税期末留抵税额的通知》财税〔2011〕107号。

[②] 出自《关于集成电路企业增值税期末留抵退税有关城市维护建设税教育费附加和地方教育附加政策的通知》财政部、国家税务总局。

[③] 出自《关于2018年退还部分行业增值税留抵税额有关税收政策的通知》财税〔2018〕70号。

[④] 具体条件见《关于深化增值税改革有关政策的公告》财政部、税务总局、海关总署公告2019年第39号。

策对生产性服务业和制造业企业全要素生产率的影响：

$$tfp\_lp_{it}=\beta_0+\beta_1 treat\times post+\sum\beta_j\times Control+\gamma_t+\mu_i+\delta_{it}+\epsilon_{it} \quad (5-1)$$

式中，tfp_lp 为被解释变量，表示样本企业的全要素生产率，下标 i 和 t 分别表示第 i 个企业和第 t 年。γ_t 和 μ_i 分别表示时间和企业层面的固定效应，δ_{it} 表示地区时间固定效应。$Control$ 表示企业层面的其他控制变量，具体包括企业规模、企业总资产负债率、企业总资产收益率、企业有形资产比率、企业营业收入增长率等。$treat\times post$ 为增值税留抵退税政策变量，系数 β_1 衡量增值税留抵退税政策对生产性服务业和制造业企业全要素生产率的净影响。

在作用机制方面，主要采用中介效应模型来探讨增值税留抵退税对生产性服务业和制造业企业全要素生产率的作用机制，具体采用逐步回归的方式，在参照模型（5-1）的基础上构建如下模型：

$$middle_{it}=\beta_0+\beta_1^a treat\times post+\sum\beta_j\times Control+\gamma_t+\mu_i+\delta_{it}+\epsilon_{it} \quad (5-2)$$

式中，$middle$ 为中介变量，并且进一步将中介变量加入模型（5-1）中构建模型（5-3）：

$$tfp\_lp_{it}=\beta_0+\xi middle_{it}+\beta_1^b treat\times post+\sum\beta_j\times Control+\gamma_t+\mu_i+\delta_{it}+\epsilon_{it} \quad (5-3)$$

此处检验的原理如下：若模型（5-1）、模型（5-2）和模型（5-3）中的系数 β_1、β_1^a 和 ξ 均显著，说明存在中介效应，增值税留抵退税通过该中介变量对生产性服务业和制造业企业全要素生产率产生了影响；若模型（5-1）、模型（5-2）和模型（5-3）中的系数 β_1、β_1^a 和 ξ 均显著，且模型（5-3）中的系数 β_1^b 显著，则存在完全的中介效应，反之，若模型（5-3）中的系数 β_1^b 不显著，则存在不完全中介效应。若模型（5-1）、模型（5-2）和模型（5-3）中的系数 β_1、β_1^a 和 ξ 有一个不显著，则不存在中介效应。

（二）变量选取

本章的变量选取如下。

1. 被解释变量

被解释变量为全要素生产率（tfp_lp）。当前文献中关于企业全要素生产率的估计方法主要有 OLS 估计法、固定效应估计法、Olley-Pakes 估计法（简称 OP 法）、Levinsohn-Petrin 估计法（简称 LP 法）、GMM 估计法等参数估计、半参数估计和非参数估计方法，并且鲁晓东和连玉君（2012）通过对上述估计方法的横向对比发现，半参数估计方法能够较好地解决传统计量方法中的内生性和样本选择问题。因此,本章中主要采用半参数估计法中的 LP 估计方法来测算微观企业层面的全要素生产率。具体计算过程如下:在假设生产函数为 C-D 生产函数的基础上,选取工业增加值作为产出变量(用企业主营业务收入的对数衡量),企业固定资产规模的对数作为资本性支出变量,企业从业人员规模(用企业员工人数的对数衡量)、年度、行业变量为自由变量,中间品的投入作为代理变量(用企业购买商品、劳务的现金流出的对数衡量),用 LP 法对全要素生产率进行估计。

2. 中介变量

根据理论分析,中介变量主要有四个:①企业的研发投入($r\&d$),用企业研发支出与企业总资产的比值来衡量。②人力资本投入(hc),参考郑宝红和张兆国(2018)的做法,采用支付职工以及为职工支付的现金占在职员工人数的比率来衡量。③融资约束(sa),参照 Hadlock 和 Pierce(2010)、蒋冠宏和曾靓(2020)的研究,用 SA 指数衡量融资约束,具体的计算方法为:$-0.737 \times Size + 0.0043 \times Size^2 - 0.04 \times Age$。式中,$Size$ 表示的是企业规模(用企业总资产的对数来表示),企业的资产规模作为银行衡量企业信用的重要参考指标之一,一定程度上能够反映企业的融资能力,企业资产规模越大时,一般认为该企业融资能力越强。Age 则表示企业的成立年限,用(当前年份-企业成立年份+1)来表示。用该方法计算得到的 SA 的值越大,表明企业融资能力越弱,也即该企业融资约束程度越高。④规模经济程度($lnSale$),用企业主营业务收入的对数来衡量。

3. 控制变量

借鉴盛明泉等(2018)、丁汀和钱晓东(2019)的研究,选取了如下能够反映企业自身层面基本特征及盈利方面特征的 5 个变量作为控制变量:①企业规模($size$):用企业总资产的自然对数来表示;②总资产负债率(lev):用企业的总负债和总资产的比值来表示,企业的资产负债率越低,用于研发活动的资金越多,研发活动越能顺利开展,全要素生产率也就越高。③总资产收益率(roa):用企业净利润与企业总资产的比值来衡量。企业总资产收益率越高,企业创造的利润越多,盈利的水平就越好,企业的全要素生产率就越高。④有形资产比率($tang$):用企业有形资产总额与企业总资产的比值来衡量。有形资产比率主要反映了企业的资本结构。⑤营业收入增长率($growth$):用企业营业收入对数的一阶差分来表示。营业收入增长率主要反映了企业的盈利水平和发展能力。发展能力越高的企业通常全要素生产率较高。各变量具体定义及计算如表 5-1 所示。

表 5-1 变量定义及计算

变量名称及类别		变量描述	计算方式
结果变量	tfp_lp	企业全要素生产率	LP 法测算
核心变量	treat × post	增值税留抵退税政策变量	增值税留抵退税实施企业当年及之后年份取值为 1,否则为 0
中介变量	r&d	研发投入	企业研发投入 / 企业总资产
	hc	人力资本投入	企业支付职工以及为职工支付的现金 / 企业在职员工人数
	sa	融资约束	SA 指数
	lnSale	规模经济	企业主营业务收入的自然对数
控制变量	size	企业规模	企业总资产的自然对数
	lev	总资产负债率	企业总负债 / 企业总资产
	roa	总资产收益率	企业净利润 / 企业总资产
	tang	有形资产比率	企业有形资产总额 / 企业总资产
	growth	营业收入增长率	企业营业收入的对数 − 企业上期营业收入的对数

(三) 数据说明

本章选取了 2014—2018 年中国所有的 A 股上市公司作为样本企业,所有数据均来自国泰安数据库。样本区间之所以未包含 2019 年,一方面是因为在 2019 年 3 月 20 日,财政部、税务总局和海关总署扩展了增值税留抵退税政策的实施行业,由原先部分生产性服务业和制造业行业改为符合规定条件的一般纳税人均可申请增值税留抵退税,政策变动的时间相对较短且使得原先对照组中很多非生产性服务业和制造业企业也可享受增值税留抵退税带来的税收优惠,这极大增加了识别难度;另一方面 2019 年 12 月 1 日新冠病毒开始流行,并且在极短的时间内扩散到了全国大部分省份,这可能会对 2019 年的数据造成一定的影响。除此之外,本章研究中还参照大部分文献的做法,剔除了样本中金融类行业企业、ST、PT 企业以及资不抵债企业,同时为了防止异常值影响结果,本章中对所有使用到的连续变量均进行了 1% 和 99% 的缩尾处理。

三、增值税留抵退税生产率提升效应的实证分析

（一）描述性分析

表 5-2 是各变量的描述性统计结果。采用 LP 法测算出的微观企业全要素生产率的均值在 15.993 左右，位于郑宝红等（2018）和盛明泉等（2020）采用相同估计方法计算出的企业全要素生产率均值在 16.87 和 14.674 之间，相差不大。此外，其余各变量也均在合理的区间范围内，波动范围相对合理，可以继续进行接下来的回归分析。

表 5-2 变量的描述性统计结果

变量名	观测值	均值	标准差	中位数	最小值	最大值
tfp_lp	10000	15.993	0.936	15.922	13.518	18.490
r&d	7511	0.004	0.009	0.000	0.000	0.053
hc	10000	11.499	0.450	11.446	10.536	12.924
sa	15000	-14.951	0.770	-14.864	-17.139	-13.488
lnSale	15000	21.406	1.455	21.275	17.883	25.468
size	15000	22.147	1.297	22.000	19.654	26.075
lev	15000	0.420	0.206	0.406	0.059	0.905
roa	15000	0.037	0.061	0.037	-0.257	0.191
tang	15000	0.916	0.103	0.953	0.477	1.000
growth	14000	0.126	0.325	0.105	-0.893	1.513

表 5-3 是生产性服务业细分行业全要素生产率的变动情况。从表中可以看出，在 2014—2019 年，生产性服务业整体的全要素生产率呈现出增长的趋势。具体来看，在 2014—2019 年，科技推广和应用服务业、国家邮政和快递服务业、货币金融服务业、互联网和相关服务业涨幅位居前四，全要素生产率分别增长了 15.3%、15.7%、7.2% 和 6.5%。其中，国家邮政和快递服务业涨幅最为明显，主要原因在于：一方面近年来中国信息技术和电子商务迅猛发展，网络基础设施日渐完善，对邮政和快递服务的需求量大幅增加；另一方面也得益于科技推广和应用服务业、货币金融服务业、互联网和相关服务业等相关服务业的迅速发展，这些行业的发展为国家邮政和快递服务业的发展提供了良好的基础。

在增值税留抵退税政策实施后，除个别行业外，大部分行业全要素生产率增长的幅度均十分明显。具体来看，研究和试验发展、国家邮政和快递服务、互联网和相关服务、专业技术服务、生态保护和环境治理等行业

的增长要高于其他生产性服务业行业,全要素生产率分别增长了 4.09%、3.58%、2.68%、2.57% 和 1.96%。这一方面反映出相比其他生产性服务业,这些行业的发展相对较快;另一方面除国家邮政和快递服务外,研究和试验发展、互联网和相关服务、专业技术服务、生态保护和环境治理四个行业均是增值税留抵退税政策的试点行业,意味着增值税留抵退税能够起到促进试点行业全要素生产率提升的政策效果。

表 5-3 生产性服务业细分行业全要素生产率的变动情况

行业	2014 年	2016 年	2018 年	2019 年
货物运输服务	15.639	15.648	15.882	15.947
多式联运和运输代理	15.859	16.156	16.646	16.161
装卸搬运和仓储服务	15.269	15.278	15.500	15.271
国家邮政和快递服务	15.036	16.807	17.094	17.409
电信、广播电视和卫星传输服务	15.379	15.597	16.669	15.491
互联网和相关服务	14.919	15.478	15.857	15.893
软件和信息技术服务	14.989	15.193	15.364	15.418
货币金融服务	14.029	14.943	14.634	15.043
资本市场服务	14.769	14.216	13.959	13.877
保险业	13.147	14.078	14.198	—
其他金融业	15.138	15.655	15.523	15.424
研究和试验发展	14.450	14.329	14.881	14.915
专业技术服务	14.805	14.808	15.140	15.188
科技推广和应用服务	12.218	13.823	13.637	14.083
生态保护和环境治理	15.150	15.477	15.666	15.780

从产业链上下游的位置来看,位于产业链上游的高端生产性服务业全要素生产率的增长要快于位于产业链下游的低端生产性服务业。具体而言,除国家邮政和快递服务业外,产业链上游的高端生产性服务业,如电信、广播电视和卫星传输服务,互联网和相关服务,软件和信息技术服务,货币金融服务,资本市场服务,保险业,其他金融业,研究和试验发展,专业技术服务,科技推广和应用服务中大部分行业的全要素生产率增长要快于位于产业链下游的货物运输服务、多式联运和运输代理、装卸搬运和仓储服务等行业。这是因为相比低端生产性服务业,高端生产性服务业主要嵌入产业链的上游,具有知识资本密集型的特点,能够更好地和制造业融合集聚,在二者融合集聚发展的过程中全要素生产率的提升也更为明显。除此之外,上述高端生产性服务业很大部分属于增值税留抵退税政策的实

施范畴，按照前文分析，在增值税激励下，生产性服务业也能够和制造业更好地融合集聚，进一步促进知识和技术的交流与共享，从而促进全要素生产率的提升。

（二）基准回归结果

利用模型（5-1），首先验证增值税留抵退税政策对生产性服务业企业和制造业企业全要素生产率的影响。考虑到企业规模、资产负债率、总资产利润率、营业收入增长率等变量间具有较强的相关性，为了识别控制变量间的相关性是否会对核心变量的回归结果造成影响，采用逐步回归的方法，得到表5-4中第（1）~（6）列的回归结果。

表5-4　增值税留抵退税对企业生产率的影响

变量名	tfp_lp					
	（1）	（2）	（3）	（4）	（5）	（6）
treat × post	0.086**	0.140***	0.091***	-0.009	-0.009	-0.015
	（0.037）	（0.038）	（0.034）	（0.021）	（0.022）	（0.020）
roa		0.859***	0.739***		0.847***	0.763***
		（0.189）	（0.176）		（0.155）	（0.152）
growth		0.492***	0.410***		0.476***	0.400***
		（0.023）	（0.026）		（0.020）	（0.021）
size			0.515***			0.481***
			（0.034）			（0.029）
lev			0.175			0.145*
			（0.111）			（0.084）
tang			0.661***			0.683***
			（0.146）			（0.122）
constant	14.642***	14.437***	3.304***	15.509***	14.470***	3.996***
	（0.232）	（0.255）	（0.773）	（0.406）	（0.150）	（0.658）
企业固定效应	是	是	是	是	是	是
年份固定效应	是	是	是	是	是	是
地区时间固定效应	是	是	是	是	是	是
N	4712	4346	4346	8836	8027	8027
R^2_within	0.263	0.428	0.566	0.251	0.424	0.556

注：（1）括号内为企业层面的聚类稳健标准误。（2）*、**、*** 分别表示在10%、5%、1%的显著性水平上显著。下表同。

表 5-4 中第（1）~（3）列为增值税留抵退税对生产性服务业企业全要素生产率的影响，第（4）~（6）列为增值税留抵退税对制造业企业全要素生产率的影响。此处，主要关注核心变量 treat×post 的系数及其显著性，其系数为正且显著，则说明增值税留抵退税政策能够显著提升企业的全要素生产率。如表中第（3）列所示，增值税留抵退税政策的实施显著地促进了生产性服务业企业全要素生产率的提升，加入控制变量后 treat×post 的系数为 0.091，且在 1% 的水平上显著，这说明增值税留抵退税的减税激励使得生产性服务业企业的全要素生产率平均提升了 9.1%，增值税留抵退税政策的效果正在显现。第（4）~（6）列的回归结果则表明，增值税留抵退税的减税激励对制造业企业全要素生产率的提升效果并不显著。

控制变量的回归结果也基本符合预期，企业规模、有形资产比率、总资产利润率、营业收入增长率的提高均有助于企业全要素生产率的提升。在第（3）和（6）列中，企业规模的回归系数分别是 0.515 和 0.481，且均在 1% 的水平上显著，说明企业规模是影响生产性服务业企业和制造业企业全要素生产率水平的重要因素，企业规模的增加有助于生产性服务业企业和制造业企业全要素生产率的增加。有形资产比率的系数分别为 0.661 和 0.683，均在 1% 的水平上显著，这说明有形资产比率对于生产性服务业企业和制造业企业的发展十分重要，有形资产比率的上升也能够对生产性服务业企业和制造业企业的全要素生产率带来正向影响。总资产利润率和营业收入增长率的回归系数分别为 0.739、0.763、0.410 和 0.400，均在 1% 的水平上显著，说明生产性服务业企业和制造业企业的盈利水平对企业的全要素生产率有着显著的正向影响，生产性服务业企业和制造业企业可以通过提升其盈利水平来提升全要素生产率。值得注意的是，资产负债率的适度增加对于制造业企业的影响相比对生产性服务业企业的影响更为显著，这一结果说明制造业企业融资能力的增强对全要素生产率有正向影响。此外，第（2）、（5）列为加入企业盈利层面的控制变量后的回归结果，第（3）、（6）列为进一步加入企业层面的基本特征控制变量后的回归结果，结果表明，加入控制变量后并未对核心解释变量造成影响，结果具有一定的稳健性。

四、增值税留抵退税生产率提升效应的差异性效果分析

增值税留抵退税对生产性服务业企业和制造业企业全要素生产率的影

响可能会受到其他层面一些因素的影响，从而表现出一定的差异性。了解增值税留抵退税对企业全要素生产率影响的异质性，有助于进一步完善增值税留抵退税政策，从而更好地达到促进生产性服务业企业和制造业企业全要素生产率提高的效果。

按照本书的理论逻辑，在生产性服务业与制造业融合集聚的过程中，生产性服务业会因专业服务类型的差异分别嵌入制造业开发、生产、销售和售后服务等不同环节。并且从全产业链嵌入的专业服务类型上看，产业链的上游主要有市场调研考察、方案可行性研究、金融、科学研究、信息传输、计算和软件、咨询、产品概念设计等专业服务类型，属于高端生产性服务业范畴，所提供的服务要素更多地反映了行业的生产技术结构，主要嵌入制造业的开发、设计、生产和制造等环节。产业链的下游则主要是广告营销、产品运输、售后维护等专业服务类型，更多是低端生产性服务业范畴，主要嵌入制造业的产品销售、售后服务与维护等环节。增值税激励政策的实施会对嵌入不同产业链位置的生产性服务业产生差异化的影响。从增值税留抵退税的角度而言，政策实施后允许部分企业在一定时期内未抵扣的进项税额一次性退还，增加了企业当期运转现金流，进而可以通过加大人力资本投入、降低融资约束风险、促进研发创新和规模经济效应等渠道来提高企业的全要素生产率。这一过程更多的是体现在企业的开发、设计、生产、制造等环节，较少涉及企业的产品运输、销售和售后服务环节，因此增值税留抵退税政策会对产业链上游高端生产性服务业全要素生产率的影响更为明显。为了验证这一差异性，借鉴孙正等（2022）的研究，根据生产性服务业在产业链上下游嵌入的位置来划分高端生产性服务业和低端生产性服务业。其中，高端生产性服务业主要包括电信、广播电视和卫星传输服务、互联网和相关服务、软件和信息技术服务、货币金融服务、资本市场服务、保险业、其他金融业、研究和试验发展、专业技术服务、科技推广和应用服务等，其余为低端生产性服务业。回归结果如表5-5所示，增值税留抵退税政策对产业链上游高端生产性服务业全要素生产率的提升效果更为明显，对位于产业链下游低端生产性服务业全要素生产率的影响并不显著。

表5-5 产业链上游高端生产性服务业和产业链下游低端生产性服务业差异影响回归结果

变量名	产业链上游高端生产性服务业	产业链下游低端生产性服务业
tfp_lp	（1）	（2）
treat × post	0.103***	0.023
	（0.035）	（0.083）

续表

变量名	产业链上游高端生产性服务业	产业链下游低端生产性服务业
size	0.519***	0.515***
	（0.034）	（0.039）
lev	0.173	0.198
	（0.113）	（0.131）
roa	0.725***	0.634***
	（0.177）	（0.219）
tang	0.661***	0.788***
	（0.149）	（0.190）
growth	0.412***	0.442***
	（0.027）	（0.030）
constant	3.210	3.469***
	（0.784）	（0.870）
企业固定效应	是	是
时间固定效应	是	是
地区时间固定效应	是	是
N	4230	3377
R^2_within	0.567	0.568

注：*** 表示在1%的显著性水平上显著，括号内为 t 值。

在生产性服务业发展的过程中，知识资本发挥着至关重要的作用。首先，知识资本是提高全要素生产率的核心要素。大量的研究表明知识资本总规模与全要素生产率呈显著正相关关系，知识资本投入增加，尤其是研发资本、人力资本投入增加，有助于促进全要素生产率的提升。在生产性服务业中，以知识资本作为主要要素投入的生产性服务业往往位于产业链的上游，具有更高的全要素生产率。其次，在生产性服务业与制造业融合集聚的过程中，知识资本也发挥着关键性的作用。生产性服务业通常有着高度专业化和技术密集的特征，这些知识资本不仅应用于服务业本身，也可以作为主要投入品引入制造业当中，提升制造业的技术水平和生产效率，这是生产性服务业和制造业加速融合集聚的关键因素。因此，增值税激励生产性服务业发展的过程中，增值税留抵退税政策更容易对高知识资本生产性服务业全要素生产率产生更明显的促进作用。原因在于，增值税留抵退税政策一方面可能进一步增加高知识资本生产性服务业对于知识资本的投入，从而直接提升全要素生产率；另一方面也可以加速其与制造业融合集聚的过程，从而促进生产性服务业与制造业间知识资本的共享和交流，更大限度地提升全要素生产率。参考程惠芳和陈超（2017）的研究，将知识资本定义为人均研发资本和人力资本的总和,并按照处理组生产性服务业知识资本的中位数划分为高知识资本生产性服务业与低知识资本生产性服务业,将其分别与对照组企业进行差分分析。结果显示(见表5-6),增值税留抵退税对高知识资本生产性服务业全要素生产率的提升产生了更为明显的激励效果。这一结果支持了本书在第二章关于生产性服务业与制造业之间从融合集聚到生产率提升的理论分析。

表5-6 高知识资本生产性服务业与低知识资本生产性服务业差异影响回归结果

变量名	高知识资本生产性服务业	低知识资本生产性服务业
tfp_lp	(1)	(2)
treat × post	0.060*	0.033
	(0.031)	(0.060)
size	0.513***	0.515***
	(0.036)	(0.038)
lev	0.237**	0.179
	(0.121)	(0.126)
roa	0.664***	0.604***
	(0.181)	(0.210)
tang	0.703***	0.831***
	(0.161)	(0.172)
growth	0.420***	0.439***
	(0.028)	(0.030)
constant	3.302	3.414***
	(0.815)	(0.863)
企业固定效应	是	是
时间固定效应	是	是
地区时间固定效应	是	是
N	3998	3609
R^2_within	0.561	0.564

注:注:*、**、*** 分别表示在10%、5%、1%的显著性水平上显著,括号内为t值。

除产业链嵌入位置和知识资本的差异外,增值税留抵退税对生产性服务业生产率的影响还会因企业所有权、企业规模和所处行业等因素的不同而不同,接下来一一进行分析。首先,从企业的所有权来看,大量的研究表明民营企业和非民营企业无论在融资约束、政府补贴,还是对税收政策的反应程度上均存在着很大的不同,这些差异在很大程度上会影响到增值税留抵退税政策的作用效果。因此,根据企业所有权的性质,将全样本分为民营企业和非民营企业,来分别检验增值税留抵退税对生产性服务业和制造业不同所有权性质企业全要素生产率的影响，具体结果如表 5-7 所示。

表 5-7　增值税留抵退税对企业生产率的影响：异质性分析结果 Ⅰ

变量名	非民营企业（生产性服务业）	民营企业（生产性服务业）	非民营企业（制造业）	民营企业（制造业）
tfp_lp	（1）	（2）	（3）	（4）
treat × post	−0.101	0.096***	0.083	−0.019
	（0.106）	（0.035）	（0.060）	（0.021）
size	0.557***	0.457***	0.498***	0.436***
	（0.103）	（0.037）	（0.072）	（0.032）
lev	−0.115	0.220**	−0.281	0.194**
	（0.486）	（0.111）	（0.301）	（0.086）
roa	1.033*	0.778***	0.420	0.779***
	（0.592）	（0.184）	（0.465）	（0.163）
tang	1.413***	0.603***	0.538	0.619***
	（0.479）	（0.157）	（0.402）	（0.129）
growth	0.342***	0.431***	0.328***	0.419***
	（0.046）	（0.029）	（0.042）	（0.023）
constant	2.653	5.084***	5.188***	5.247***
	（2.514）	（0.815）	（1.803）	（0.722）
企业固定效应	是	是	是	是
时间固定效应	是	是	是	是
地区时间固定效应	是	是	是	是
N	484	3862	752	7275
R^2_within	0.720	0.569	0.674	0.550

注：*、**、*** 分别表示在 10%、5%、1% 的显著性水平上显著，括号内为 t 值。

表 5-7 中，第（1）、（2）列为增值税留抵退税对生产性服务业非民营企业和民营企业全要素生产率的影响，第（3）、（4）列为增值税留抵退税对制造业非民营企业和民营企业全要素生产率的影响。表 5-7 的结果显示，增值税留抵退税对企业全要素生产率的作用效果会受到企业所有权性质的影响。在生产性服务业中，相比非民营企业，增值税留抵退税主要提升了民营企业的全要素生产率，并且在 1% 的水平上显著。对此一种可能的解释是增值税留抵退税的减税效应增加了生产性服务业企业的现金流，使得生产性服务业民营企业有更多的资金投入研发和投资当中，从而增加了企业的全要素生产率。而在制造业中，增值税留抵退税对非民营企业的全要素生产率存在微弱的促进作用，但并不显著。

企业的规模是影响企业全要素生产率的另一重要因素，大中型企业的资产规模相比小微企业更大,而企业资产规模正是银行衡量企业信用的重要参考指标之一,这表明企业一般资产规模越大时其融资能力也就越强。此外,相比小微企业,大中型企业也拥有更为充裕的资金来进行人力资本投入和研发投入,因而也比小微企业有着更高的全要素生产率。对此,进一步将全样本按企业规模分为大中型企业和小微企业来分别考察增值税留抵退税对生产性服务业企业和制造业企业全要素生产率的影响(见表5-8)。

表 5-8 增值税留抵退税对企业生产率的影响:异质性分析结果 II

变量名	大中型企业(生产性服务业)	小微企业(生产性服务业)	大中型企业(制造业)	小微企业(制造业)
tfp_lp	(1)	(2)	(3)	(4)
treat × post	0.140***	1.462	0.004	0.141
	(0.037)	(0.895)	(0.019)	(0.236)
lev	0.642***	1.245	0.711***	−0.344
	(0.145)	(2.123)	(0.100)	(0.498)
roa	1.203***	2.367*	1.272***	0.041
	(0.206)	(1.403)	(0.165)	(0.512)
tang	−0.246	−2.919**	0.029	−1.834*
	(0.162)	(1.211)	(0.114)	(1.015)
growth	0.413***	0.732**	0.404***	0.490***
	(0.023)	(0.331)	(0.019)	(0.079)
constant	14.720***	15.142***	14.516***	16.502***
	(0.300)	(1.437)	(0.210)	(0.994)
企业固定效应	是	是	是	是
时间固定效应	是	是	是	是
地区时间固定效应	是	是	是	是
N	4222	124	7741	286
R^2_within	0.431	0.995	0.454	0.823

注:*、**、*** 分别表示在10%、5%、1% 的显著性水平上显著,括号内为 t 值。

表 5-8 中,第(1)、(2)列为增值税留抵退税对生产性服务业大中型企业和小微企业全要素生产率的影响,第(3)、(4)列为增值税留抵退税对制造业大中型企业和小微企业全要素生产率的影响。前两列的回归结果表明,增值税留抵退税显著地促进了生产性服务业大中型企业的全要素生产率的提升,对于生产性服务业小微企业的全要素生产率虽有一定幅度的提升作用,但并不显著。后两列的回归结果显示,无论是大中型企业还是小微企业,增值税留抵退税对制造业企业全要素生产率均有一定的提升作用,遗憾的是二者均不显著。

无论是生产性服务业还是制造业,其内部不同的行业之间的全要素生产率也并不相同,接下来将按照 2018 年退还增值税期末留抵税额行业目录,将生产性服务业和制造业细分成 17 个国民经济行业①,以此来检验增值税留抵退税对生产性服务业和制造业全要素生产率影响的行业差异。

表 5-9 为增值税留抵退税对生产性服务业不同行业企业生产率的影响,除科技推广和应用服务业外,此处共涉及 5 个生产性服务业行业。回归结果表明,增值税留抵退税主要促进了互联网和相关服务企业全要素生产率的提升,大约使得互联网和相关服务企业全要素生产率提升了 26.5%。这主要是因为近年来互联网和相关服务业是生产性服务业中发展迅速的行业,特别是电子商务的发展尤为迅速,网络基础设施日益完善,其快速发展也是促进中国生产性服务业更好地服务于传统产业改造升级的重要路径(夏杰长和肖宇,2019)。并且该行业涉及网络新应用的信息技术服务、农村互联网基础设施建设以及电子商务的发展均在一定程度上促进了大宗原材料网上交易、工业产品网上定制、上下游关联企业业务协同发展。增值税留抵退税的减税激励使得该行业企业的税收负担明显减轻,极大地缓解了该行业快速发展过程中所面临的融资约束,从而有更多的资金可以投入企业的研发创新和人力资本提升。同时,在与制造业融合集聚的过程中,增值税特殊的核算方式也使得该行业上下游产业链条的联系变得更为紧密,增值税激励政策所产生的作用效果在产业链之间的传递也会极大地促进二者之间产生规模经济,因而导致该行业的全要素生产率显著提升。在剩余的 4 个生产性服务业当中,增值税留抵退税使得软件和信息技术服务业、专业技术服务业、生态保护和环境治理业三个生产性服务业企业的全要素生产率有所提升,使得研究和试验发展行业企业的全要素生产率有所降低,但均不显著。

表 5-9 增值税留抵退税对生产性服务业不同行业企业生产率的影响:异质性分析结果Ⅲ

变量名	互联网和相关服务	软件和信息技术服务业	研究和试验发展	专业技术服务业	生态保护和环境治理业
tfp_lp	(1)	(2)	(3)	(4)	(5)
treat × post	0.265***	0.055	-0.147	0.002	0.023
	(0.087)	(0.036)	(0.241)	(0.058)	(0.083)

---

① 《2018 年退还增值税期末留抵税额行业目录》中共有 18 个行业,均属于生产性服务业和制造业。此处划分的 17 个行业中并未包含科技推广和应用服务业,原因在于在细分行业后,科技推广和应用服务业的处理组中仅存在 1 家企业,已然不满足回归小样本的要求。

续表

变量名	互联网和相关服务	软件和信息技术服务业	研究和试验发展	专业技术服务业	生态保护和环境治理业
size	0.531***	0.507***	0.520***	0.520***	0.515***
	（0.038）	（0.036）	（0.040）	（0.039）	（0.039）
lev	0.122	0.236**	0.177	0.207	0.198
	（0.131）	（0.116）	（0.134）	（0.129）	（0.131）
roa	0.668***	0.659***	0.603***	0.646***	0.634***
	（0.209）	（0.183）	（0.220）	（0.219）	（0.219）
tang	0.661***	0.730***	0.808***	0.796***	0.788***
	（0.184）	（0.155）	（0.194）	（0.191）	（0.190）
growth	0.430***	0.431***	0.445***	0.442***	0.442***
	（0.030）	（0.028）	（0.031）	（0.030）	（0.030）
constant	3.271***	3.454***	3.356***	3.321***	3.469***
	（0.864）	（0.806）	（0.891）	（0.881）	（0.870）
企业固定效应	是	是	是	是	是
时间固定效应	是	是	是	是	是
地区时间固定效应	是	是	是	是	是
N	3487	3894	3275	3357	3377
R^2_within	0.566	0.570	0.569	0.572	0.568

注：*、**、*** 分别表示在10%、5%、1% 的显著性水平上显著，括号内为 t 值。

表5-10为增值税留抵退税对制造业中化学原料和化学制品制造业企业、医药制造业企业、化学纤维制造业企业、非金属矿物制品业企业和金属制品业企业全要素生产率的影响。从表中可以看出，增值税留抵退税政策的实施使得化学纤维制造业企业的全要素生产率有所降低，并且在10%的水平上显著。这主要是因为近年来化学纤维行业的下游行业需求下滑，增长率逐步下降，增值税留抵退税形成的减税激励虽能在一定程度上给予企业更多的资金供给，但刺激了企业增加投资性支出，导致企业杠杆率有所上升，而使全要素生产率下降。其他行业的回归结果表明，增值税留抵退税并未促进化学原料和化学制品制造业企业、医药制造业企业、非金属矿物制品业企业和金属制品业企业全要素生产率的提升。

表5-10　增值税留抵退税对制造业不同行业企业生产率的影响：异质性分析结果Ⅳ

变量名	化学原料和化学制品制造业	医药制造业	化学纤维制造业	非金属矿物制品业	金属制品业
tfp_lp	（1）	（2）	（3）	（4）	（5）

续表

变量名	化学原料和化学制品制造业	医药制造业	化学纤维制造业	非金属矿物制品业	金属制品业
treat × post	−0.020	0.005	−0.132*	0.009	−0.003
	(0.030)	(0.040)	(0.075)	(0.050)	(0.034)
size	0.514***	0.518***	0.521***	0.513***	0.511***
	(0.038)	(0.037)	(0.039)	(0.039)	(0.038)
lev	0.161	0.221*	0.166	0.178	0.169
	(0.121)	(0.121)	(0.132)	(0.130)	(0.127)
roa	0.683***	0.678***	0.626***	0.649***	0.640***
	(0.204)	(0.215)	(0.219)	(0.216)	(0.210)
tang	0.761***	0.840***	0.789***	0.767***	0.773***
	(0.172)	(0.167)	(0.195)	(0.194)	(0.188)
growth	0.436***	0.448***	0.444***	0.443***	0.441***
	(0.029)	(0.029)	(0.030)	(0.030)	(0.029)
constant	3.524***	3.307***	3.334***	3.537***	3.543***
	(0.845)	(0.826)	(0.869)	(0.873)	(0.860)
企业固定效应	是	是	是	是	是
时间固定效应	是	是	是	是	是
地区时间固定效应	是	是	是	是	是
N	3842	3928	3333	3476	3645
R^2_within	0.569	0.565	0.573	0.569	0.568

注：*、**、*** 分别表示在10%、5%、1%的显著性水平上显著，括号内为 t 值。

表5-11为增值税留抵退税对制造业中通用设备制造业企业，专用设备制造业企业，汽车制造业企业，铁路、船舶、航空航天和其他运输设备制造业企业全要素生产率的影响。表中的回归结果表明，增值税留抵退税对制造业中以上四大行业企业全要素生产率的影响并不显著。相比对照组企业，增值税留抵退税政策的实施虽对专用设备制造业企业的全要素生产率的提升有促进作用，却使得其他三大行业制造业企业的全要素生产率降低。

表5-11 增值税留抵退税对制造业不同行业企业生产率的影响：异质性分析结果Ⅴ

变量名	通用设备制造业	专用设备制造业	汽车制造业	铁路、船舶、航空航天和其他运输设备制造业
tfp_lp	(1)	(2)	(3)	(4)
treat × post	−0.008	0.010	−0.020	−0.018
	(0.032)	(0.048)	(0.034)	(0.045)

续表

变量名	通用设备制造业	专用设备制造业	汽车制造业	铁路、船舶、航空航天和其他运输设备制造业
size	0.514***	0.509***	0.499***	0.514***
	(0.038)	(0.037)	(0.039)	(0.037)
lev	0.145	0.218*	0.194	0.170
	(0.124)	(0.123)	(0.130)	(0.125)
roa	0.667***	0.749***	0.695***	0.666***
	(0.203)	(0.221)	(0.213)	(0.212)
tang	0.743***	0.823***	0.688***	0.767***
	(0.180)	(0.170)	(0.190)	(0.184)
growth	0.433***	0.444***	0.436***	0.437***
	(0.029)	(0.028)	(0.029)	(0.029)
constant	3.477***	3.512***	3.880***	3.513***
	(0.850)	(0.827)	(0.886)	(0.842)
企业固定效应	是	是	是	是
时间固定效应	是	是	是	是
地区时间固定效应	是	是	是	是
N	3807	4022	3782	3567
R^2_within	0.564	0.565	0.565	0.570

注：*、**、*** 分别表示在10%、5%、1%的显著性水平上显著，括号内为 t 值。

表 5-12 为增值税留抵退税对制造业中电气机械和器材制造业企业，计算机、通信和其他电子设备制造业企业，仪器仪表制造业企业全要素生产率的影响。由表中结果可知，相比对照组企业，增值税留抵退税政策的实施使得电气机械和器材制造业企业的全要素生产率有所提升，使得计算机、通信和其他电子设备制造业企业，仪器仪表制造业企业全要素生产率有所降低，但均不显著。

表 5-12 增值税留抵退税对制造业不同行业企业生产率的影响：异质性分析结果Ⅵ

变量名	电气机械和器材制造业	计算机、通信和其他电子设备制造业	仪器仪表制造业
tfp_lp	(1)	(2)	(3)
treat × post	0.004	−0.005	−0.014
	(0.026)	(0.032)	(0.040)
size	0.497***	0.503***	0.508***
	(0.035)	(0.038)	(0.038)

续表

变量名	电气机械和器材制造业	计算机、通信和其他电子设备制造业	仪器仪表制造业
lev	0.151	0.145	0.180
	（0.116）	（0.120）	（0.128）
roa	0.527***	0.646***	0.643***
	（0.187）	（0.192）	（0.212）
tang	0.727***	0.666***	0.753***
	（0.169）	（0.198）	（0.188）
growth	0.427***	0.417***	0.443***
	（0.027）	（0.027）	（0.030）
constant	3.894***	3.723***	3.625***
	（0.785）	（0.886）	（0.863）
企业固定效应	是	是	是
时间固定效应	是	是	是
地区时间固定效应	是	是	是
N	4266	4337	3613
R^2_within	0.570	0.554	0.568

注：*** 表示在1%的显著性水平上显著，括号内为 t 值。

五、增值税留抵退税生产率提升效应的理论机制验证

根据前文理论分析可知，制造业和生产性服务业属于技术密集型和知识密集型的行业，研发投入力度的不断加强和优质的人力资源储备是其高质量发展的重要支撑。并且两个行业间的规模经济也有助于企业资产的不断增加和要素投入成本的最小化，进而推动两个行业间的融合发展和集聚效应的产生，实现企业全要素生产率的提升。此外，两个行业企业的融资约束会导致企业资源配置行为发生扭曲，使得企业的实际投资量相对于最优资本存量发生偏离，从而导致企业投资效率变低，劳动力边际产出下降，进而影响到企业全要素生产率的提升。基于此，本节引入四个中介变量：研发投入、人力资本、融资约束和规模经济，来考察增值税留抵退税对生产性服务业企业和制造业企业全要素生产率产生影响的作用机理。

本节检验方法采用中介效应法，其具体步骤如前文所述：首先，验证增值税留抵退税对生产性服务业企业和制造业企业全要素生产率的影响（前文基准回归部分已然验证，在此不再赘述）。其次，分别检验增值税留抵退税对生产性服务业企业和制造业企业研发投入、人力资本、融资约

束和规模经济四个中介变量的影响。最后,将企业研发投入、人力资本、融资约束和规模经济四个中介变量分别和增值税留抵退税政策变量一起代入回归方程来进行验证。详细验证结果如表 5-13 和表 5-14 所示。

表 5-13　增值税留抵退税对生产性服务业企业生产率的影响:作用机制检验结果Ⅰ

变量名	r&d (1)	tfp_lp (2)	hc (3)	tfp_lp (4)	sa (5)	tfp_lp (6)	lnSale (7)	tfp_lp (8)
treat×post	0.001 (0.001)	0.058 (0.077)	0.051** (0.020)	0.069** (0.031)	−0.004* (0.002)	0.091*** (0.034)	0.076** (0.033)	0.024 (0.016)
size	0.000 (0.000)	0.471*** (0.042)	0.066*** (0.023)	0.487*** (0.033)	−0.553*** (0.003)	0.553* (0.316)	0.809*** (0.038)	−0.190*** (0.026)
lev	−0.002 (0.001)	0.319** (0.158)	−0.107 (0.073)	0.221** (0.111)	0.006 (0.012)	0.175 (0.112)	0.276** (0.122)	−0.065 (0.065)
roa	−0.003 (0.003)	1.275*** (0.301)	−0.194* (0.101)	0.822*** (0.163)	0.004 (0.013)	0.739*** (0.176)	0.602*** (0.171)	0.215** (0.091)
tang	0.001 (0.002)	0.567*** (0.194)	0.121 (0.105)	0.610*** (0.145)	0.019 (0.012)	0.660*** (0.146)	0.838*** (0.153)	−0.069 (0.086)
growth	−0.000 (0.000)	0.414*** (0.033)	−0.027* (0.017)	0.422*** (0.025)	0.001 (0.002)	0.410*** (0.026)	0.394*** (0.024)	0.068*** (0.014)
r&d		0.112 (1.785)						
sa						0.069 (0.582)		
hc				0.427*** (0.043)				
lnSale								0.871*** (0.020)
constant	−0.007 (0.010)	4.995*** (0.969)	9.629*** (0.530)	−0.804 (0.777)	−2.583*** (0.078)	3.484* (1.828)	1.959** (0.862)	1.598*** (0.466)
企业固定效应	是	是	是	是	是	是	是	是
时间固定效应	是	是	是	是	是	是	是	是
地区时间固定效应	是	是	是	是	是	是	是	是
N	2135	2135	4346	4346	4346	4346	4346	4346
R^2_within	0.103	0.654	0.339	0.608	0.995	0.566	0.686	0.894

注:*、**、*** 分别表示在 10%、5%、1% 的显著性水平上显著,括号内为 t 值。

表 5-14 增值税留抵退税对制造业企业生产率的影响：作用机制检验结果 Ⅱ

变量名	r&d (1)	tfp_lp (2)	hc (3)	tfp_lp (4)	sa (5)	tfp_lp (6)	lnSale (7)	tfp_lp (8)
treat × post	0.002***	0.065	-0.011	-0.011	-0.001	-0.016	-0.011	-0.005
	(0.001)	(0.042)	(0.012)	(0.019)	(0.001)	(0.020)	(0.020)	(0.007)
size	0.000	0.435***	0.026	0.471***	-0.549***	0.144	0.778***	-0.209***
	(0.000)	(0.039)	(0.020)	(0.027)	(0.002)	(0.395)	(0.032)	(0.018)
lev	-0.000	0.188*	-0.069	0.172**	-0.009	0.139*	0.219**	-0.049
	(0.001)	(0.103)	(0.055)	(0.083)	(0.007)	(0.084)	(0.097)	(0.046)
roa	-0.003	1.214***	-0.277***	0.870***	-0.010	0.757***	0.693***	0.148**
	(0.002)	(0.216)	(0.084)	(0.146)	(0.008)	(0.151)	(0.158)	(0.058)
tang	-0.000	0.459***	0.173*	0.616***	0.018***	0.694***	0.714***	0.050
	(0.002)	(0.164)	(0.097)	(0.116)	(0.006)	(0.122)	(0.128)	(0.059)
growth	-0.001**	0.380***	-0.028**	0.411***	0.001	0.400***	0.393***	0.051***
	(0.000)	(0.025)	(0.014)	(0.020)	(0.001)	(0.021)	(0.019)	(0.011)
r&d		-0.198						
		(1.292)						
sa						-0.615		
						(0.729)		
hc				0.389***				
				(0.030)				
lnSale								0.887***
								(0.018)
constant	-0.002	6.132***	10.359***	-0.035	-2.676***	2.351	2.959***	1.372***
	(0.010)	(0.934)	(0.468)	(0.634)	(0.049)	(2.170)	(0.734)	(0.313)
企业固定效应	是	是	是	是	是	是	是	是
时间固定效应	是	是	是	是	是	是	是	是
地区时间固定效应	是	是	是	是	是	是	是	是
N	3921	3920	8027	8027	8028	8027	8028	8027
R^2_within	0.122	0.629	0.315	0.598	0.997	0.557	0.685	0.911

注：*、**、*** 分别表示在 10%、5%、1% 的显著性水平上显著，括号内为 t 值。

表 5-13 为增值税留抵退税对生产性服务业企业全要素生产率影响的作用机制检验。第（1）、（2）列的回归结果表明，增值税留抵退税政策的实施并未促进生产性服务业企业研发投入的增加，生产性服务业企业的研发支出暂未起到提升全要素生产率的作用。结合基准的回归结果，生产性服务业企业的增值税留抵退税、研发投入和全要素生产率之间暂不存在中介效应，这也意味着增值税留抵退税暂未通过提高研发投入来提升生产性服务业企业的全要素生产率。

第（3）、（4）列的回归结果表明，增值税留抵退税政策的实施显著地促进了生产性服务业企业人力资本投入的增加，生产性服务业企业的人力资本投入增加起到了提升全要素生产率的作用。结合基准的回归结果，生产性服务业企业的增值税留抵退税、人力资本投入和全要素生产率之间存在中介效应，且列（4）中 treat×post 的系数显著为正，说明三者之间存在不完全中介效应，这也意味着增值税留抵退税确实通过提升人力资本投入来提升生产性服务业企业的全要素生产率。

第（5）、（6）列的回归结果表明，增值税留抵退税本质上作为一项减税政策显著地降低了生产性服务业企业面临的融资约束，但生产性服务业企业融资约束的降低暂未起到提升全要素生产率的作用。结合基准的回归结果，生产性服务业企业的增值税留抵退税、融资约束和全要素生产率之间不存在中介效应，这也意味着增值税留抵退税暂未通过降低融资约束来提升生产性服务业企业的全要素生产率。

第（7）、（8）列的回归结果表明，增值税留抵退税政策的实施显著地促进了生产性服务业企业的规模经济程度。进一步地，生产性服务业企业规模经济程度的提高对企业全要素生产率的提高起到了提升作用。结合基准的回归结果，生产性服务业企业的增值税留抵退税、规模经济和全要素生产率之间存在中介效应，且列（8）中 treat×post 的系数不再显著，说明三者之间存在完全中介效应，这在一定程度上说明人力资本投入的增加有助于生产性服务业企业规模经济程度的提升。上述结果也意味着增值税留抵退税确实通过提高规模经济程度来提升生产性服务业企业的全要素生产率。

表 5-14 为增值税留抵退税对制造业企业全要素生产率影响的作用机制检验。第（1）、（2）列的回归结果表明，增值税留抵退税政策的实施对制造业企业研发投入增加起到显著的促进作用，但制造业企业的研发支出对全要素生产率的提升暂未起到效果。这主要是因为增值税留抵退税实施的时期尚短，而企业从研发投入增加到实现创新成果的转化与运用需要

一个较长的窗口期,因此制造业企业的全要素生产率并未增加。结合基准的回归结果,制造业企业的增值税留抵退税、研发投入和全要素生产率之间暂不存在中介效应,这也意味着增值税留抵退税暂未通过提高研发投入来提升制造业企业的全要素生产率。

第(3)、(4)列的回归结果表明,增值税留抵退税政策的实施并未促进制造业企业人力资本投入的增加,但制造业企业人力资本投入的增加却能够起到提升全要素生产率的作用。结合基准的回归结果,制造业企业的增值税留抵退税、人力资本投入和全要素生产率之间暂未存在中介效应,这也意味着增值税留抵退税暂未通过提高人力资本投入来提升制造业企业的全要素生产率。

第(5)、(6)列的回归结果表明,增值税留抵退税对制造业企业面临的融资约束有降低作用,但结果并不显著,并且制造业企业融资约束的降低对企业全要素生产率并未起到提升作用。结合基准的回归结果,制造业企业的增值税留抵退税、融资约束和全要素生产率之间不存在中介效应,这也意味着增值税留抵退税暂未通过降低融资约束来提升制造业企业的全要素生产率。

第(7)、(8)列的回归结果表明,增值税留抵退税政策的实施对制造业企业的规模经济程度没有显著提升作用,但制造业企业规模经济程度的提高对全要素生产率的提升有显著作用。结合基准的回归结果,制造业企业的增值税留抵退税、规模经济和全要素生产率之间未能存在中介效应,上述结果也意味着增值税留抵退税暂未通过提高规模经济程度来提升制造业企业的全要素生产率。

六、增值税留抵退税政策效果的动态影响与稳健性分析

上述结论成立的重要条件就是受到增值税留抵退税政策影响前,生产性服务业和制造业处理组企业和对照组企业间具有严格的共同趋势,并且上述结果也只是对增值税留抵退税政策影响后平均效果的检验。但是在转型时期,很多税收政策短期内能够起到很好的作用,长期内的效果并不明显。鉴于此,将象征着处理组的 treat 变量和各年份虚拟变量进行交乘,一起加入回归中来检验增值税留抵退税对生产性服务业企业和制造业企业全要素生产率的动态影响效果。表 5-15 中第(1)列为增值税留抵退税对生产性服务业企业全要素生产率的动态效果检验,第(2)列为增值税留抵退税对制造业企业全要素生产率的动态效果检验。检验结果显示,在政

策实施前的年份，交乘项的系数均不显著，说明处理组和对照组满足平趋势假设，而在政策实施后的年份，增值税留抵退税对生产性服务业企业全要素生产率均起到了明显的提升效果。

表 5-15 增值税留抵退税对企业生产率影响的动态效应检验的结果

变量名	tfp_lp	
	（1）	（2）
treat × yr2015	0.037	−0.020
	（0.035）	（0.018）
treat × yr2016	0.047	−0.037
	（0.047）	（0.024）
treat × yr2017	0.086*	−0.056**
	（0.051）	（0.028）
treat × yr2018	0.140**	−0.036
	（0.057）	（0.032）
size	0.512***	0.480***
	（0.034）	（0.029）
lev	0.175	0.151*
	（0.112）	（0.084）
roa	0.747***	0.765***
	（0.175）	（0.151）
tang	0.682***	0.681***
	（0.148）	（0.122）
growth	0.413***	0.399***
	（0.026）	（0.021）
constant	3.350***	4.004***
	（0.777）	（0.656）
企业固定效应	是	是
时间固定效应	是	是
地区时间固定效应	是	是
N	4346	8027
R^2_within	0.566	0.557

注：*、**、*** 分别表示在 10%、5%、1% 的显著性水平上显著，括号内为 t 值。

正如很多研究中提到的，税收政策往往具有非随机性，政府通常会在经济向下波动时出台税收政策，且税收政策的实施范围往往更多地考虑了某些特定的行业，这些行业的企业与其他行业的企业本身就存在着一定的差异。虽然双重差分法能够在一定程度上克服这些问题，但是样本选择的非随机性仍可能会影响到研究结论。鉴于此，采用倾向得分匹配法，计算企业成为增值税留抵退税政策处理组的倾向得分，然后一方面将倾向得分放入回归中加以控制，另一方面基于倾向得分重新筛选需要实施增值税留抵退税政策的控制组企业，以此来最大限度地降低样本选择的非随机性对结论造成的影响。表 5-16 中第（1）、（2）列为采取上述做法后增值税留抵退税对生产性服务业企业全要素生产率影响的重新估计结果，第（3）、（4）列为采取上述做法后增值税留抵退税对制造业企业全要素生产率影响的重新估计结果。结果显示，无论是将倾向得分加入回归中得以控制还是基于倾向得分重新筛选样本，增值税留抵退税政策均显著地促进了生产性服务业企业全要素生产率的提升，同时对制造业企业全要素生产率的提升效果并不显著。

表 5-16　增值税留抵退税对企业生产率影响的内生性考虑（样本随机性）回归结果

变量名	tfp_lp			
	（1）	（2）	（3）	（4）
treat × post	0.070**	0.081**	-0.015	-0.017
	（0.033）	（0.034）	（0.020）	（0.020）
size	0.354***	0.518***	0.429**	0.481***
	（0.054）	（0.036）	（0.195）	（0.029）
lev	-0.163	0.160	-0.152	0.144*
	（0.149）	（0.110）	（1.097）	（0.084）
roa	0.921***	0.720***	0.995	0.764***
	（0.182）	（0.176）	（0.856）	（0.152）
tang	-1.203**	0.689***	0.539	0.685***
	（0.596）	（0.148）	（0.543）	（0.122）
growth	0.517***	0.420***	0.436***	0.400***
	（0.036）	（0.028）	（0.139）	（0.021）
_pscore	-2.016***		-0.985	
	（0.625）		（3.617）	
constant	9.157***	3.204***	5.965	3.988***
	（1.838）	（0.799）	（7.283）	（0.658）
企业固定效应	是	是	是	是
时间固定效应	是	是	是	是
地区时间固定效应	是	是	是	是
N	4346	4190	8027	8020
R^2_within	0.570	0.569	0.556	0.556

注：*、**、***分别表示在 10%、5%、1% 的显著性水平上显著，括号内为 t 值。

近年来，我国一直处于深化增值税改革的进程当中，出台了很多增值税的税收优惠政策，而这些增值税优惠政策本身都存在着类似的税收激励，因此对结果造成影响的另一重要因素就是针对样本区间内同期同行业实施的其他增值税优惠政策。而在2014—2016年，铁路运输和邮政业、电信业、建筑业、房地产业、金融业和生活服务业等行业先后被纳入了"营改增"政策的试点范围，考虑到税收政策的时滞性，其可能对结论带来较大的影响。鉴于此，本部分在分析中构建了VAT变量，如该行业企业当年被纳入"营改增"试点范围，取值为1，反之取值为0。并将其放入回归中加以控制，以排除"营改增"政策对结论造成的影响。表5-17中第（1）列为排除"营改增"政策后，增值税留抵退税对生产性服务业企业全要素生产率影响的回归结果，第（2）列为排除"营改增"政策后，增值税留抵退税对制造业企业全要素生产率影响的回归结果。结果显示，"营改增"政策确实促进了生产性服务业企业和制造业企业全要素生产率的提升，对结论形成了干扰。排除"营改增"政策后，增值税留抵退税对生产性服务业企业全要素生产率的影响系数依然显著为正，这也说明增值税留抵退税确实提升了生产性服务业企业的全要素生产率。同时，排除"营改增"政策的干扰后，增值税留抵退税对于制造业企业全要素生产率仍然未能形成显著影响。

表 5-17 增值税留抵退税对企业生产率影响的内生性考虑（排除营改增影响）回归的结果

变量名	tfp_lp	
	（1）	（2）
treat × post	0.087**	−0.018
	(0.034)	(0.020)
size	0.516***	0.482***
	(0.034)	(0.029)
lev	0.174	0.144*
	(0.111)	(0.084)
roa	0.743***	0.767***
	(0.176)	(0.152)
tang	0.658***	0.681***
	(0.146)	(0.122)
growth	0.409***	0.398***
	(0.026)	(0.021)
VAT	0.070**	0.070**
	(0.033)	(0.032)
constant	3.264***	3.971***
	(0.772)	(0.658)
企业固定效应	是	是
时间固定效应	是	是
地区时间固定效应	是	是

续表

变量名	tfp_lp	
	（1）	（2）
N	4346	8027
R^2_within	0.566	0.557

注：*、**、*** 分别表示在 10%、5%、1% 的显著性水平上显著，括号内为 t 值。

七、小结

全球产业结构转型升级日益深化，中国在由高速、粗放型经济增长转向中高速、质量效率型集约增长的过程中，技术、知识等产业生产要素作用逐步增强，提高全要素生产率是中国式现代化进程中我国经济实现可持续增长的关键。生产性服务业是服务业中的新兴产业，与制造业间呈现融合与集聚的发展态势，已成为一大重要引擎不断，推动中国经济的高速高质量增长与发展。在传统生产要素对经济增长支撑作用持续减弱的背景下，生产性服务业和制造业间的融合集聚发展对中国经济的高质量发展有着重要拉动作用，在此基础上进一步研究全要素生产率的变动具有重要意义。

税制改革能够通过提高生产性服务业企业的全要素生产率从而推动生产性服务业结构升级和高质量发展。增值税是我国税制结构中的主体税种，其税收激励在生产性服务业企业和制造业企业高质量发展的过程中发挥基础性、支柱性和保障性的作用。增值税减税激励在提升生产性服务业全要素生产率的同时也可以通过技术外溢、协同集聚以及融合发展的方式提升制造业的全要素生产效率。基于此，本章基于留抵退税这一深化增值税改革的重点政策内容，考察了增值税减税激励对生产性服务业企业和制造业企业全要素生产率的影响效果及其政策的动态影响效果和作用机制。

首先，本章节对生产性服务业全要素生产率的变动进行分析，发现在2014—2019 年，生产性服务业整体的全要素生产率呈现出增长的趋势。同时，在增值税留抵退税政策实施后，大部分政策实施行业全要素生产率的增长幅度均十分明显。并且从产业链上下游的位置来看，位于产业链上游的高端生产性服务业知识资本密集度更高，全要素生产率的增长要快于位于产业链下游的低端生产性服务业。

其次，本章选取 2014—2018 年中国所有的 A 股上市公司数据，利用双重差分方法，实证检验了增值税留抵退税对生产性服务业和制造业企业全要素生产率的提升效应。得到如下主要结论：增值税留抵退税政策的实施显著地促进了生产性服务业企业全要素生产率的提升，但暂未促进制造业企业全要素生产率的提升，这一结论在一系列稳健性检验后依然成立。在异质性分析中，考虑到生产性服务业与制造业融合集聚过程中，生产性服务业会因专业服务类型的差异分别嵌入制造业产业链的不同环节，因而首先，对生产性服务业嵌入产业链的位置进行了异质性分析，发现相比产业链下游的低端生产性服务业，增值税留抵退税政策对于产业链上游高端生产性服务业全要素生产率的提升效果更为明显。其次，由于知识资本是生产性服务业与制造业加速融合集聚的关键因素，且对企业的全要素生产率有着直接的影响，所以进一步根据知识资本密集程度进行了异质性分析，发现相比知识资本较低的生产性服务业，增值税留抵退税政策对知识资本较高的生产性服务业全要素生产率的提升效果更为明显。除此之外，本章中还进行了其他一系列的异质性检验，其中在企业所有权和企业规模的异质性分析中，相比非民营企业，增值税留抵退税对生产性服务业民营企业全要素生产率提升的促进效果更加显著；相比小微企业，对生产性服务业大中型企业全要素生产率提升的促进效果更为明显。在具体行业的分析中，对于生产性服务业，增值税留抵退税政策主要促进了互联网和相关服务企业全要素生产率的提升，而对于软件和信息技术服务业、专业技术服务业、研究和试验发展、生态保护和环境治理业等生产性服务业企业全要素生产率的影响并不显著。对于制造业企业来说，增值税留抵退税降低了化学纤维制造业企业的全要素生产率，对化学原料和化学制品制造业，医药制造业，非金属矿物制品业，金属制品业，通用设备制造业，专用设备制造业，汽车制造业，铁路、船舶、航空航天和其他运输设备制造业，电气机械和器材制造业，计算机、通信和其他电子设备制造业，仪器仪表制造业等制造业企业全要素生产率的影响并不显著。在作用机制上，对于生产性服务业来说，增值税留抵退税降低了企业面临的融资约束，并且对于企业全要素生产率的提高，本章中验证了增值税留抵退税政策主要是通过增加人力资本投入和提高规模经济两个渠道发挥作用。对于制造业来说，增值税留抵退税促进了企业的研发投入，但暂未通过研发投入、人力资本投入、融资约束和规模经济等渠道提升制造业企业的全要素生产率。

第六章 增值税激励的生产性服务业价值链升级效应研究

进一步提升生产性服务业国内附加值比重，推动生产性服务业企业技术创新，提升产品质量，是实现生产性服务业全球价值链升级的重要途径。在外贸方面，增值税激励政策的一项重要内容就是出口退税政策。增值税出口退税政策的实施在推动企业积极参与国际市场竞争的同时，也对生产性服务业产生了积极影响，主要体现在促进生产性服务业技术创新、出口产品质量和国内附加值率提升等方面。鉴于此，本章将税收因素引入国际分工和国际贸易理论，在使用工具变量测算生产性服务业出口产品质量和全球价值链地位的基础上，运用双向固定效应模型，重点研究增值税出口退税对生产性服务业的国际竞争效应、创新驱动效应和价值链升级效应。

一、增值税引导生产性服务业价值链提升的内外部环境

全球价值链分工实质上是生产要素分工，在比较优势背景下，各国以要素优势融入由发达国家主导的全球价值链分工体系，从而实现生产的国际化和全球化。在全球价值链分工逐步深化的过程中，中国一直扮演着"世界工厂"的角色。并且从参与全球价值链分工的情况来看，中国企业普遍缺乏关键核心技术，自主创新能力较弱，出口的产品也大量集中在低附加值的加工贸易产品上，国际竞争力不高，存在着全球价值链"低端锁定"的困局。如今，中国经济亟须由高速增长转向高质量发展，经济增速换挡、结构方式转变和前期宏观刺激政策相互叠加，经济发展的不确定性因素和面临的风险正在逐渐增加。在此背景下，要实现经济的高质量发展，推动中国式现代化，必须激励企业从生产要素驱动向创新驱动转变，向全球价值链的高端延伸。

在经济结构转型升级、新旧动能转换的过程中，生产性服务业发挥着关键的作用，生产性服务业出口的转型升级更是提升中国国际分工地位、实现新常态下经济新旧动能转换的重要依托（喻胜华 等，2020）。一方面，

生产性服务业作为现代服务业的重要组成部分，发展十分迅速，经济规模已然占到了国内生产总值的三分之一左右；另一方面，从国际产业演变趋势来看，生产性服务业的高质量发展能够支撑和引导制造业的高质量发展，提升中国的国际分工地位。但是同西方发达国家相比，中国的生产性服务业始终存在着大而不强、出口产品质量较低、在全球价值链中的地位不高等问题（夏杰长和肖宇，2019）。同时近年来国际贸易保护主义的兴起和国际贸易格局的变动也为生产性服务业对外贸易的发展带来了很大的不确定性和挑战，需要相关政策的支持来提高生产性服务业企业出口产品质量和出口国内附加值率，从而提升其参与全球价值链的广度和深度。

在对外贸易发展的历程中，增值税出口退税制度作为国家税收制度的重要组成部分，在调控出口方面发挥了重要的作用，并且已被世界上大多数实行间接税的国家所采纳，成为使用增值税激励外贸发展的重要手段。在我国，增值税出口退税不仅是财税制度的一项重要内容，更兼具贸易政策的功能，同时与关税和出口信贷等贸易政策相比，其更具灵活性和实效性。当政府上调增值税出口退税率时，出口商品在国内生产或流通环节缴纳的增值税能够得到更大程度的退还，使企业的经营成本降低，同时税费负担减轻，企业从事出口贸易获得的利润提高，从而刺激出口总量的增加。此外，增值税出口退税率的提升也使得企业拥有更多可供支配的资金用于自主研发、购买更高质量的中间投入品、更新机器设备等来提高出口产品质量和国内附加值率，从而在国际市场中获得竞争优势，有助于企业摆脱"大而不强"的困境，推动企业向全球价值链高端延伸。

考虑到增值税出口退税政策是我国增值税激励的重要内容，也是政府长时期内调节出口的重要政策工具，一直备受学术界的关注。并且在现有文献中，关于增值税出口退税政策的研究都是针对所有企业的平均效果，不同行业的企业之间存在着巨大的差异，对生产性服务业企业能否起到类似的效果还鲜有研究。因此，本章主要探究了增值税出口退税对生产性服务业企业全球价值链升级的作用及其内部作用机制，该问题的研究对于缓解经济发展的不确定性、深化增值税改革以及实现生产性服务业企业的高质量发展并向全球价值链高端延伸均具有重要意义。

二、增值税出口退税的制度背景和历史演变

增值税出口退税举措包含"对出口的商品免税"及"退还在国内各生

产环节和流通环节已征收的国内部分或全部税款"两个要义,由于该举措的实施能够使得出口货物的整体税负归零,有效避免国际双重课税,因此逐渐被国际上很多实行间接税的国家所采用,成为间接税范畴内的一种国际惯例。我国的出口退税制度于 1985 年开始实施,主要目的在于增强出口产品的国际竞争力,并且通过降低外销成本、鼓励出口以带动国内工业的发展。理论上,出口退税的本质是使企业出口的商品在进入国际市场时的整体税负归零,即采取"应退尽退"原则,退税率与征税率一致,将国内征收的全部税款均退还给企业。但在具体操作的过程中,受到诸多因素的影响,实际的退税率普遍低于征税率,这也就使得出口退税具有了外贸政策的功能,从一项单纯的财税和外贸制度演变为政府引导产业发展和进行宏观经济调控的手段。从出口退税的实践经验来看,政府通常会将出口退税作为一种引导产业发展的政策,通过调整出口退税率来限制或鼓励某些产业的发展,而在经济波动时期,也会随着经济波动形势将出口退税作为政府宏观调控的举措。如在经济过热时,政府通过下调出口退税率降低企业的出口规模,调节对外贸易额,防止出口过度膨胀;在经济下行时,政府通过提升部分商品的出口退税率来维持出口和就业。我国出口退税实践大体遵循了这一规律,自其实施以来先后经历了多次大规模的调整(见表 6-1),均与当时的经济形势变化息息相关。近年来,针对国际贸易保护主义以及全球经贸摩擦带来的国际贸易格局的新变化,我国更是加快了对出口退税政策的调整和完善,也出台了包括《关于提高机电文化等产品出口退税率的通知》(财税〔2018〕93 号)、《财政部 税务总局关于调整部分产品出口退税率的通知》(财税〔2018〕123 号)和《关于深化增值税改革有关政策的公告》(财政部 税务总局 海关总署公告 2019 年第 39 号)在内的多个政策文件,调整了多种产品的出口退税率,来限制或鼓励某些产业的发展以应对宏观经济波动。由此可见,出口退税政策在我国产业结构发展、宏观经济调控和应对外贸冲击中发挥着重要的作用。

表 6-1 出口退税发展历程

时期	出口退税调整原因	退税率变动情况
1985—1993 年	适应我国进出口贸易发展和改革外贸体制的需要	出口退税主要包含产品税、增值税、消费税三种,退税率按出口货物的税负水平核定
1994—1997 年	建立了以新的增值税、消费税制度为基础的出口退税制度,缓解财政退税压力	普遍降低了出口退税率,对出口产品由原来实行的零税率调整为 3%、6% 和 9% 三挡

续表

时期	出口退税调整原因	退税率变动情况
1998—2003 年	应对东南亚金融危机	出口退税率不断上升，新增部分产品退税率至 5%、13%、15%、17% 四挡
2004—2007 年	解决由外贸出口连续三年大幅度及超计划增长引起的财政拖欠退税款问题	适当降低出口退税率，分为 5%、8%、11%、13% 和 17% 五挡，分期分批调低和取消了部分"高耗能、高污染、资源性"产品的出口退税率；适当降低了纺织品等容易引起贸易摩擦的产品的出口退税率；提高重大技术装备、IT 产品、生物医药产品的出口退税率
2008—2011 年	应对全球性金融危机	出口退税率不断上升：部分纺织品、服装的出口退税率由 11% 提高到 13%；部分竹制品的出口退税率提高到 11%，提高部分技术含量和附加值高的机电产品出口退税率，取消了部分钢材、银粉、酒精等产品的退税
2012—2016 年	适应"营改增"改革的变动	新加两档退税率（6% 和 11%），出口退税率整体分为 8 个档次
2017 年至今	深化增值税改革，引导产业发展	对部分出口退税政策的调整和完善。上调了机电、文化等多种产品退税率，同时将原适用 16% 税率且出口退税率为 16% 的出口货物劳务的出口退税率调整到 13%；原适用 10% 税率且出口退税率为 10% 的出口货物、跨境应税行为的出口退税率调整为 9%

出口退税是我国助力对外贸易发展的一项重要制度安排，在企业的出口规模和出口结构方面均有着重要的影响。相比我国出口退税制度的演进历程，与本章研究更为密切的是关于出口退税率调整和出口退税操作办法的规定。尤其在出口退税操作办法层面，我国对一般贸易企业和加工贸易企业实行了完全不同的出口退税规定。根据出口退税政策的有关规定，对一般贸易企业出口的增值税实行"先征后返"，并且实际的退税比率要小于征税比率，而针对加工贸易企业中的来料加工贸易企业增值税实行"不征不退"，即针对来料加工复出口的货物，其原材料的进口可以免征增值税，同时加工自制的货物出口不退增值税，对加工贸易企业中的进料加工贸易企业，仅对国内原材料部分实行退税，免税进口的原材料按照规定无法退税的要在当期的出口退税金额中抵减。这也就使得出口退税政策对一般贸易企业的影响要大于对进料加工贸易企业的影响，而来料加工贸易企业由于增值税"不征不退"，不会受到出口退税政策的影响（范子英和田彬彬，2014；刘怡和耿纯，2016）。因此，在没有其他政策影响的情况下，

将一般贸易中的生产性服务业企业作为处理组,将加工贸易企业作为控制组,能够有效衡量出增值税出口退税对生产性服务业企业出口规模和出口结构的影响。但值得注意的是,自从我国加入世界贸易组织(WTO)以来,进口关税被大幅降低,这虽不会对加工贸易企业造成影响,但影响到了有进口中间产品的一般贸易企业的出口。因此,为了排除关税下调造成的干扰,本章借鉴了刘怡和耿纯(2016)的做法,选取仅在国内采购原材料或中间产品的生产性服务业企业作为处理组,同时选取加工贸易企业作为控制组,来准确识别增值税出口退税对生产性服务业企业出口产品质量和国内附加值率的影响,并以此反映增值税出口退税对生产性服务业全球价值链升级的激励效果。

三、模型构建策略与生产性服务业价值链相关指标的度量

(一)计量模型设定

本章主要探讨出口退税对生产性服务业企业价值链升级的影响。通过上文的分析,出口退税对于一般贸易的影响要远大于对加工贸易中的进料加工贸易的影响,而加工贸易中的来料加工贸易由于增值税"不征不退"而不受出口退税的影响。因此,选取加工贸易企业作为对照组。在处理组的选取上,因为一般贸易企业中无进口中间产品的企业仅会受到出口退税的影响,而不会受到关税下降的影响,因此主要选取无进口中间产品的一般贸易生产性服务业企业作为处理组。最终通过处理组与控制组的比较来识别出口退税对生产性服务业企业价值链升级的影响。

1. 出口退税与生产性服务业企业出口产品质量

出口产品质量是衡量企业在国际贸易竞争中是否存在竞争优势的重要指标,也是企业创新力和竞争力的集中体现。出口产品质量越高的企业,在国际市场中占有越大的市场份额,从而更容易向价值链高端迈进。因此,本部分中研究检验了出口退税对生产性服务业企业出口产品质量的影响,以反映其对企业对外贸易质量的提升效应。具体回归方程如下:

$$quality_{it}=\beta_0+\beta_1(T_{Dummy, treat} \times ETR_{it})+\beta_2 Control+\epsilon_{it} \quad (6-1)$$

式中,i、t 分别为企业和年份。$quality$ 为被解释变量,表示企业出口产品质量。T 为虚拟变量,当企业为受到出口退税影响的无进口中间产品一般贸易生产性服务业企业时取值为1,反之,取值为0。ETR 为企业全部

出口产品按照出口额加权计算出的退税率。$T \times ETR$ 为 T 变量和 ETR 变量的交乘项，其系数 β_1 衡量了出口退税对无进口中间产品一般贸易生产性服务业企业出口产品质量的影响。Control 为其他可能影响企业出口产品质量的控制变量，ϵ 为残差项。

2. 出口退税与生产性服务业企业出口国内附加值率

在全球价值链分工逐步深化的过程中，中国企业一直扮演着"世界工厂"的角色，存在着全球价值链"低端锁定"的困局，要实现高质量的发展，必须向全球价值链高端延伸。而无论是出口规模的提升还是出口产品质量的提升均有助于提升企业的全球价值链地位，因此借鉴相关文献的做法，选取出口国内附加值率作为全球价值链的衡量指标，来验证出口退税对生产性服务业企业全球价值链升级的影响，以反映出口退税的全球价值链升级效应。回归方程如下：

$$DVAR_{it}=\beta_0+\beta_1(T_{Dummy,\ treat} \times ETR_{it})+\beta_2 Control+\epsilon_{it} \quad (6-2)$$

式中，$DVAR_{it}$ 为 i 企业第 t 年的出口国内附加值率，衡量了企业在全球价值链中的地位。T 为虚拟变量，当企业为受到出口退税影响的无进口中间产品一般贸易生产性服务业企业时取值为 1，反之，取值为 0。ETR 为企业全部出口产品按照出口额加权计算出的退税率。$T \times ETR$ 为 T 变量和 ETR 变量的交乘项，其系数衡量了出口退税对无进口中间产品一般贸易生产性服务业出口国内附加值率的影响。Control 为其他可能影响企业出口国内附加值率的控制变量，ϵ 为残差项。

（二）变量的选取及计算

1. 被解释变量

（1）**出口产品质量**（quality）。关于企业出口产品质量的测算，借鉴施炳展等（2013）、施炳展和邵文波（2014）的做法，企业 i 在 t 年对 m 国出口产品 g 的数量为：

$$q_{timg} = p_{timg}^{-\sigma} \lambda_{timg}^{\sigma-1} \frac{E_{mt}}{P_{mt}} \quad (6-3)$$

式中，λ 为企业出口产品 g 的质量，q 为企业出口产品 g 的数量，σ（$\sigma>1$）为产品间的替代弹性，E 表示消费者总支出，P 表示价格指数。两边取自然对数整理得：

$$\ln q_{img} = \chi_{mt} - \sigma \ln p_{timg} + \epsilon_{timg} \quad (6-4)$$

式中，$\chi_{mt} = \ln E_{mt} - \ln P_{mt}$ 为年份—出口目的国虚拟变量；$\ln p_{timg}$ 为企业出口 m

国产品 g 的价格；$\epsilon_{timg} = (\sigma-1)\ln\lambda_{timg}$ 是残差项，捕捉了企业出口到 m 国产品 g 的产品质量。为了防止产品种类多样化、产品质量和产品价格造成的内生性问题，进一步借鉴 Khandelwal（2010）、苏丹妮等（2018）的做法，用各省份实际 GDP 规模来表示国内市场需求规模，以此衡量产品种类的多样化特征。在产品质量和产品价格方面，用企业对其他国家（不包括 m 国）出口产品 g 的平均价格来作为企业对 m 国出口产品 g 价格的工具变量，采用 2SLS 的估计方法来进行估计。在控制了产品层面的特征后，可得企业的出口产品 g 质量表达式：

$$qua_{timg} = \ln\hat{\lambda}_{timg} = \frac{\hat{\epsilon}_{timg}}{(1-\sigma)} = \frac{\ln q_{timg} - \ln\hat{q}_{timg}}{(1-\sigma)} \tag{6-5}$$

式中，σ 为定值，取值为 3。同时本章还对产品质量进行了标准化处理，以便于对企业各出口产品间的比较和加总：

$$r-qua_{timg} = \frac{qua_{timg} - \min qua_{timg}}{\max qua_{timg} - \min qua_{timg}} \tag{6-6}$$

式中，max 和 min 分别表示所有企业在所有年份出口产品 g 的产品质量的最大、最小值。进一步将出口价值作为权重，计算企业的出口产品质量为：

$$quality_{it} = \frac{value_{timg}}{\sum_{time\psi} value_{timg}} \times r-qua_{timg} \tag{6-7}$$

式中，$value_{timg}$ 为 t 年企业对 m 国出口产品 g 的价值量。ψ 表示企业 i 在 t 年对所有国家出口产品的集合。

（2）**出口国内附加值率**。企业出口附加值率是目前用于衡量企业全球价值链地位最为准确的指标，该指标的计算在借鉴 Upward 等（2013）、张杰等（2013）和 Kee 和 Tang（2016）计算方法的基础上，首先通过 BEC 产品编码和海关 HS 编码匹配识别部分中间投入品，其次考虑非中间代理商通过中间代理商进口中间产品问题来计算非中间贸易商实际中间品进口以及其他间接进口问题，最终得到企业出口附加值率的计算公式：

$$DVAR = 1 - \frac{\{M_A^P + X^o[M_{Am}^o/(D+X^o)]\}}{X} \tag{6-8}$$

式中，M 为企业的实际进口额，X 为企业的出口额，D 为一般贸易企业的国内销售额。上标 P 为加工贸易企业，o 为一般贸易企业，考虑贸易代理商调整后的进口额为 M_{Am}。

（3）**成本加成（markup）**。成本加成对于企业而言是一个非常重要的概念，它是企业的竞争能力和盈利能力的重要反映。通常企业的成本加成率越低，企业面临的市场竞争就越强，因此选取了成本加成作为企业市场竞争程度的衡量指标之一。关于企业成本加成的计算，现有的文献中主要有两种方法：生产函数法（Roeger，1995；Edmond et al.，2015）和会计方法（Domowitz et al.，1986）。针对两种计算方法，Siotis（2003）、盛丹和王永进（2012）认为相比生产函数法，会计方法能够提供更多有用的信息以及能更好地体现行业间的差异，并且计算结果不会受到经济周期和外部冲击的影响，因此主要采用会计方法来计算企业的成本加成。根据Domowitz 等（1986）的研究，会计方法中企业产品价格和边际成本的关系如下：

$$\left(\frac{p-c}{p}\right)_{it}=1-\frac{1}{markup_{it}}=\left(\frac{va-pr}{va+ncm}\right)_{it} \quad (6-9)$$

式中，$markup$ 为企业的成本加成，p 为企业的产品价格，c 为边际成本，va 为企业的工业增加值，pr 为企业当年所付的工资总额，ncm 为净中间投入要素成本，下标 i 和 t 分别表示企业 i 和年份 t。

（4）**出口规模**（$quantity$）。企业的出口规模用企业出口数量的对数来表示，企业出口规模越大表示企业出口量越大，参与国际市场的程度越高，在国际市场上面临的竞争也就相对更为激烈。

（5）**出口目的国数量**（$numc$）。出口目的国数量是衡量企业面临竞争程度的另一个指标，出口目的国数量越多，企业面临的竞争相对更为激烈。在此处只使用出口目的国数量的绝对值。

（6）**研发投入**。企业的研发投入是衡量企业创新能力的重要指标，企业的研发投入越大，通常表明企业的创新能力越强，从而更容易实现出口产品质量和出口国内附加值率的提升。因此，主要使用企业的研发投入来验证出口退税对生产性服务业企业的创新驱动效应。研发投入分别采用企业研发投入金额（rd）和企业的研发密度（$rdratio$）来衡量，其中研发投入金额为企业研发投入金额数的自然对数，研发密度为企业研发投入与企业销售额的比值。

（7）**中间投入结构**。中间投入结构主要采用三个指标来表示，分别为制造中间投入（$intermac$）、管理中间投入（$interman$）和营业中间投入（$interop$），其衡量方式均为对应中间投入金额的自然对数。

2. 核心解释变量

核心解释变量为增值税出口退税率（ETR）。出口退税率的相关数据来自国家税务总局颁布的出口退税文库。出于对外贸易政策的需要，国家税务总局通常会在一年内多次调整某产品的出口退税比率。为了剔除同一年度内出口退税率的波动带来的影响，准确衡量某产品在该年份的出口退税率，借鉴刘怡和耿纯（2016）、刘信恒（2020）的方法，根据出口退税率的实际执行天数进行加权，计算出各产品各年的出口退税率。同时，进一步根据以下步骤计算出口退税率：①将出口退税文库 8 位以上的 HS 编码和海关数据库中的 8 位 HS 编码对应统一起来，并且保证每一个 8 位 HS 编码在每一个年份仅对应唯一的出口退税率。②将 8 位 HS 产品层面的出口额在本企业总出口中所占比重进行加权，计算企业层面的出口退税率。具体计算公式如下：

$$ETR = \sum \frac{value_{hs8}}{value} \times ETR_{hs8} \qquad (6\text{-}10)$$

式中，$value_{hs8}$ 为 8 位 HS 编码产品的出口额，$value$ 为企业的总出口额，ETR_{hs8} 为对应产品的出口退税率。ETR 为企业层面的出口退税率。

3. 主要控制变量

主要控制变量包括：①企业的年龄（age），用（当前年份-企业成立年份+1）来表示。②企业生产率（tfp）。由于半参数估计方法能够较好地解决传统计量方法中的内生性和样本选择问题，因此主要采用半参数估计法中的 LP 估计方法来测算微观企业层面的全要素生产率。③企业的融资约束（fin）。参考刘信恒（2020）的方法，用（企业应收账款与固定资产的比值+1）的自然对数来表示。④企业的规模（scale），用企业从业人数的自然对数来表示。⑤企业的固定资产规模（lnassets），用企业固定资产总额的对数表示。⑥资本密集度（lnkl），借鉴吕越等（2018）的研究，采用企业固定资产净值年平均余额与企业从业人数的比值取对数来表示资本密集度。⑦行业集中度（hhi），采用赫芬达尔—赫希曼指数来衡量，行业为国民经济行业分类中的四分位小类行业。⑧企业出口额（lnvalue），用企业出口额的对数来表示。除上述变量外，还在部分回归中进一步控制了企业及年份层面的固定效应以降低因遗漏变量带来的内生性问题。

（三）数据说明

本章的数据来源主要包括中国工业企业数据库、中国海关进出口数据库和国家税务总局颁布的出口退税文库。在对各个数据库原始数据进行清理和匹配合并的过程中，根据各数据库存在的问题，进行了一定的处理，具体的处理方法如下：

1. 中国工业企业数据库

中国工业企业数据库主要是通过整理"根据国家统计局进行的'规模

以上工业统计报表统计'取得资料"而形成的统计性数据库。该数据库的统计范围包括全部国有和年主营业务收入 500 万元及以上的非国有工业法人企业的规模以上工业法人企业，这与《中国统计年鉴》的工业部分和《中国工业统计年鉴》中的覆盖范围是一致的。在使用该数据库的过程中，聂辉华等（2012）的研究发现该数据库存在样本匹配混乱、变量大小异常、变量缺失明显等严重问题，忽视这些问题可能会导致研究结论错误。针对上述问题，首先按照聂辉华等（2012）提供的方法进行了匹配，然后参考 Brandt 等（2012）的做法，删除了从业人数缺失或者小于 8 人的企业样本，同时删除了工业总产值、产品销售额、工业增加值、中间投入、资产总计、流动资产、固定资产合计、固定资产净值年平均余额缺失或者不为正值的企业样本。此外还进一步剔除了流动资产、固定资产合计以及固定资产净值年平均余额中有一项大于总资产的样本。

2. 中国海关进出口数据库

中国海关进出口数据库主要包含了税号编码、税号中文、金额、数量、价格、企业编码、经营单位、单位地址、电话、传真、邮编、电子邮件、联系人、消费地进口/生产地出口、企业性质、起运国或目的国、海关口岸、贸易方式、运输方式、中转国、数量单位编码、数量单位等指标变量，即其统计范围覆盖了海关有记录的所有通关资料。为了准确地测算出口产品质量和出口国内附加值率，借鉴了施炳展等（2013）、苏丹妮等（2018）的做法，主要剔除了企业名称、企业编码、进出口、税号编码、金额、数量、出口目的国名称、产品名称、企业性质、贸易方式存在缺失的样本，同时也删除了交易规模在 50 美元以下的样本，初级品、资源品样本[①]，删除了总体样本量小于 100 的产品。此外，在具体操作的过程中，将国有企业、集体企业、私营企业、中外合资企业、中外合作企业、外商独资企业合并划分为国有、民营、外资三种企业类型。删除中间贸易代理商样本[②]，参考 Amiti 等（2012）的做法将名称中包含"进出口""经贸""贸易""科

---

① 在国际贸易中，初级品和资源品主要源自自然禀赋，并不能体现质量的内涵，因此将其删除。此处参照 Lall（2000）、龙飞扬和殷凤（2019）的做法，具体剔除了 HS 编码中前两位数字为 01~21、25、26、27 的产品样本。

② 此处删除中间贸易商的原因在于施炳展和邵文波（2014）的研究发现，中间贸易商可能存在的价格调整会使得出口产品的价格和数量信息不能反映生产企业真实的产品质量信息。此外值得注意的是，在计算企业出口国内附加值率时，需要根据中间贸易商中间产品的进口来调整非中间贸易商关于中间产品的进口，从而得到企业实际的进口额，否则会高估企业的出口国内附加值率，因此在此部分计算完成后将其剔除。

贸""外经"关键词的企业识别为中间贸易代理商。在贸易方式上仅保留加工贸易和一般贸易的样本①。最后在和中国工业企业数据库匹配的过程中，参照田巍和余淼杰（2012）、戴觅等（2014）的做法，先用企业名称匹配，然后用邮编、电话号码后六位等信息辅助匹配。

3. 出口退税文库

出口退税文库为国家税务总局颁布，详细规定了企业产品的出口退税比率及其动态调整信息。关于出口退税文库中的产品出口退税率、企业出口退税率的计算以及与中国工业企业数据库和中国海关进出口数据库匹配后的数据对接，上文已经详细说明，在此不再赘述。

经过对上述三个数据库的处理后，最终选取了2004—2007年四个年份的样本数据②。在处理组和对照组的设置上，主要借鉴刘怡和耿纯（2016）的做法，将HS编码和BEC编码对应，并进一步划分为资本品、中间产品、消费品三种类型。此外，根据进口情况和贸易方式将出口企业划分为加工贸易企业、进口中间产品或资本品的一般贸易企业、无进口中间产品或资本品的一般贸易企业，同时仅保留加工贸易企业（对照组）和无进口中间产品或资本品的生产性服务业一般贸易企业（处理组）。表6-2为描述性统计结果。

表6-2 描述性统计结果

	变量	符号	处理组（N=1141）			对照组（N=128850）		
			Mean	Sd.	P50	Mean	Sd.	P50
被解释变量	出口产品质量	quality	0.464	0.18	0.45	0.617	0.16	0.62
	出口国内附加值率	DVAR	0.962	0.32	1.00	0.179	1.22	0.65
机制变量	成本加成率	markup	1.302	0.39	1.21	1.266	0.38	1.18
	出口规模	quantity	9.799	2.61	9.69	12.000	2.61	12.14
	出口目的国数量	numc	2.257	4.13	1.00	5.256	8.01	2.00

---

① 除去一般贸易和加工贸易外，原始样本中还包括了保税仓库进出境货物、保税区仓储转口货物、免税外汇商品、其他境外捐赠物资、出口加工区进出设备、出料加工贸易、国家间和国际组织无偿援助和赠送的物资、外商投资企业作为投资进口的设备和物品、寄售和代销贸易、对外承包工程出口货物、易货贸易、来料加工装配进口的设备、租赁贸易、补偿贸易、边境小额贸易等贸易方式，这些贸易方式的出口额约占全部出口总额的0.89%左右。

② 此处的中国海关进出口数据样本区间为2000—2011年，中国工业企业数据样本区间为1998—2013年，出口退税文库数据的样本区间为2004—2019年。由于工业企业数据库缺失较为严重，在经过上述处理并且和海关数据匹配后剩余的样本区间为2000—2007年，因此最终和出口退税文库数据匹配后仅剩余2004—2007年四个年度的样本数据。

续表

变量		符号	处理组（N=1141）			对照组（N=128850）		
			Mean	Sd.	P50	Mean	Sd.	P50
机制变量	研发投入	rd	6.154	2.63	6.27	6.228	2.38	6.27
	研发密度	rdratio	0.002	0.01	0.00	0.002	0.02	0.00
	制造中间投入	intermac	6.917	1.88	6.89	7.714	1.67	7.68
	管理中间投入	interman	6.500	1.67	6.42	6.919	1.51	6.90
	营业中间投入	interop	5.666	1.89	5.63	6.407	1.86	6.39
核心变量	增值税出口退税率	ETR	12.497	2.42	13.00	10.368	4.17	13.00
控制变量	企业年龄	age	12.568	11.62	9.00	9.717	7.484	8.00
	企业生产率	tfp	4.483	1.03	4.43	4.947	1.01	4.91
	融资约束	fin	8.800	1.71	8.55	9.517	1.60	9.40
	企业规模	scale	4.589	1.21	4.38	5.286	1.20	5.24
	固定资产规模	lnassets	8.177	1.95	8.01	8.834	1.79	8.78
	资本密集度	lnkl	3.521	1.43	3.62	3.449	1.46	3.48
	行业集中度	hhi	0.004	0.01	0.00	0.003	0.01	0.00
	企业出口额	lnvalue	10.942	2.04	10.82	13.532	2.18	13.67

四、增值税出口退税全球价值链升级效应的实证分析

针对增值税出口退税对生产性服务业全球价值链升级效应的检验，本章中采用逐步回归的方式，首先控制与全球价值链关系最为密切的企业的出口额和企业的全要素生产率，其次进一步控制与企业外部环境相关的融资约束、行业集中度等变量，最后控制企业自身层面的一些基本特征，得到表6-3中第（1）~（6）列的回归结果。其中（1）~（3）列为出口退税对生产性服务业企业出口产品质量的影响，（4）~（6）列为出口退税对生产性服务业企业出口国内附加值率的影响。由表中结果可知，出口退税的提升能够显著地对生产性服务业企业出口产品质量和出口国内附加值率的提升起到促进作用，出口退税率每提升1个百分点，生产性服务业企业的出口产品质量和出口国内附加值率将比对照组中的加工贸易企业分别高出0.005和0.080左右。这也说明出口退税作为我国重要的财税制度和贸易政策，通过降低企业出口货物整体税负的方式，能够起到激励生产性服务业企业对外贸易的发展，向全球价值链高端延伸的作用。

表 6-3 出口退税激励生产性服务业全球价值链升级效应的基准回归结果

变量名	quality			DVAR		
	（1）	（2）	（3）	（4）	（5）	（6）
T×ETR	0.005***	0.005***	0.005***	0.080***	0.079***	0.080***
	（0.001）	（0.001）	（0.001）	（0.006）	（0.006）	（0.006）
age			0.000			-0.002**
			（0.000）			（0.001）
tfp	0.002***	0.002***	0.003***	0.007	0.007	0.002
	（0.001）	（0.001）	（0.001）	（0.008）	（0.008）	（0.009）
fin		-0.001**	-0.002**		0.001	0.016
		（0.000）	（0.001）		（0.006）	（0.012）
scale			0.002			0.032*
			（0.001）			（0.018）
lnvalue	0.065***	0.065***	0.065***	0.348***	0.348***	0.348***
	（0.000）	（0.000）	（0.000）	（0.005）	（0.005）	（0.005）
lnassets			-0.001			-0.042**
			（0.001）			（0.018）
lnkl			0.002*			0.031*
			（0.001）			（0.016）
hhi		0.171	0.153		0.754	0.846
		（0.126）	（0.127）		（1.516）	（1.528）
constant	-0.279***	-0.272***	-0.273***	-4.511***	-4.520***	-4.530***
	（0.005）	（0.006）	（0.006）	（0.078）	（0.089）	（0.090）
企业固定效应	是	是	是	是	是	是
年份固定效应	是	是	是	是	是	是
N	76529	76480	76478	76268	76219	76217
R^2_within	0.722	0.722	0.723	0.297	0.297	0.297

注：（1）括号内为稳健标准误。（2）*、**、*** 分别表示在 10%、5%、1% 的显著性水平上显著。

控制变量的回归结果显示，企业全要素生产率和实际出口额的提升有助于企业出口产品质量的提升。全要素生产率是企业技术升级、管理模式改进、企业结构升级的综合反映，代表了企业产业升级和生产力水平的发展，也是企业技术进步的重要体现。因此全要素生产率的提升对企业出口产品质量的提升有着明显的促进效果。企业实际出口额与企业出口产品的质量息息相关，出口额越高代表着企业对国际市场的参与度越高，面临的国际竞争也就越强,因而能够激励企业进一步提升产品质量。同时上述的回归结果还表明企业外部融资环境的改变和自身资本劳动比率的变化均能影响到企业的出口产品质量。平均而言,融资约束越高企业研发投入就相对较低,因而出口产品质量也相对较低,而资本要素投入越高的企业,技术的复杂度相对较高,出口产品质量也就相对较高。在出口国内附加值率方面,出口额的增加、企业规模的提升及资本密集度的上升均有助于企业出口国内附加值率的上升,而企业年龄和固定资产规模的增加则对企业出口国内附加值率存在一定的负向影响。此外,值得注意的是,随着控制变量的增加,核心变量 $T \times ETR$ 的显著性并未发生显著的改变,系数大小的变动也十分微小,这在一定程度上说明结果受控制变量的影响较小,具有一定的稳健性。

五、增值税出口退税全球价值链升级效应异质性分析

按照本书的理论逻辑和生产性服务业发展的特征规律,生产性服务业价值链高端延伸可以分为两个阶段:一是生产性服务业与制造业高度融合及生产性服务业在制造业周边集聚;二是具有优势的生产性服务业企业生产率逐步提升,逐步融入全球价值链并不断循环提升技术层级。在此过程中,本书前面章节已经验证了知识资本在增值税激励生产性服务业与制造业融合集聚中的重要作用,并且发现融合集聚后增值税对于高知识资本生产性服务业全要素生产率的提升效果更为明显。若形成"产业融合—产业集聚—生产率提升—全球价值链"逻辑闭环,还需要考察增值税出口退税政策分别对高低知识资本生产性服务业企业全球价值链升级的作用,以更好地阐释知识资本在本书整个逻辑链条中的关键性作用。进一步结合章节内容,本部分将生产性服务业置于一个开放的经济体当中,并考虑中间投入品中所包含的知识资本,把知识资本深化为研发资本、人力资本与中间投入品的总和,并采用劳动力人数进行标准化。本部分按照处理组生产性服务业知识资本的中位数将生产性服务业划分为高知识资本生产性服务业与低知识资本生产性服务业,将其分别与对照组企业进行比较分析。结果显示(见表6-4),增值税出口退税政策对高低知识资本生产性服务业的全球价值链升级都有促进作用,但对高知识资本生产性服务业的激励效果更为明显。这一结果不仅验证了知识资本在生产性服务业价值链高端延伸中的重要作用,也支持了本书关于生产性服务业与制造业之间从融合集聚到生产率提升再到价值链高端延伸的理论分析。

表 6-4　高低知识资本生产性服务业全球价值链升级效应分析结果

变量名	高知识资本生产性服务业		低知识资本生产性服务业	
	quality	DVAR	quality	DVAR
	（1）	（2）	（3）	（4）
T×ETR	0.006***	0.083***	0.005***	0.079***
	（0.001）	（0.008）	（0.001）	（0.009）
age	0.000	−0.002**	0.000	−0.002**
	（0.000）	（0.001）	（0.000）	（0.001）
tfp	0.003***	0.002	0.003***	0.002
	（0.001）	（0.009）	（0.001）	（0.009）
fin	−0.002**	0.015	−0.002**	0.016
	（0.001）	（0.012）	（0.001）	（0.012）
scale	0.002	0.035*	0.002	0.032*
	（0.001）	（0.018）	（0.001）	（0.018）
lnvalue	0.066***	0.351***	0.065***	0.350***
	（0.000）	（0.005）	（0.000）	（0.005）
lnassets	−0.001	−0.044**	−0.001	−0.042**
	（0.001）	（0.018）	（0.001）	（0.018）
lnkl	0.002*	0.032**	0.003**	0.031*
	（0.001）	（0.016）	（0.001）	（0.016）
hhi	0.145	0.910	0.157	0.934
	（0.129）	（1.539）	（0.128）	（1.539）
constant	−0.275***	−4.556***	−0.273***	−4.553***
	（0.006）	（0.090）	（0.006）	（0.090）
企业固定效应	是	是	是	是
年份固定效应	是	是	是	是
N	76211	76081	76213	76082
R^2_within	0.723	0.299	0.722	0.299

注：（1）括号内为稳健标准误。（2）*、**、*** 分别表示在 10%、5%、1% 的显著性水平上显著。

在实践的过程中，除知识资本差异外，出口退税对生产性服务业企业的影响可能会受到其他层面因素的影响，表现出一定的差异性。而只有了解出口退税对生产性服务业影响的异质性，才能进一步完善现行的出口退税政策，更好地实现促进生产性服务业企业向全球价值链高端延伸的作用。从企业的所有制来看，国有企业、民营企业、外资企业无论是在融资约束、政府补贴，还是对税收政策的反应程度上的差异性都可能会影响到出口退税促进生产性服务业企业全球价值链提升的作用。在本部分，将全样本企业进一步划分为国有企业、民营企业和外资企业,来分别考察出口退税带来的政策效果,具体结果如表 6-5 所示。

表 6-5　出口退税激励生产性服务业全球价值链升级效应的异质性分析结果 I

变量名	国有企业		民营企业		外资企业	
	quality	DVAR	quality	DVAR	quality	DVAR
	（1）	（2）	（3）	（4）	（5）	（6）
T×ETR	−0.001	0.121***	0.005***	0.051***	0.005***	0.068***
	（0.001）	（0.015）	（0.001）	（0.007）	（0.001）	（0.010）
age	−0.000	−0.004	0.000	−0.005	−0.000	−0.002
	（0.000）	（0.004）	（0.000）	（0.003）	（0.000）	（0.001）
tfp	0.007*	0.015	0.004*	−0.037	0.002***	0.005
	（0.004）	（0.044）	（0.002）	（0.025）	（0.001）	（0.009）
fin	−0.006	−0.002	−0.007**	0.025	−0.001	0.015
	（0.006）	（0.064）	（0.003）	（0.039）	（0.001）	（0.013）
scale	−0.013	0.240**	−0.001	0.050	0.002	0.012
	（0.010）	（0.095）	（0.004）	（0.046）	（0.001）	（0.020）
lnvalue	0.054***	0.343***	0.062***	0.208***	0.067***	0.371***
	（0.002）	（0.026）	（0.001）	（0.013）	（0.000）	（0.006）
lnassets	0.013	−0.208**	0.003	−0.038	−0.002	−0.028
	（0.009）	（0.093）	（0.005）	（0.048）	（0.001）	（0.020）
lnkl	−0.005	0.248***	0.003	0.025	0.002*	0.016
	（0.009）	（0.088）	（0.004）	（0.037）	（0.001）	（0.018）
hhi	−0.070	−2.579	0.217	−2.365	0.153	1.741
	（0.635）	（5.602）	（0.365）	（3.244）	（0.132）	（1.746）
constant	−0.140***	−5.239***	−0.222***	−2.139***	−0.292***	−4.936***
	（0.038）	（0.442）	（0.019）	（0.228）	（0.007）	（0.100）
企业固定效应	是	是	是	是	是	是
年份固定效应	是	是	是	是	是	是
N	3612	3578	16933	16822	55923	55807
R^2_within	0.593	0.432	0.724	0.226	0.733	0.307

注:（1）括号内为稳健标准误。（2）*、**、*** 分别表示在 10%、5%、1% 的显著性水平上显著。

表 6-5 的结果表明,出口退税率的提升能够促进生产性服务业企业中的民营企业和外资企业出口产品质量和出口国内附加值率的提升,有助于生产性服务业企业中民营企业和外资企业的全球价值链升级。而对国有企业来说,出口退税对国有企业出口产品质量的影响并不显著,但有助于提升国有企业的出口国内附加值率。上述结果也从一定程度上说明,出口退税

对国有企业出口国内附加值率的提升效果并不依赖于出口产品质量的升级。

地区差异是影响出口退税政策效果的另一重要因素。相比西部地区，东、中部地区企业的创新能力更强，市场竞争相对也更为激烈，面临的外部营商环境也相对更好。尤其在出口方面，东、中部企业的对外贸易额要明显高于西部企业，出口退税对其的激励效果也就相对更强，这种地区层面的差异可能会影响到出口退税对不同地区生产性服务业企业的作用效果。鉴于此，将全样本按照企业的所在省份分为东部地区企业、中部地区企业和西部地区企业来分别验证出口退税对不同地区生产性服务业企业的影响，结果如表 6-6 所示。

表 6-6　出口退税激励生产性服务业全球价值链升级效应的异质性分析结果 Ⅱ

变量名	东部地区		中部地区		西部地区	
	quality	DVAR	quality	DVAR	quality	DVAR
	（1）	（2）	（3）	（4）	（5）	（6）
T×ETR	0.006***	0.081***	0.004**	0.067***	0.004*	0.064***
	（0.001）	（0.007）	（0.002）	（0.024）	（0.002）	（0.013）
age	0.000	−0.003**	0.001*	0.001	−0.000	−0.000
	（0.000）	（0.001）	（0.001）	（0.007）	（0.001）	（0.005）
tfp	0.003***	0.003	0.008	−0.037	0.008	0.078
	（0.001）	（0.009）	（0.005）	（0.060）	（0.008）	（0.091）
fin	−0.002**	0.018	0.001	−0.002	−0.014	−0.248
	（0.001）	（0.012）	（0.007）	（0.094）	（0.015）	（0.171）
scale	0.002	0.033*	−0.011	−0.027	0.004	0.093
	（0.001）	（0.019）	（0.008）	（0.097）	（0.013）	（0.126）
lnvalue	0.065***	0.351***	0.061***	0.271***	0.066***	0.240***
	（0.000）	（0.005）	（0.003）	（0.038）	（0.005）	（0.047）
lnassets	−0.001	−0.045**	0.002	0.043	0.011	0.207
	（0.001）	（0.019）	（0.008）	（0.106）	（0.017）	（0.168）
lnkl	0.003**	0.031*	−0.007	0.027	−0.000	0.076
	（0.001）	（0.017）	（0.006）	（0.071）	（0.013）	（0.100）
hhi	0.137	0.686	0.099	6.788	0.669	−4.136
	（0.126）	（1.590）	（0.848）	（7.085）	（1.156）	（7.740）
constant	−0.273***	−4.574***	−0.224***	−3.441***	−0.328***	−3.388***
	（0.006）	（0.092）	（0.046）	（0.671）	（0.074）	（0.720）
企业固定效应	是	是	是	是	是	是
年份固定效应	是	是	是	是	是	是
N	72115	71907	2487	2456	1876	1854
R^2_within	0.726	0.299	0.692	0.275	0.580	0.224

注：（1）括号内为稳健标准误。（2）*、**、*** 分别表示在 10%、5%、1% 的显著性水平上显著。

表 6-6 的回归结果表明，出口退税率的提升对于东部地区、中部地区和西部地区生产性服务业企业的出口产品质量和出口国内附加值率均能起到明显的促进效果。并且对东部地区生产性服务业企业出口产品质量和出口国内附加值率的促进效果要高于中、西部地区。整体而言，出口退税率的提升有助于东部地区、中部地区和西部地区生产性服务业企业向全球价值链高端延伸。

生产性服务业作为服务行业，具有可以为保持工业生产过程连续性、促进技术进步、产业升级和提高生产效率提供保障服务的功能。行业范围更是涉及国民经济行业分类中的多个门类行业，行业之间的跨度范围十分广泛，而这种行业之间的巨大差异可能会影响到出口退税政策的作用效果。因此，进一步按照生产性服务业的统计分类，将该部分全样本生产性服务业企业分为开采专业及辅助性活动、机械设备修理和售后服务、节能与环保服务三个行业类别，来分别验证出口退税对不同行业生产性服务业企业全球价值链升级的影响。结果显示（见表 6-7），出口退税主要促进了机械设备修理和售后服务、节能与环保服务两个行业生产性服务业企业出口产品质量和出口国内附加值率的提升，而对开采专业及辅助性活动行业的生产性服务业企业出口产品质量提升效果并不明显，但也有助于其出口国内附加值率的提升。

表 6-7　出口退税激励生产性服务业全球价值链升级效应的异质性分析结果 Ⅲ

变量名	开采专业及辅助性活动		机械设备修理和售后服务		节能与环保服务	
	quality	DVAR	quality	DVAR	quality	DVAR
	（1）	（2）	（3）	（4）	（5）	（6）
T×ETR	−0.008	0.147**	0.005***	0.079***	0.002*	0.094***
	（0.006）	（0.071）	（0.001）	（0.006）	（0.001）	（0.002）
age	0.000	−0.002**	0.000	−0.002**	0.000	0.002***
	（0.000）	（0.001）	（0.000）	（0.001）	（0.000）	（0.001）
tfp	0.003***	0.001	0.003***	0.002	−0.001*	−0.014***
	（0.001）	（0.009）	（0.001）	（0.009）	（0.000）	（0.005）
fin	−0.002**	0.016	−0.002**	0.016	−0.005***	−0.141***
	（0.001）	（0.012）	（0.001）	（0.012）	（0.001）	（0.007）
scale	0.002	0.035*	0.002	0.032*	−0.000	−0.011
	（0.001）	（0.018）	（0.001）	（0.018）	（0.001）	（0.011）
lnvalue	0.066***	0.352***	0.065***	0.348***	0.062***	0.162***
	（0.000）	（0.005）	（0.000）	（0.005）	（0.000）	（0.003）
lnassets	−0.001	−0.044**	−0.001	−0.042**	0.002***	0.056***
	（0.001）	（0.018）	（0.001）	（0.018）	（0.001）	（0.011）

续表

变量名	开采专业及辅助性活动		机械设备修理和售后服务		节能与环保服务	
	quality	DVAR	quality	DVAR	quality	DVAR
	（1）	（2）	（3）	（4）	（5）	（6）
lnkl	0.003**	0.032**	0.002*	0.031*	0.001	−0.030***
	（0.001）	（0.016）	（0.001）	（0.016）	（0.001）	（0.010）
hhi	0.147	1.000	0.155	0.836	−0.075	4.541***
	（0.130）	（1.551）	（0.128）	（1.530）	（0.070）	（0.688）
constant	−0.276***	−4.578***	−0.273***	−4.532***	−0.197***	−1.065***
	（0.006）	（0.091）	（0.006）	（0.090）	（0.003）	（0.041）
企业固定效应	是	是	是	是	是	是
年份固定效应	是	是	是	是	是	是
N	75951	75949	76458	76211	75961	75949
R^2_within	0.723	0.301	0.722	0.297	0.721	0.163

注：（1）括号内为稳健标准误。（2）*、**、*** 分别表示在 10%、5%、1% 的显著性水平上显著。

六、价值链升级的内在机制验证及稳健性检验

（一）作用机制检验

出口退税政策的实质是将出口的商品在国内各生产环节和流通环节已征收的国内部分或全部税款退还给企业的一种措施。由于该举措的实施能够使得出口货物的整体税负降低或者归零，因此能够有效地降低企业出口产品的边际成本，鼓励企业发展对外贸易，积极参与国际竞争，最终通过竞争来实现出口产品质量的提升和全球价值链的升级。因此，出口退税对于生产性服务业企业向价值链高端延伸有着一定的竞争驱动效应，接下来本章选取企业的成本加成、出口产品数量和出口目的国数量来检验出口退税对于生产性服务业企业的竞争驱动效应。如表 6-8 所示，出口退税确实能够降低生产性服务业企业的成本加成，出口退税率每提高一个百分点，生产性服务业企业的成本加成相比对照组中加工贸易企业下降 0.6% 左右。这说明出口退税提升了生产性服务业企业出口产品的国际竞争力，使得生产性服务业企业面临的国际竞争明显加强，有助于生产性服务业企业出口产品质量提升和全球价值链的升级。同时对于出口产品数量和出口目的国数量的回归结果显示，出口退税对于生产性服务业企业的出口产品数量并无明显的提升效果，

第六章 增值税激励的生产性服务业价值链升级效应研究

并且显著地降低了生产性服务业企业的出口目的国数量。这表明生产性服务业企业在原有出口数量的基础上，调整了出口的市场导向，减少了对原先出口量数量较少的国家的出口，增加了对原先重点出口国家的出口数量，这也使得生产性服务业企业在部分出口国家中的市场竞争力明显增强。因此总体而言，出口退税对于生产性服务业企业存在竞争驱动效应。

表6-8　出口退税激励生产性服务业全球价值链升级效应的竞争机制检验结果

变量名	quantity（1）	numc（2）	markup（3）
T×ETR	−0.005	−0.230***	−0.006***
	（0.007）	（0.040）	（0.002）
age	−0.003*	−0.018**	−0.001***
	（0.002）	（0.009）	（0.000）
tfp	−0.006	−0.046	0.361***
	（0.011）	（0.049）	（0.005）
fin	−0.017	0.127	0.027***
	（0.016）	（0.079）	（0.004）
scale	−0.004	−0.041	−0.019***
	（0.023）	（0.121）	（0.006）
lnvalue	0.962***	1.325***	0.001
	（0.006）	（0.030）	（0.001）
lnassets	0.032	0.097	0.113***
	（0.023）	（0.132）	（0.006）
lnkl	−0.017	−0.144	0.037***
	（0.020）	（0.116）	（0.005）
hhi	2.851	−8.941	0.440
	（2.106）	（10.626）	（0.454）
constant	−0.773***	−12.670***	1.183***
	（0.110）	（0.577）	（0.025）
企业固定效应	是	是	是
年份固定效应	是	是	是
N	76478	76478	76478
R^2_within	0.652	0.174	0.605

注：（1）括号内为稳健标准误。（2）*、**、*** 分别表示在10%、5%、1%的显著性水平上显著。

另外，出口退税率的提高对国内企业进入出口市场有吸引作用，由此加剧出口企业之间的竞争，但同时，也使得企业有更多的资金用于自主研发、购买更高质量的中间投入品、更新机器设备来提高出口产品质量和国内附加值率，从而在国际市场中获得竞争优势，最终实现"摆脱竞争"和全球价值链升级的效果。因此，出口退税对于生产性服务业企业还可能存在着创新驱动效应，接下来选取了企业的研发投入金额和企业的研发密度来检验出口退税对于生产性服务业企业向价值链高端延伸是否起到了创新驱动的作用。表6-9的结果显示，出口退税并未提升生产性服务业企业的研发投入金额，并且使得生产性服务业企业的研发密度有所降低。对此一种可能的解释是对于出口退税带来的税收优惠，生产性服务业企业并未用于研发投入，而同时企业销售额增加导致生产性服务业企业的研发密度有所下降。综上所述，出口退税对于生产性服务业企业暂未起到创新驱动的作用。

表6-9 出口退税激励生产性服务业全球价值链升级效应的创新机制检验结果

变量名	rd	rdratio
	（1）	（2）
T×ETR	−0.021	−0.0003*
	（0.058）	（0.0002）
age	0.042***	0.000
	（0.013）	（0.000）
tfp	0.117	−0.000
	（0.113）	（0.000）
fin	0.529***	−0.001***
	（0.163）	（0.000）
scale	0.218	0.002***
	（0.225）	（0.000）
lnvalue	0.019	0.000*
	（0.028）	（0.000）
lnassets	0.163	0.001
	（0.185）	（0.000）
lnkl	−0.200	0.001***
	（0.169）	（0.000）
hhi	−44.699**	0.031
	（20.330）	（0.027）
constant	−2.867***	−0.003**
	（0.920）	（0.001）
企业固定效应	是	是
年份固定效应	是	是
N	9904	76478
R^2_within	0.224	0.010

注：（1）括号内为稳健标准误。（2）*、**、*** 分别表示在10%、5%、1%的显著性水平上显著。

除上述的竞争机制和创新机制外，出口退税率的提升还可能会改变企业的中间投入结构，影响到企业中间投入产品的质量，而企业中间产品的质量的提升是企业出口产品质量提升和全球价值链升级的重要因素（Bas and Strauss-Kahn，2015；刘怡和耿纯，2016）。因此接下来从生产性服务业企业的中间投入结构入手，选取制造中间投入、管理中间投入和营业中间投入作为中间投入结构的代理变量，考察出口退税对生产性服务业企业中间投入变动的影响。表6-10的回归结果显示，出口退税率的上升会改变生产性服务业企业的中间投入结构，其中制造的中间投入和营业的中间投入变动并不明显，但管理的中间投入会显著上升。这也表明出口退税促进了生产性服务业企业中间投入的增加，有助于生产性服务业企业出口产品质量的提升和全球价值链的升级。

表6-10 出口退税激励生产性服务业全球价值链升级效应的中间投入结构变动检验结果

变量名	intermac（1）	interman（2）	interop（3）
T×ETR	−0.003	0.012*	−0.003
	(0.008)	(0.007)	(0.013)
age	−0.007***	0.004***	0.000
	(0.002)	(0.001)	(0.003)
tfp	0.229***	0.231***	0.414***
	(0.011)	(0.011)	(0.016)
fin	0.141***	0.211***	0.292***
	(0.017)	(0.015)	(0.024)
scale	0.658***	0.403***	0.465***
	(0.024)	(0.021)	(0.032)
lnvalue	0.004	0.008*	0.018***
	(0.005)	(0.004)	(0.006)
lnassets	0.094***	0.043**	0.032
	(0.024)	(0.022)	(0.032)
lnkl	0.107***	0.090***	0.123***
	(0.023)	(0.019)	(0.027)
hhi	−8.123***	6.093***	12.111***
	(2.069)	(1.860)	(3.091)
constant	0.624***	0.818***	−1.838***
	(0.107)	(0.095)	(0.134)
企业固定效应	是	是	是
年份固定效应	是	是	是

续表

变量名	intermac （1）	interman （2）	interop （3）
N	73070	73455	62817
R^2_within	0.412	0.361	0.392

注：（1）括号内为稳健标准误。（2）*、**、*** 分别表示在10%、5%、1% 的显著性水平上显著。

（二）稳健性检验

上述结论成立的一个重要前提是选取的对照组企业不会受到出口退税政策的影响，而在对照组的加工贸易企业中既包括来料加工贸易企业，也包括进料加工贸易企业。根据上文的分析可知，来料加工贸易企业由于增值税"不征不退"，确实不会受到出口退税政策的影响，但进料加工贸易企业会对国内原材料部分实行退税，免税进口的原材料按照规定无法退税的要在当期的出口退税金额中抵减，其仍会受到出口退税政策微弱的影响。因此在对照组样本中进一步剔除了加工贸易中的进料加工贸易企业，仅选取来料加工贸易企业来作为对照组样本重新估计出口退税对生产性服务业企业全球价值链升级的影响效果。表 6-11 显示的回归结果与基准回归结果类似，系数间的差异也十分微小，这说明出口退税率的提升确实能够起到激励生产性服务业企业全球价值链升级的作用，结果具有一定的稳健性。

表 6-11 出口退税激励生产性服务业全球价值链升级效应的稳健性检验结果 I

变量名	quality （1）	DVAR （2）
T×ETR	0.003***	0.068***
	（0.001）	（0.013）
age	0.001**	-0.006*
	（0.000）	（0.003）
tfp	0.001	0.041
	（0.002）	（0.028）
fin	0.001	-0.025
	（0.004）	（0.047）
scale	-0.000	0.098*
	（0.005）	（0.059）
lnvalue	0.064***	0.307***
	（0.001）	（0.019）

续表

变量名	quality (1)	DVAR (2)
lnassets	−0.005	−0.055
	(0.006)	(0.061)
lnkl	0.001	0.093*
	(0.005)	(0.050)
hhi	−0.183	−5.725
	(0.350)	(5.187)
constant	−0.231***	−4.048***
	(0.023)	(0.327)
企业固定效应	是	是
年份固定效应	是	是
N	21491	21230
R^2_within	0.740	0.296

注：(1) 括号内为稳健标准误。(2) *、**、*** 分别表示在10%、5%、1% 的显著性水平上显著。

诚如上文所述，不同的行业之间存在着巨大的差异，上文的结果也仅仅是对生产性服务业内部各个行业之间的异质性进行了分析，而作为处理组的生产性服务业企业与对照组企业之间本身也存在着一定的差异性，这可能会导致研究结论出现偏误。为此，采用倾向得分匹配法，计算企业成为出口退税政策处理组的倾向得分，然后一方面将倾向得分放入回归中加以控制，另一方面基于倾向得分重新筛选出与生产性服务业企业各方面十分相似的对照组企业，以此来重新估计出口退税对生产性服务业企业全球价值链升级的影响效果。表6-12 的结果与上文的结果基本一致，出口退税率的提升确实能够起到促进生产性服务业企业全球价值链升级的作用。

表6-12 出口退税激励生产性服务业全球价值链升级效应的稳健性检验结果 Ⅱ

变量名	quality (1)	DVAR (2)	quality (3)	DVAR (4)
T×ETR	0.006***	0.077***	0.005***	0.081***
	(0.001)	(0.006)	(0.001)	(0.006)
age	0.000**	−0.004***	0.000	−0.002*
	(0.000)	(0.001)	(0.000)	(0.001)
tfp	0.002***	0.006	0.003***	0.001
	(0.001)	(0.009)	(0.001)	(0.009)

续表

变量名	quality (1)	DVAR (2)	quality (3)	DVAR (4)
fin	−0.003***	0.022*	−0.002**	0.016
	(0.001)	(0.012)	(0.001)	(0.012)
scale	0.003*	0.022	0.002	0.032*
	(0.001)	(0.018)	(0.001)	(0.018)
lnvalue	0.064***	0.361***	0.065***	0.348***
	(0.000)	(0.006)	(0.000)	(0.005)
lnassets	−0.002*	−0.026	−0.001	−0.042**
	(0.001)	(0.019)	(0.001)	(0.018)
lnkl	0.004***	0.010	0.002*	0.031*
	(0.001)	(0.017)	(0.001)	(0.016)
hhi	0.203	0.265	0.157	0.842
	(0.128)	(1.544)	(0.128)	(1.539)
_pscore			−0.364***	4.101***
			(0.074)	(1.203)
constant	−0.249***	−4.798***	−0.272***	−4.528***
	(0.008)	(0.112)	(0.006)	(0.090)
企业固定效应	是	是	是	是
年份固定效应	是	是	是	是
N	76478	76217	76325	76067
R^2_within	0.723	0.298	0.721	0.296

注：(1) 括号内为稳健标准误。(2) *、**、*** 分别表示在10%、5%、1% 的显著性水平上显著。(3) 表中的匹配方式为匹配半径0.001 的半径匹配（radius matching）。

七、小结

本章节主要探究了增值税出口退税对生产性服务业企业全球价值链升级的激励效果。研究发现：增值税出口退税率的提升能够显著地促进生产性服务业企业出口产品质量和出口国内附加值率的提升，有助于生产性服务业企业向全球价值链高端延伸，且这一结论通过了一系列的稳健性检验。在异质性方面，知识资本在生产性服务业发展的过程中有着至关重要的作用，前面章节表明知识资本在增值税激励生产性服务业与制造业融合集聚中发挥着重要作用，并且发现融合集聚后增值税对高知识资本生产性服务业全要素生产率的提升效果更为明显。根据"产业融合—产业集聚—生产率提升—全球价值链"逻辑闭环,本章中首先对生产性服务业的知识资本差异进行异质性分析,发现相比于低知识资本生产性服务业,增值税出口退税政策对高知识资本生产性服务业出口产品质量和出口国内附加值率的提升效果更为明显。这一结果不仅验证了知识资本在生产性服务业价值链高端延伸中的重要作用,也支持了本书关于生产性服务业与制造业之间从融合集聚到生产率提升再到价值链高端延伸的理论分析。除此之外,本章中还进行了其他的异质性分析。其中,对于企业不同的所有制类型,本章的研究发现出口退税率的提升能够促进生产性服务业企业中的民营企业和外资企业出口产品质量和出口国内附加值率的提升,有助于生产性服务业企业中民营企业和外资企业的全球价值链升级。对国有企业来说,出口退税对国有企业出口产品质量的影响并不显著,但有助于提升国有企业的出口国内附加值率,出口退税对国有企业出口国内附加值率的提升效果并不依赖于出口产品质量的升级。在企业地区的异质性分析中,出口退税率的提升有助于东部地区、中部地区和西部地区生产性服务业企业向全球价值链高端延伸,但是对东部地区企业的影响要大于中部地区,对中部地区企业的影响要大于西部地区。在分行业的异质性分析中,本章的研究发现出口退税主要促进了机械设备修理和售后服务、节能与环保服务两个行业生产性服务业企业出口产品质量和出口国内附加值率的提升,而对开采专业及辅助性活动行业的生产性服务业企业出口产品质量提升效果并不明显,但也有助于其出口国内附加值率的提升。在内部机制的检验中,本章的研究发现出口退税主要通过竞争机制和中间投入结构的变动来推动生产性服务业企业向全球价值链高端延伸,即出口退税降低了生产性服务业企业的成本加成,鼓励生产性服务业企业积极参与国际竞争,在竞争中进一步提升出口产品质量和出口国内附加值率。同时,出口退税还改变了生产性服务业企业的中间投入结构,使得生产性服务业企业的中间投入有所增加,有利于生产性服务业企业全球价值链的提升。此外,出口退税对于生产性服务业的创新驱动效应并不显著,暂未起到激励生产性服务业技术创新的作用。

第七章　新冠疫情冲击下生产性服务业价值链高端延伸的增值税激励效应

2019年底暴发的新冠疫情短时间内在全世界各个国家加速蔓延，成为一场全球性重大突发公共卫生事件。3年来，为了保卫人民生命安全和身体健康，我国政府采取了一系列有力措施：既坚持全面综合疫情防控又及时进行地区保卫战，在遏制疫情蔓延的同时全力以赴开展医疗救治，并及时阻断高致病率、高致死率变异毒株的广泛流行；加快疫苗研制进度并有序开展接种工作；疫情防控的同时有力推动经济社会发展，加大宏观调控力度，稳中求进；加强公共卫生知识宣传，不断提升人民健康意识和健康素养等，并在此基础上不断调整优化疫情防控政策。在国际上，我国也积极同世界其他国家分享疫情数据及抗疫经验，构筑起联防联控的疫情防控网络。2023年2月26日召开的中共中央政治局常务委员会会议强调，我国"取得疫情防控重大决定性胜利，创造了人类文明史上人口大国成功走出疫情大流行的奇迹"[①]。抗击疫情是闪电战，应对疫情带来的经济影响却是持久战。在全球新冠疫情大流行背景下，全球贸易大幅萎缩，产业链断裂，产业竞争不断加剧。疫情不仅冲击了企业正常的生产经营活动，还会对出口行为及价值链高端延伸产生影响。增值税是我国第一大税种，本章即在分析新冠疫情带来的全球经济影响的基础上，进一步探讨了疫情对我国生产性服务业的冲击及我国出台的应对政策，并研究了疫情期间增值税对企业价值链升级的效益。

一、新冠疫情的挑战与应对

新冠疫情暴发以来，全球各国均受到严重冲击。新冠疫情显著抑制了跨国进出口活动，全球贸易短时间内大幅萎缩。刘洪铎等（2021）研究发

---

①　以上观点来源于求是网、光明网等官方主流媒体网站。求是网：http://www.qstheory.cn/qshyjx/2023-03/30/c_1129479367.htm。光明网：https://theory.gmw.cn/2023-03/03/content_36405211.htm。

现，疫情对进出口贸易的遏制通过冲击供需端、贸易壁垒、不确定风险等方式发生作用，相当于加征关税。贸易不景气的同时全球生产也遭遇危机，新冠疫情大流行对国际生产秩序造成严重冲击并加快了各国产业链布局重构，郭宏和伦蕊（2021）分析后认为疫情从产业链局部断裂、供需端风险传递、全球投资布局调整三个阶段全方位、多维度、多层次对全球产业链产生深远影响。司文等（2020）指出停工停产、物流阻碍、企业经营受阻等一系列问题引发各国对产业链效率及风险的再思考，短链化与区域化、实现经济效益的同时有效防范风险，成为各国产业链的调整方向。疫情同时引起各国产业竞争更加激烈，全球各国加快推动以数字经济、人工智能为代表的先进技术的发展，多个国家积极布局下一代先进产业发展并积极争夺先进产业国际标准制定的话语权。新冠疫情常态化背景下，我国经济发展也受到一系列影响。以美国为首的西方经济体加大对华打压，意图阻碍中国先进产业发展。与此同时，贸易战吸引相关产业链加速从中国迁出，部分国家也降低了对中国产出关键物资的依赖度，我国产业供应链安全风险提升，产业升级困难加大。在低成本与人口红利逐渐丧失及疫情引起的全球产业链重构背景下，如何参与全球价值链、实现产业链高端升级是我国面临的机遇与挑战。

为应对疫情，恢复本国经济发展，各国纷纷出台相应政策，加强本国产业保护、建设本国产业链并刺激经济复苏。发达国家首先推出积极的财政货币政策，刺激经济增长，与此同时全球经济复苏阶段出现区域不平衡及全球贸易逆差扩大等问题。疫情使医药卫生行业的重要性更加凸显，各国纷纷加强对该行业的投资，掌握行业主动权。如美国加速相关立法及加大经费投入支持医药方面的美国制造，欧盟提出《2020 年关键原材料清单》并计划实施《关键原材料行动计划》等，各国加速发展本国的医药行业，以减少对外国的依赖。此外，司文等（2020）指出一些国家也出台了相应政策，支持关键企业迁回本土。如美国《紧急状态法案》《国防生产法案》，日本"供应链改革计划"，法国重建"法国主权与欧洲主权"等。我国政府在新冠疫情暴发后也出台了大量政策阻断疫情传播并帮助企业复工复产。截至 2020 年 3 月底，我国中央层面共出台疫情相关税费减免措施 20 余项，地方政府出台与中央财税政策相关的扶持政策共 95 项。

新冠疫情暴发后，全球多数产业遭受重创，生产性服务业也受到一定冲击，但相较于其他产业来讲受创较小。2020 年通过的"十四五"规划中强调推动生产性服务业融合化发展，为疫情中我国生产性服务业发展指明方向，各省市纷纷响应，如山西省将推进服务业发展放在战略层面，建成全国首座 5G 煤矿，成立山西省工业互联网产业联盟，大力推动全省国家级企业技术中心的成立与发展等，力求服务业高质量发展，推动生产性服务业向专业化和价值链高端延伸；成都生产性服务业强劲增长，如生产出第一款面向多领域的 AIoT 芯片产品 JA310，积极推动工业设计中心发展；上海、深圳、苏州等不断朝着促进服务业增加值占 GDP 的 70%、生产性服务业占服务业增加值的 70% 这一目标迈进等。新冠疫情对全球产业链和供应链造成较大冲击，但并未太大程度影响生产性服务业的快速发展，体现出生产性服务业的发展潜力大，前景广阔。在信息化时代背景下，通过与数字化、智能化相结合，生产性服务业将实现向更高水平跨越的转型。在生产性服务业不断数字化、智能化的同时，其与制造业融合程度也越来越高，"服务"逐渐成为制造业生产转型的一大"卖点"，协助企业实现其长足发展。综上所述，生产性服务业具有强劲的生命力，为了尽可能减少疫情对该产业的冲击，政府应制定更多有针对性的财政政策，保证生产性服务业高速度高质量的长足发展。

增值税是我国税制结构的主体税种，进一步完善增值税有助于促进我国产业发展及经济复苏。增值税负担会影响生产性服务业企业的生产经营活动、出口行为及价值链高端延伸：较高的增值税税负会降低企业营业利润水平，遏制其出口规模的扩大，同时阻碍企业价值链升级。因此，在全球新冠疫情和贸易保护冲击背景下，探究如何充分发挥增值税的激励效应，促进生产性服务业进一步向价值链高端延伸具有重要意义。

本章节剩余内容安排如下：第二节分析新冠疫情背景下我国生产性服务业受到的影响；第三节为新冠疫情下我国财税政策分析；第四节为增值税对企业价值链升级的效益分析；第五节为本章小结。

二、新冠疫情对我国生产性服务业的影响分析

（一）疫情前后我国生产性服务业总体状况分析

根据国家统计局 2019 年发布的《生产性服务业统计分类（2019）》，考虑到数据的可得性，本部分选取符合条件的生产性服务业并进行分析，包括货物运输、通用航空生产、仓储和邮政快递服务业、信息服务业、金融服务业、生产性租赁服务业、商务服务业及研发设计与其他技术服务业。

本部分数据来源于国泰安上市公司数据库,选取 2015—2020 年目标行业中 843 个企业作为代表分析生产性服务业上市公司整体发展情况及疫情前后变化,从而进一步得到生产性服务业发展受到疫情冲击的情况。

1. 平均利润总额大幅降低,经营投入受较大影响

从生产性服务业上市公司平均利润总额来看(见图 7-1),生产性服务业 2015—2018 年平均利润总额持续降低,2019 年略有回升,后在 2020 年又开始下降,且下降幅度高达约 16.17%。由图 7-1 可知,2017—2019 年,生产性服务业平均利润总额虽有下降但降幅不大,基本趋于平稳,但 2020 年出现较大幅度下降。进一步从生产性服务业上市公司平均营业收入及平均营业成本来看(见图 7-2),2018—2019 年两年生产性服务业平均营业收入及平均营业成本均保持在相当水平,但均在 2020 年开始出现较大幅度下降,降幅分别约为 14.02% 和 11.42%。综上所述,2019 年底开始的新冠疫情对生产性服务业的经营活动产生了较大影响。

图 7-1　2015—2020 年生产性服务业平均利润总额

图 7-2　2015—2020 年生产性服务业平均营业收入和平均营业成本

2. 借款增加，偿债能力整体下降

从生产性服务业上市公司平均借款情况来看，生产性服务业平均短期借款在2017—2019年持续下降，但在2020年上涨，增幅约为3.66%；而生产性服务业平均长期借款在2015—2020年持续增加，其中2020年同比增长约3.65%（见图7-3）。可以推测，生产性服务业可能受到疫情冲击，影响其生产经营活动，从而对借款增加产生促进作用。

图7-3　2015—2020年生产性服务业公司平均借款情况

进一步分析生产性服务业的偿债能力，生产性服务业流动比率在波动中增长（见图7-4），其中2019年增长率约为20.97%，而2020年增长率为约8.51%，增幅降低表明疫情一定程度上影响了企业的偿债能力，但该指标在2020年依然实现了正增长，展现出生产性服务型的发展活力。最后，分别从生产性服务业经营活动产生的现金流量净额与流动负债的比值及生产性服务业经营活动产生的现金流量净额与负债总计比值两个指标的变化来进一步分析生产性服务业的偿债能力。由图7-5可知两个指标分别在波动中趋于平缓，其中2019年两个指标均实现较大幅度增长，增幅分别约为41.34%和50%，其后在2020年经营活动产生的现金流量净额与流动负债比降低，降幅约为3.95%，表明疫情对生产性服务业短期偿债能力产生影响，但影响较为轻微（短期偿债能力指标降幅不大），而经营活动产生的现金流量净额与负债总计比增长，增幅较小，约为5%。表明疫情并未对生产性服务业长期偿债能力产生太大影响，长期偿债能力指标仍然增长，但由于受到疫情冲击增幅变小。

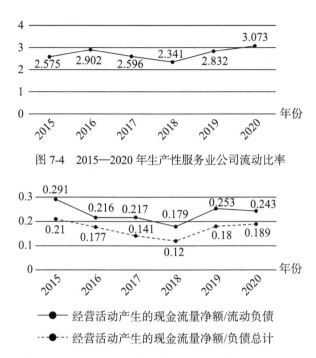

图 7-4　2015—2020 年生产性服务业公司流动比率

图 7-5　2015—2020 年生产性服务业公司经营活动产生的现金流量净额与流动负债、负债总计的比值

3. 资金周转紧张，资产变现能力减弱

从生产性服务业上市公司现金流指标来看（见图 7-6），2016—2020 年生产性服务业公司自由现金流均处于较低水平，且在 2020 年该指标变为负值（-7090 万元），可以推测疫情对生产性服务业产生负面冲击，影响企业经营生产且进一步降低企业自由现金流，使生产性服务业企业真实经营状况变差。进一步分析企业全部现金回收率（见图 7-7），该指标在 2015 年达到最高值，之后处于波动状态，其中 2019 年实现增长约 56.25%，后在 2020 年又降低约 6%。企业全部现金回收率可以反映企业资产变现的能力，其在 2020 年的降低表明公司获取现金的能力变弱且可持续发展潜力变差，这一现象可能与 2019 年开始的新冠疫情有关。基于以上分析，政府应出台相应的财税政策，激励后疫情时代生产性服务业的产业复苏，刺激其迅速恢复，保证生产性服务业高速高质量长远发展，从而充分发挥生产性服务业对经济增长的促进作用。

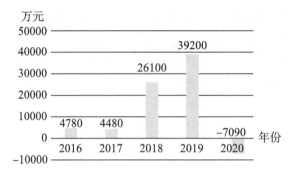

图 7-6　2016—2020 年生产性服务业公司现金流指标

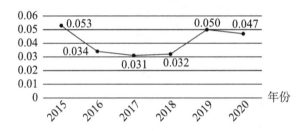

图 7-7　2015—2020 年生产性服务业公司全部现金回收率

（二）疫情前后我国生产性服务业各行业状况分析

为进一步分析疫情对生产性服务业产生的影响，了解生产性服务业各行业在疫情前后的生产经营情况变化，本部分选取生产性服务业代表性行业分别进行分析，从而更深入地剖析生产性服务业疫情后发展存在的问题，提出更具针对性的发展建议和政策。**分行业分析表明，货物运输、通用航空生产、仓储和邮政快递服务业、生产性租赁服务业及商务服务业生产经营活动受疫情影响较大，而其他生产性服务业行业受到的冲击相对较小**，因此在出台刺激产业复苏和发展的财税金融政策时，应更偏向货物运输、通用航空生产、仓储和邮政快递服务业、生产性租赁服务业及商务服务业等受疫情影响较大的生产性服务业行业。

1. 货物运输、通用航空生产、仓储和邮政快递服务业

①经营情况。从货物运输、通用航空生产、仓储和邮政快递服务业上市公司平均利润总额来看（见图 7-8），三个行业 2015—2019 年平均利润总额呈现波动中增长态势，但 2020 年出现断崖式下降，降为 0.524 亿元，降幅约为 97.14%，表明始于 2019 年底的新冠疫情对货物运输、通用航空生产、仓储和邮政快递服务业产生较大影响。分析可知，疫情发生后对于疫情严重地区我国实行隔离及封地等政策，极大地影响了依托出行经营的该行业，引

起该行业利润总额大幅度降低。2015—2020年货物运输、通用航空生产、仓储和邮政快递服务业平均营业收入与平均营业成本如图7-9所示。

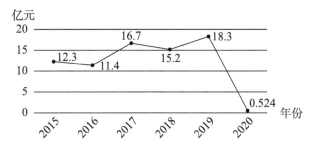

图7-8 2015—2020年货物运输、通用航空生产、仓储和邮政快递服务业平均利润总额

图7-9 2015—2020年货物运输、通用航空生产、仓储和邮政快递服务业平均营业收入与平均营业成本

②债务及现金流情况。进一步分析三个行业企业自由现金流（见图7-10），经历2016—2018年持续增长后，2020年该指标降为负值，表明疫情影响了该行业实际经营，使得该行业现金流情况较差。2015—2020年货物运输、通用航空生产、仓储和邮政快递服务业平均短期借款和长期借款如图7-11所示。

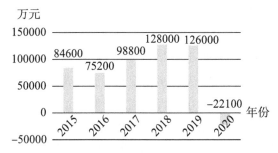

图7-10 2015—2020年货物运输、通用航空生产、仓储和邮政快递服务业企业自由现金流

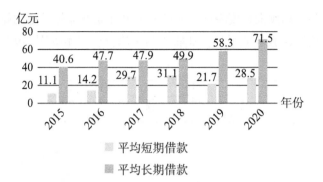

图 7-11　2015—2020 年货物运输、通用航空生产、仓储和邮政快递服务业平均短期借款和长期借款

2. 信息服务业

①经营情况。从信息服务业上市公司平均营业收入来看（见图 7-12），经历了 2016—2017 年的较低水平后，2018 年、2019 年该行业平均营业收入实现较大幅度增长，增长幅度分别约为 9.4% 和 0.86%，之后又在 2020 年出现较大幅度降低，降幅为 11.33%。

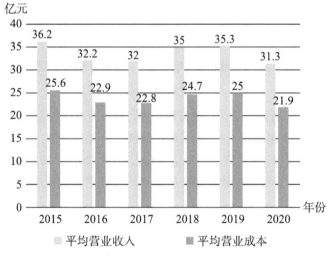

图 7-12　2015—2020 年信息服务业平均营业收入与平均营业成本

②债务及现金流情况。从债务情况来看，经营活动产生的现金流量净额/流动负债及经营活动产生的现金流量净额/负债总计两个指标在 2019 年均出现较大幅度增长（见图 7-13），增幅分别约为 78.57% 和 76.92%，但在 2020 年两指标又同时下降约 8% 和 4.35%，表明疫情降低了该行业的长短期偿债能力。2015—2020 年信息服务业企业自由现金流如图 7-14 所示。

第七章　新冠疫情冲击下生产性服务业价值链高端延伸的增值税激励效应

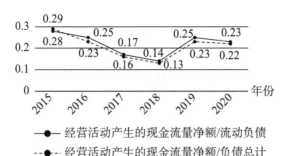

图 7-13　2015—2020 年信息服务业经营活动产生的现金流量净额与流动负债、负债总计指标

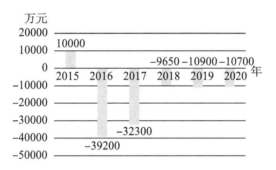

图 7-14　2015—2020 年信息服务业企业自由现金流

3. 金融服务业

①经营情况。从金融服务业上市公司平均利润总额来看（见图 7-15），该行业利润总额在波动中趋于稳定，在 2019 年实现较小幅增长（增长率约为 2.2%），后又在 2020 年出现较小幅度降低（增长率约为 -9.05%）；从该行业平均营业成本来看（见图 7-16），金融服务业营业成本在波动中增长，且 2019 年涨幅约为 105.4%，2020 年略微下降，增长率约为 -2.12%，表明金融服务业受到疫情一定程度影响，但该冲击影响较小。

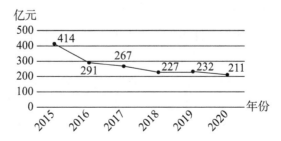

图 7-15　2015—2020 年金融服务业平均利润总额

图 7-16　2015—2020 年金融服务业平均营业收入与平均营业成本

②金融服务业流动比率及现金流情况见图 7-17、图 7-18。

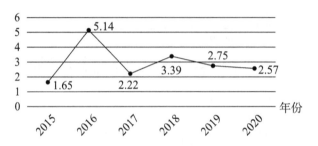

图 7-17　2015—2020 年金融服务业流动比率

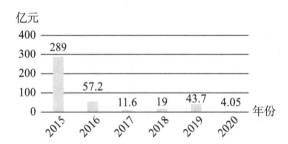

图 7-18　2015—2020 年金融服务业企业自由现金流

4. 生产性租赁服务业及商务服务业

①经营情况。从生产性租赁服务业及商务服务业平均利润总额来看（见图 7-19），该行业平均利润总额自 2017 年起持续下降，2020 年降为 1.56 亿元，增长率约为 -140.38%。从该行业平均营业收入来看（见图 7-20），生产性租赁服务业及商务服务业平均营业收入波动较小，在 2018 年达到峰值 131 亿元后在 2019 年降低约 9.92%，其后在 2020 年保持不变。表明该行业虽然受到疫情冲击，但整体影响较小。

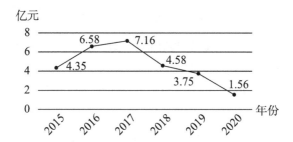

图 7-19　2015—2020 年生产性租赁服务业及商务服务业平均利润总额

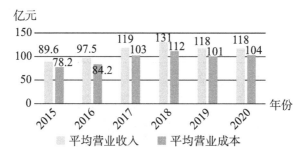

图 7-20　2015—2020 年生产性租赁服务业及商务服务业平均营业收入与平均营业成本

②债务及现金流情况。进一步分析该行业全部现金回收率（见图 7-21），经历了 2019 年的大幅增长（增长率约为 325%）后，在 2020 年，该指标降低约为 43.14%，表明疫情对生产性租赁服务业及商务服务业现金流产生负面影响。2015—2020 年生产性租赁服务业及商务服务业流动比率如图 7-22 所示。

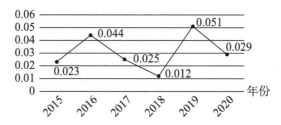

图 7-21　2015—2020 年生产性租赁服务业及商务服务业全部现金回收率

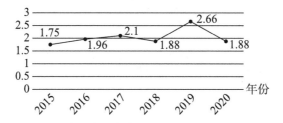

图 7-22　2015—2020 年生产性租赁服务业及商务服务业流动比率

5. 研发设计与其他技术服务业

①经营情况。从研发设计与其他技术服务业平均利润总额来看（见图7-23），该行业平均利润总额在2016年短暂性下降后开始持续上升，到2020年增长为2.49亿元，但2020年增长幅度（增长率约为0.81%）远远小于2019年（增长率约为18.75%），说明疫情下尽管研发设计与其他技术服务业平均利润总额仍然保持正增长，但其增长率大大降低。2015—2020年研发设计与其他技术服务业平均营业收入与平均营业成本如图7-24所示。

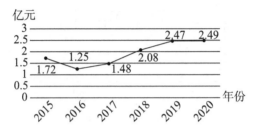

图7-23　2015—2020年研发设计与其他技术服务业平均利润总额

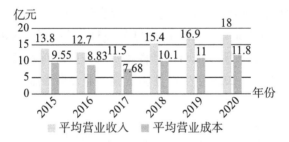

图7-24　2015—2020年研发设计与其他技术服务业平均营业收入与平均营业成本

②债务及现金流情况。从该行业企业自由现金流来看（见图7-25），自2016年开始该指标为负值，且2020年达到-15700万元，降低约为

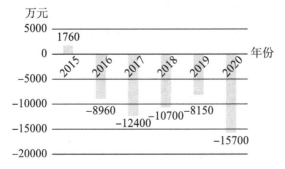

图7-25　2015—2020年研发设计与其他技术服务业企业自由现金流

92.64%，表明该行业现金流情况近几年不尽如人意，且疫情对其产生进一步严重打击。为进一步促进研发设计与其他技术服务业发展进步，国家应出台有针对性的行业财税政策，保证该行业健康可持续发展，释放其发展活力。2015—2020 年研发设计与其他技术服务业平均短期借款与平均长期借款如图 7-26 所示。

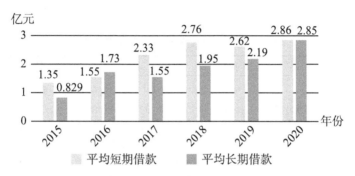

图 7-26　2015—2020 年研发设计与其他技术服务业平均短期借款与平均长期借款

三、新冠疫情下的财税政策分析

新冠疫情不仅严重冲击了人们正常的生产生活，也是对世界经济平稳运行的严峻挑战。在疫情暴发的特殊时期，党中央和政府高度重视，迅速出台了一系列措施保障人民的生命财产安全，防范新冠疫情的进一步扩散和传播，并制定了相关政策激发市场活力，着力恢复经济。

自 2020 年 1 月 1 日起，我国政府重点关注疫情严重地区、关键环节和重要领域，陆续出台了一系列的财税金融政策保障社会经济的平稳运行。这些政策主要集中在支持防护救治、保障物资供应、鼓励公益捐赠和支持复工复产等方面。具体政策数量分布如图 7-27 所示。

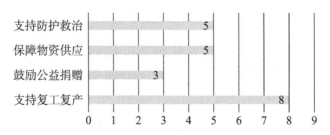

图 7-27　疫情期间政府出台财税政策数量

如图 7-27 所示，疫情暴发初期所采取的财税政策主要集中在支持防护救治和保障物资供应,分别涉及 5 项相关财税政策。而在疫情发展基本稳定之后,财税政策的重点逐渐转向支持复工复产,出台了 8 项财税政策,致力于减轻企业负担,恢复市场活力。此外,鼓励公益捐赠的相关政策数量最少,仅有 3 项。在上述疫情期间政府出台的 21 项相关财税和金融政策中,本节进一步整理涉及企业经营的政策及其具体内容,并列示在表 7-1 中。

表 7-1 疫情期间针对企业的财税支持政策

享受主体	优惠内容	政策依据
疫情防控物资生产企业	自 2020 年 1 月 1 日起,疫情防控重点保障物资生产企业为扩大产能购进新设备,允许将新设备的费用全部计入当期成本并在所得税前扣除;企业可以按月向税务部门主管机关申请全额退还增量留抵税额	(1)《关于支持新型冠状病毒感染的肺炎疫情防控有关税收政策的公告》(财政部 税务总局公告 2020 年第 8 号) (2)《国家税务总局关于支持新型冠状病毒感染的肺炎疫情防控有关税收征收管理事项的公告》(国家税务总局公告 2020 年第 4 号)
困难行业企业	自 2020 年 1 月 1 日起,2020 年度受疫情影响较大的困难行业发生的亏损,最长结转年限延长至 8 年	《财政部 税务总局关于支持新型冠状病毒感染的肺炎疫情防控有关税收政策的公告》(财政部 税务总局公告 2020 年第 8 号)
疫情防控重点保障企业	人民银行向地方性银行提供专项再贷款,支持其向疫情防控重点企业提供优惠贷款,并由中央财政给予贴息支持	(1)《关于支持金融强化服务 做好新型冠状病毒感染肺炎疫情防控工作的通知》(财金〔2020〕3 号) (2)《财政部 发展改革委 工业和信息化部 人民银行 审计署关于打赢疫情防控阻击战强化疫情防控重点保障企业资金支持的紧急通知》(财金〔2020〕5 号)
疫情防控相关捐赠进口物资	自 2020 年 1 月 1 日至 3 月 31 日,对疫情防控相关捐赠的进口物资免征进口环节关税、增值税和消费税	《财政部 海关总署 税务总局关于防控新型冠状病毒感染的肺炎疫情进口物资免税政策的公告》(2020 年第 6 号)
疫情防控相关进口物资	自 2020 年 1 月 1 日至 3 月 31 日,对疫情期间政府卫生主管部门组织进口的防控物资免征进口环节关税	《关于防控新型冠状病毒感染的肺炎疫情进口物资免税政策的公告》(财政部 海关总署 税务总局公告 2020 年第 6 号)

续表

享受主体	优惠内容	政策依据
疫情相关捐赠的个人和企业	自 2020 年 1 月 1 日起,个人和企业向公益组织、县级以上人民政府及医院捐赠的用于新冠疫情防控的现金或物资,允许在计算应纳税所得额时全额扣除。捐赠自产、委托加工或购买的货物,免征增值税、消费税、城市维护建设税、教育费附加和地方教育附加	(1)《关于支持新型冠状病毒感染的肺炎疫情防控有关捐赠税收政策的公告》(财政部 税务总局公告 2020 年第 9 号) (2)《国家税务总局关于支持新型冠状病毒感染的肺炎疫情防控有关税收征收管理事项的公告》(国家税务总局公告 2020 年第 4 号)
受疫情影响的企业	2020 年 6 月 30 日前,受新冠疫情影响的企业可申请缓缴住房公积金。缓缴不影响员工提取和申请	《住房和城乡建设部 财政部 人民银行关于妥善应对新冠肺炎疫情实施住房公积金阶段性支持政策的通知》(建金〔2020〕23 号)
所有企业	自 2020 年 2 月起,湖北省内各类参保单位(机关事业单位除外)及其他地区中小微企业可免征三项社会保险单位缴费部分,免征期限最长为 5 个月;其他地区大型企业三项社会保险单位缴费部分可减半征收,最长为 3 个月	《人力资源社会保障部 财政部 税务总局关于阶段性减免企业社会保险费的通知》(人社部发〔2020〕11 号)
所有企业	自 2020 年 2 月起,各地区可根据实际情况对职工医保单位缴费部分减半征收,最长为 5 个月	《国家医保局 财政部 税务总局关于阶段性减征职工基本医疗保险费的指导意见》(医保发〔2020〕6 号)
中小微企业	对于中小微企业 2020 年 1 月 25 日以来到期的贷款,本金部分银行应结合实际情况给予一定的延期还本安排,最晚可延长至 2020 年 6 月 30 日;对于上述期间产生的利息,付息时间也可延长至 2020 年 6 月 30 日	《银保监会 人民银行 发展改革委 工业和信息化部 财政部关于对中小微企业贷款实施临时性延期还本付息的通知》(银保监发〔2020〕6 号)
个体工商户和小微企业	2020 年 5 月 1 日至 2020 年 12 月 31 日,个体工商户和小型微利企业可以暂缓缴纳当期的企业所得税,延迟至 2021 年首个申报期内一并缴纳	《国家税务总局关于小型微利企业和个体工商户延缓缴纳 2020 年所得税有关事项的公告》(国家税务总局公告 2020 年第 10 号)
个体工商户和小微企业	自 2020 年 3 月 1 日至 2020 年 12 月 31 日,湖北省适用 3% 征收率的小规模纳税人应税收入免征增值税,其他地区适用 3% 征收率的小规模纳税人应税收入,减按 1% 征收率征收增值税	(1)《关于支持个体工商户复工复产增值税政策的公告》(财政部 税务总局公告 2020 年第 13 号) (2)《关于延长小规模纳税人减免增值税政策执行期限的公告》(财政部 税务总局公告 2020 年第 24 号)

续表

享受主体	优惠内容	政策依据
服务业小微企业和个体工商户	推动承租国有房屋的受疫情影响严重的服务业小微企业和个体工商户，免除3个月房屋租金；鼓励非国有房屋的出租人考虑承租人困难，适当减免或延期收取租金	《关于应对新冠肺炎疫情进一步帮扶服务业小微企业和个体工商户缓解房屋租金压力的指导意见》（发改投资规〔2020〕734号）
先进制造业企业	先进制造业企业，符合相关条件，可以在2021年5月以后向主管税务机关申请退还增量留抵税额	《关于明确先进制造业增值税期末留抵退税政策的公告》（财政部 税务总局公告2021年15号）
小微企业和制造业企业	符合条件的小微企业和制造业企业按月全额退还增值税增量留抵税，并一次性退还留抵税额	《财政部 税务总局关于进一步加大增值税期末留抵退税政策实施力度的公告》（财政部 税务总局公告2022年14号）

注：上述资料来源于财政部、国家税务总局、发展改革委、工信部、人民银行、审计署、海关总署、住房和城乡建设部、人力资源和社会保障部、国家医保局、银保监会、国家发展改革委和国资委官网。

从表7-1中可以看出，**我国在新冠疫情暴发初期所采取的相关财税政策数量多，覆盖面广**。截至2020年3月底，中央层面共出台疫情相关税费减免措施20余项，地方政府出台与中央财政政策相关的扶持政策共95项。政策覆盖面十分广泛，除了保障疫情防控所需的医疗物资的供给，支持物资运输供外，还出台了相关政策保障企业的平稳运行，减免或延期缴纳相关税费，对中小企业复工复产提供信贷支持等。

除此之外，**疫情期间我国政府出台的相关财税政策的条理十分清晰，层次鲜明**。以政策出台时间为基础，可以将财税政策分为四个批次。第一批政策聚焦疫情防控工作，优先保障疫情防控经费和物资，在国内防护物资紧缺的情况下支持进口物资的采购。第二批政策聚焦减轻企业的社保费负担，增强企业复工复产的决心，支持企业免缴、缓缴或者减半缴纳社会保险费和医保单位缴纳部分，减轻企业的资金压力。第三批政策聚焦小微企业和个体工商户，适当减免或延期缴纳相关税费，通过增加信贷、财政贴息和贷款展期等方式帮助其渡过难关。第四批政策聚焦重点领域和关键行业，加强疫情期间对农业的支持和保障，加强对制造业、小微企业和民营企业等重点领域的支持等。

与其他发达国家相比，我国在疫情期间的应急财政资金投入侧重有所差异。面对突然暴发的新冠疫情我国政府迅速采取行动，出台了一系列政策阻断疫情传播链条，保障医疗物资供应，组织企业恢复生产，使得社会生活逐渐步入正轨，这些政策是快速且有效的。截至2020年2月24日，各级财政累计下发资金 1008.7 亿元，统筹用于疫情防控[①]。与其他发达国家第一波疫情暴发后推出的财政政策对比，以美国和日本为例：美国于 2020 年 3 月暴发第一波新冠疫情，3 月 25 日通过了 2 万亿美元财政刺激计划，其中约 1117 亿美元直接用于医疗机构，160 亿美元用于医疗用品和药品的储备，计划包括向居民发放现金补助、失业保险、企业贷款和税收补贴等多个方面[②]。日本于 2020 年 2 月开始第一波感染高峰，4 月 7 日推出总额为 108 万亿日元（约 1 万亿美元）的经济刺激计划，其中直接财政支出为 39.5 万亿日元（约 3600 亿美元），直接用于向中小企业、个体经营者及家庭发放补贴，购买医疗物资和药物等支出，计划中还提到为企业提供免息贷款，暂缓缴税等财政税收政策[③]。总体来说，由于统计口径的不同，无法直接将各国针对疫情的财政投入进行对比。但是可以明显地看出，面对疫情，我国财政资金支出主要流向疫情防控、保护人民的人身安全以及保障企业生产运行等方面，而美国和日本更倾向于发放补贴和提供贷款以刺激经济复苏。

新冠疫情期间的财税政策目标更多的是帮助企业渡过难关，没有专门针对生产性服务业价值链的升级。从全球视角来看，疫情冲击对企业对外贸易产生了巨大的影响，也正推动着全球价值链的快速整合。在我国经济从高速发展转向高质量发展的重要阶段，在疫情常态化的新形势下，应当抓住发展机遇，更好地组织生产，增强研发能力，推动生产性服务业向价值链高端延伸。但遗憾的是，我国在疫情期间实行的财税政策主要致力于减轻企业负担，帮助其快速恢复生产和经营，少有针对生产性服务业和价值链升级的相关举措。

四、新冠疫情冲击下增值税对企业价值链升级的效益分析

在上一部分中，主要分析了在新冠疫情冲击下我国政府为保持经济稳定运行，支持复工复产的多项财税政策，尤其是对企业相关税费的减免。企业作为微观经济的主体之一，税收负担的很大一部分来自以企业增加值为基础的增值税。增值税是我国的第一大税种，也是流转税中最有利

[①] 数据来源：财政部官网（http://www.mof.gov.cn/zhengwuxinxi/caizhengxinwen/202002/t20200225_3474179.htm）。

[②] 资料来源：新华网官网（http://www.xinhuanet.com/world/2020-03/26/c_1125773748.htm）。

[③] 资料来源：中华人民共和国商务部（https://m.mofcom.gov.cn/article/i/jyjle/202004/20200402953609.shtml.）。

于推进社会分工、调整产业结构的税种。当前大量的文献研究表明人力资本、研发强度和全要素生产率有助于企业的价值链升级。耿晔强和白力芳（2019）通过研究发现人力资本结构高级化和研发强度的提升均能够显著促进我国制造业全球价值链地位的升级，而且这一影响是通过技术成果转化的渠道实现的。企业全要素生产率的提高，从根本上依赖于人力资本和研发投入的增加，所形成的技术产出推动了企业的转型升级和向价值链高端延伸。刘志勇等（2018）认为以初级人力资本向高级人力资本演进为特征的人力资本结构高级化，能够推动技术结构升级和产业结构升级，最终对经济增长产生重要的促进作用。戴魁早（2018）研究发现技术市场的发展能够显著提高高技术产品出口技术复杂度，这种提升效应通过研发投入、推动技术转化和增强技术溢出等渠道实现。因此，在本部分中，将以企业的增值税负担为基础，研究其对企业的人力资本、研发强度和全要素生产率的影响。并考虑到出口企业与非出口企业的增值税税负差异，进一步分析其对企业价值链升级的作用。

（一）数据来源

本部分选用沪深 A 股所有生产性服务业上市企业 2015—2020 年的面板数据，经过相应处理后作为研究样本。本部分主要研究新冠疫情冲击下我国企业的增值税负担对人力资本、研发强度和全要素生产率的影响，考虑到仅使用 2019—2020 年疫情期间的统计数据存在数据量过少的问题，同时自 2015 年以来，我国经济发展进入了新常态，经济下行压力明显加大，不确定性显著增强，选择 2015—2020 年的数据不仅包含了疫情暴发时期的数据，能够体现疫情下企业的变动情况，还涵盖了经济增速放缓新发展阶段的数据，更加具有普遍性。本部分所指生产性服务业为国家统计局发布的《生产性服务业统计分类（2019）》中划定的行业。本部分所用数据主要来源于国泰安（CSMAR）数据库，经过处理后得到生产性服务业企业的相关样本数据，对数据所作的处理如下：

（1）剔除样本期间关键变量缺失的企业；

（2）剔除样本期间已经退市的企业；

（3）剔除样本期间处于 ST 和 ST* 状态的企业；

（4）对最终数据进行 1% 和 99% 的缩尾处理。

对获得的原始数据进行上述处理后，共获得生产性服务业企业 2015—2020 年共计 1939 个观测值。

（二）模型设定

本部分将采用双向固定效应模型探究增值税对生产性服务业企业的出口额、人力资本、研发强度和全要素生产率的影响。模型设定如公式（7-1）所示。

$$y_{it}=\beta_0+\beta_1 VAT_{it}+\eta X_{it}+v_i+\tau_t+\epsilon_{it} \qquad (7\text{-}1)$$

式中，i 代表企业，t 代表年份，y_{it} 为被解释变量，分别代表企业的出口额、人力资本、研发强度和全要素生产率；VAT_{it} 为核心解释变量，代表企业的增值税负担，借鉴相关文献，采用企业实缴增值税税额与企业增加值的比值来衡量；X_{it} 是一组有关企业经营和治理层面的控制变量，具体包括资产负债率、企业年龄、固定资产比率、总资产净利润率、现金流量比率；v_i 和 τ_t 分别代表个体固定效应和时间固定效应，分别用来控制只随个体变动不随时间变动的特征以及只随时间变动的因素；ϵ_{it} 是随机误差项，β_0 为常数项。

（三）变量说明

1. 被解释变量

在本部分中，所涉及的被解释变量有四类，分别代表企业的出口额（Exp）、人力资本（$skill\_unskill$）、研发强度（RD）和全要素生产率（TFP）。在出口额方面，以生产性服务业出口企业的出口额的对数作为其代表变量。在人力资本方面，借鉴铁瑛和刘啟仁（2021）的做法，将企业中高技能劳动力与低技能劳动力的比值作为企业的人力资本。其中，以企业员工的学历作为划分，将大学本科及以上学历的员工定义为高技能劳动者，大专及以下学历员工定义为低技能劳动者。在研发强度方面，采用企业研发投入与营业收入的比值作为代表变量。在全要素生产率方面，以 OP 法计算的企业全要素生产率作为代表变量。计算全要素生产率有 OP 法、LP 法、OLS 和固定效应法等多种方法。与其他方法相比，OP 法作为计算全要素生产率的最基本的方法，计算较为简便，也能很好地解决内生性问题，因此在这里选择用 OP 法衡量企业的全要素生产率。

2. 解释变量

以企业的增值税负担（VAT）作为模型的解释变量。吕冰洋等（2020）归纳了现阶段被广泛采用的企业增值税负担的计算方式。由于企业缴纳增值税不会直接在财务报表中列示，因此不能从报表中直接计算。在已有的文献研究中,大多数学者都采用间接的方法计算企业的增值税负担,比如有些文献中利用企业财务报表中的本年销售收入和上年度中间品外购比例等信息推算出企业本年应交增值税的销项税额和进项税额。但当企业从事多项业务或者存在出口退税时,这种方法便不再适用。因此,本部分借鉴陈钊和王旸(2016)以及范子英和彭飞(2017)的做法,以企业当期实缴增值税与企业增加值的比例代表企业的增值税负担。其中,企业当期实缴增值税 = 教育费附加/税率 – 营业税 – 消费税,企业增加值 = 固定资产折旧 + 劳动者报酬 + 生产税净额 + 营业盈余(营业利润),数据来源于企业的《财务报表附注》,企业增加值的计算方法属于收入法的范畴。用以此计算出来的企业增值税负担进行后续的研究。

3. 控制变量

在模型中主要选择了反映企业基本特征和经营情况的控制变量,其中,资产负债率(lev)用总负债除以总资产来表示;企业年龄(age)以数据所在当年年份减去企业成立年份再加一得到的数值的对数表示;固定资产比率(fix)用企业固定资产净额除以总资产来表示;总资产净利润率(ROA)用净利润除以总资产来表示;现金流量比率($cash$)以经营活动产生的现金净流量与期末流动负债的比率来表示。

关于模型所涉及变量的符号表达和变量的定义如表 7-2 所示。

表 7-2 变量符号的表达变量的定义

变量符号	变量名	变量的定义
Exp	出口额	ln(出口企业当年出口额)
skill_unskill	人力资本	高技能劳动力/低技能劳动力
RD	研发强度	研发投入/营业收入
TFP	全要素生产率	OP 法计算
VAT	增值税负担	实际缴纳增值税/企业增加值
lev	资产负债率	总负债/总资产
age	企业年龄	ln(当年年份 – 企业成立年份 +1)
fix	固定资产比率	固定资产净额/总资产
ROA	总资产净利润率	净利润/总资产
cash	现金流量比率	经营活动产生的现金净流量/期末流动负债

(四)描述性分析

在对样本数据进行基础回归前,需要对其进行描述性统计,以对数据的情况进行大致的了解。主要变量的描述性统计如表 7-3 所示,从表中数据可以看出,在不同企业之间,出口额、人力资本、研发强度和全要素生产率

第七章 新冠疫情冲击下生产性服务业价值链高端延伸的增值税激励效应

的差异都较大。如以高技能劳动力与低技能劳动力比值为代表的人力资本，最小值为 0，最大值为 16.3178，说明即使在上市企业中，不同类型的企业对人力资本结构的要求差别也较大。而企业的增值税负担中，最小值为 0.0016，最大值为 0.6893，说明不同企业承受的增值税税负压力差别也较大。

表 7-3 变量的描述性统计

变量名	样本量	均值	标准差	最小值	最大值
Exp	1939	5.2250	8.2980	0	22.2124
skill_unskill	1920	2.1712	2.8455	0	16.3178
RD	1578	0.0818	0.0797	0.0001	0.3647
TFP	1819	6.6017	0.8484	4.9472	9.1208
VAT	1939	0.1527	0.1426	0.0016	0.6893
lev	1939	0.3700	0.1954	0.0464	0.8842
age	1939	2.9002	0.3172	2.0794	3.5263
fix	1939	0.1518	0.1828	0.0011	0.7662
ROA	1939	0.0528	0.0448	−0.0577	0.2382
cash	1939	0.1069	0.5600	−4.1616	1.8422

图 7-28 展示了生产性服务业企业中有出口业务和无出口业务企业的分组描述性统计。从图中可以看出，出口企业与非出口企业之间存在一定的差异。从被解释变量的角度来看，出口企业的人力资本、研发强度和全要素生产率都较非出口企业具有一定的优势。从解释变量的角度来看，出口企业的增值税负担也显著高于非出口企业。在其他解释变量中，二者也存在较为明显的差距。

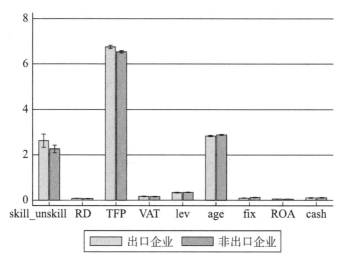

图 7-28 生产性服务业出口与非出口企业的分组描述性统计

为了更直观地表示增值税负担对企业营业绩效和出口行为的影响，在上述描述性统计的基础上，还可以通过散点图来表示变量之间可能存在的相关关系。

本部分采用企业营业利润来衡量企业绩效。图7-29展示了疫情期间生产性服务业企业增值税税负与营业利润的关系，其中，营业利润取对数处理。从图中可以明显看出，疫情期间企业增值税税负与营业利润成负相关关系，营业利润相对值更高的企业往往集中在增值税负担较少的部分，而增值税负担较重的企业很难获得更高的营业利润。说明对于生产性服务业企业来讲，增值税负担加重了疫情冲击对企业的负面效应，降低增值税税负有利于其提高营业利润水平。

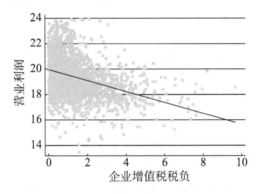

图7-29　企业增值税税负与营业利润的关系

为了探究疫情期间增值税负担与企业出口行为的关系，进一步将全样本企业划分为出口企业和非出口企业。图7-30说明了非出口与出口生产性服务业企业的实际增值税税负的差别。从图中可以看出，疫情期间出口企业平均增值税税负明显高于非出口企业。这意味着在增值税税负与企业利润之间存在明显的负向关系的基础上，出口企业实际承担了更多的增值税负担，实施降低增值税税负的激励政策有助于进一步提升出口企业的利润水平。

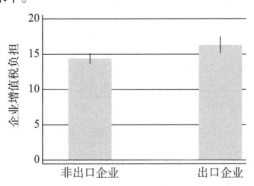

图7-30　非出口企业与出口企业增值税负担均值

接下来,进一步考察疫情期间增值税与企业出口之间的关系,本部分探究了疫情期间增值税税负与企业出口额之间的关系,结果如图7-31所示。从图中可以看出,企业增值税税负和出口额成负相关关系。在出口企业中,较低的税负往往能够带来更高的出口额,较高的税负会显著降低企业的出口规模。在现阶段,我国出口企业仍承担着较高的增值税税负,这不利于在后疫情时代推动我国企业扩大海外市场规模,推动生产性服务业的价值链升级。因此,持续推动降低企业的增值税负担,更大程度上实施增值税激励政策显得十分必要。

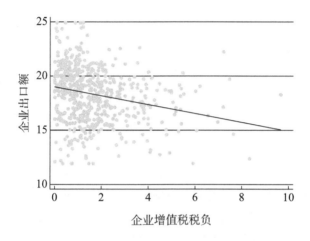

图 7-31 出口企业增值税税负与企业出口额之间的关系

(五)疫情下增值税负担对企业出口的实证分析

从上述散点图所示关系中,可以推断生产性服务业企业的增值税税负与出口额之间可能存在相关关系。为了探究增值税税负与企业出口之间的因果关系,本部分中进一步进行了实证验证。采用逐步回归的方式减少变量间的相关关系对结果造成的影响,并将结果聚类到企业层面。回归结果如表7-4所示。

表 7-4 增值税负担与生产性服务业企业出口规模回归结果

变量名	Exp		
	(1)	(2)	(3)
VAT	-2.07846***	-2.2514***	-2.2861***
	(0.7045)	(0.6924)	(0.6944)
lev		1.7954***	1.7727***
		(0.6445)	(0.6460)

续表

变量名	Exp		
	（1）	（2）	（3）
age		5.1757**	5.1091**
		（2.0211）	（2.0252）
fix			−0.9981
			（0.9629）
cash			−0.0092
			（0.1531）
constant	18.4817***	3.1154	3.4232
	（0.1323）	（5.7328）	（5.7496）
个体固定效应	√	√	√
时间固定效应	√	√	√
N	522	522	522
R^2	0.8276	0.8351	0.8356

注：表中括号内为企业层面的聚类稳健标准误。** 表示在 5% 的显著性水平上显著，*** 表示在 1% 的显著性水平上显著。

表中第（1）列为仅加入了解释变量，在控制了个体和时间固定效应的基础上的回归结果，结果说明出口型生产性服务业企业的增值税税负对企业的出口额有负向的冲击，且这个结果在 1% 的显著性水平上是显著的。第（2）列为加入了与企业基本特征有关的控制变量资产负债率和企业年龄后的回归结果，第（3）列为在上述基础上加入了与企业经营活动有关的控制变量固定资产比率和现金流量比率后的回归结果。在加入控制变量的过程中，解释变量对被解释变量始终保持在 1% 的显著性水平上显著，说明企业的增值税负担对企业的出口规模产生了显著的负向影响，企业增值税负担的加重将会显著降低企业的出口规模，从而抑制我国企业扩大国际市场的动力。

（六）疫情期下增值税负担对企业价值链高端延伸的影响

上文分析证明了疫情期间企业增值税税负对企业经营情况和出口的影响，在本部分中将在上述研究的基础上进一步分析疫情期间增值税负担对企业价值链升级的效益影响。截至目前，有众多文献研究影响制造业全球价值链升级的因素。耿晔强和白力芳（2019）通过研究发现人力资本结构高级化和研发强度的提升均能显著促进我国制造业全球价值链地位的升级，而且这一影响是通过技术成果转化的渠道实现的。因此，本部分将继续采用双向固定效应模型探究增值税对企业人力资本、研发强度和全要素生产率的影响。

表7-5列示了疫情期间生产性服务业企业增值税负担分别对人力资本、研发强度和全要素生产率的影响。从表中可以看出，疫情期间增值税负担对人力资本、研发强度和全要素生产率均有显著的负向影响，说明增值税负担的加重会抑制企业的人力资本升级，降低企业的研发强度，并最终降低企业的全要素生产率。相反，疫情期间实施增值税激励，降低企业的增值税负担，能够显著提升企业的人力资本、研发强度及全要素生产率，进而有助于企业价值链向高端延伸。

表7-5　增值税负担与生产性服务业企业价值链高端延伸回归结果

变量名	skill_unskill （1）	RD （2）	TFP （3）
VAT	−1.0825***	−0.0167**	−0.2702**
	（0.4059）	（0.0092）	（0.1105）
lev	0.2760		0.3116***
	（0.3658）		（0.1095）
age	−1.5299	−0.0264	0.6014**
	（1.0482）	（0.0249）	（0.2997）
fix	−1.2082**	0.0191	1.4025***
	（0.4920）	（0.0133）	（0.1448）
ROA	1.1113	−0.2246***	
	（1.1027）	（0.0275）	
cash	0.0379	0.0138***	0.0719***
	（0.0597）	（0.0024）	（0.0278）
constant	6.7454**	0.1693**	4.9945***
	（3.0319）	（0.0718）	（0.8614）
个体固定效应	√	√	√
时间固定效应	√	√	√
N	1844	1495	1754
R^2	0.8608	0.9244	0.8854

注：表中括号内为企业层面的聚类稳健标准误。** 表示在5%的显著性水平上显著，*** 表示在1%的显著性水平上显著。

为了更好地展示生产性服务业增值税负担与企业价值链高端延伸之间的关系，将上述回归结果绘制成了回归系数图。如图7-32所示，疫情期间增值税负担对生产性服务业企业的人力资本、研发强度和全要素生产率的影响均为负向，且均在10%的水平上显著。由于人力资本、研发强度和全要素生产率的提升是影响企业全球价值链高端延伸的重要因素，这意味着疫情期间实施增值税激励有助于生产性服务业企业的价值链高端延伸。

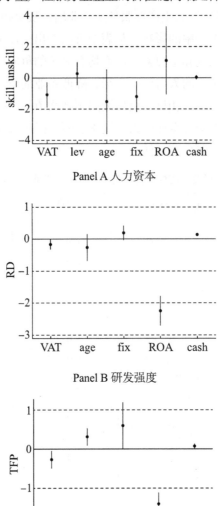

图 7-32 生产性服务业增值税负担与企业价值链高端延伸的回归系数

（七）异质性分析

1. 出口异质性

由于出口企业和非出口企业之间存在着较大的差异，其对增值税激励政策的敏感程度也并不相同。为了更好地探究疫情期间增值税激励政策差异化的影响效果，以企业是否具有出口业务作为标准，将生产性服务业全样本企业划分为生产性服务业出口企业和生产性服务业非出口企业。表7-6列示了以是否有出口业务为标准的生产性服务业企业增值税负担对人力资本、研发强度和全要素生产率分组回归结果。从表中可以看出，增值税负担的下降能够显著提升有出口业务的生产性服务业企业的人力资本、研发强度和全要素生产率，但其对非出口企业的影响并不显著。这说明疫情期间增值税激励政策对生产性服务业出口企业的人力资本、研发强度和全要素生产率的影响更为显著，能够显著促进生产性服务业出口企业的全球价值链高端延伸。上述结果也在一定程度上表明，增值税税负的下降对非出口企业的出口倾向并没有显著的激励效应。

表 7-6 增值税负担与价值链升级效应的出口与非出口分组回归结果

变量名	skill_unskill		RD		TFP	
	出口企业	非出口企业	出口企业	非出口企业	出口企业	非出口企业
	（1）	（2）	（3）	（4）	（5）	（6）
VAT	−2.7905***	−0.6262	−0.0375***	−0.0228	−0.5911***	−0.1568
	（0.7102）	（0.4965）	（0.0132）	（0.0190）	（0.1828）	（0.1346）
lev	−0.2776	0.5242			0.4881***	0.1117
	（0.6256）	（0.4583）			（0.1828）	（0.1324）
age	1.6380	−4.0875***	−0.0368	−0.0166	0.9730*	0.0552
	（1.9639）	（1.3025）	（0.0321）	（0.0477）	（0.5325）	（0.3670）
fix	−2.7916***	−0.4359	0.0134	0.0279	−2.4871***	−1.0703***
	（0.9366）	（0.5920）	（0.0183）	（0.0215）	（0.2964）	（0.1637）
ROA	−0.5192	0.7452	−0.2454***	−0.1947***		
	（1.7828）	（1.4510）	（0.0402）	（0.0415）		
cash	0.4279**	0.0228	0.0120***	0.0036	0.1110	−0.0416
	（0.1725）	（0.0656）	（0.0029）	（0.0044）	（0.1058）	0.0291
constant	−1.3492	13.8162***	0.2030**	0.1430	4.1952***	6.5170***
	（5.5714）	（3.7977）	（0.0930）	（0.1355）	（1.5026）	（1.0633）
个体固定效应	√	√	√	√	√	√
时间固定效应	√	√	√	√	√	√
N	520	1275	469	946	496	1208
R^2	0.9058	0.8412	0.9226	0.9346	0.9109	0.8855

注：表中括号内为企业层面的聚类稳健标准误。* 表示在10%的显著性水平上显著，** 表示在5%的显著性水平上显著，*** 表示在1%的显著性水平上显著。

类似地,将分组回归结果的系数图绘制在图 7-33 中。结果显示,疫情期间生产性服务业出口企业对增值税负担要更为敏感。疫情期间实施增值税激励政策能够显著促进生产性服务业出口企业的价值链向高端延伸。结合前文的分析,疫情期间我国出台的针对企业复工复产的保障性政策也并未从根本上帮助生产性服务业的转型升级。在经济全球化以及新冠疫情的冲击下,更需要有针对性的、更为精准的增值税激励政策来保障生产性服务业企业向价值链高端延伸。

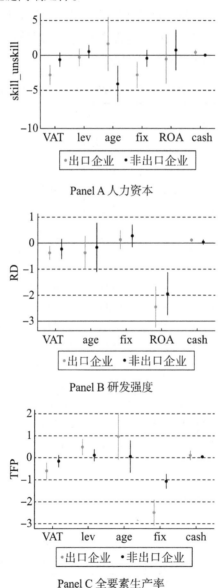

图 7-33 增值税负担与价值链升级效应的出口与非出口分组回归系数

2. 行业异质性

本部分所选生产性服务业企业，是依照国家统计局《生产性服务业统计分类（2019）》划分的行业中的企业。其中，信息传输、软件和信息技术服务业和交通运输、仓储和邮政业作为生产性服务业中最具代表性的产业，所涉及的企业数量多，规模大，在生产性服务业中占有重要的地位。因此，选取信息传输、软件和信息技术服务业和交通运输、仓储和邮政业分析回归的行业异质性。

表7-7中列示了生产性服务业中的代表行业，信息传输、软件和信息技术服务业和交通运输、仓储和邮政业中的企业所受增值税负担与企业的人力资本、研发强度和全要素生产率的关系。从表中可以看出，增值税负担对信息传输、软件和信息技术服务业中企业的人力资本、研发强度和全要素生产率的影响都显著为负，说明在信息传输、软件和信息技术服务业中增值税负担对企业的发展造成的负向作用较大。原因可能在于信息技术行业属于高科技行业，需要更多的研发资金投入，增值税激励政策能够显著降低企业的增值税负担，但这一现象在交通运输、仓储和邮政业的企业中并不显著。说明增值税负担对不同行业的生产性服务业企业全球价值链升级的效应有异质性。

表中数据还表现出，增值税负担对不同行业企业的研发强度的影响都显著为负，说明增加增值税负担会对不同行业的企业的价值链升级产生同样的抑制作用。研发投入是企业提升技术、增加产能的一项重要投入，降低增值税负担可以显著增加企业的流动资金，从而增加企业的研发投入。

表 7-7 增值税负担与价值链升级效应的行业分组回归结果

变量名	skill_unskill		RD		TFP	
	信息传输、软件和信息技术服务业	交通运输、仓储和邮政业	信息传输、软件和信息技术服务业	交通运输、仓储和邮政业	信息传输、软件和信息技术服务业	交通运输、仓储和邮政业
	（1）	（2）	（3）	（4）	（5）	（6）
VAT	−1.0255*	0.0313	−0.0230**	−0.0287***	−0.1937*	0.3511
	（0.5562）	（0.4868）	（0.0118）	（0.0110）	（0.1052）	（0.4785）
lev	−1.4842**	0.3450			0.2501*	−0.3283
	（0.6486）	（0.2898）			（0.1324）	（0.2876）
age	0.6342	−0.4255	−0.0380	0.0103	−0.0384	1.1239**
	（1.6094）	（0.5354）	（0.0336）	（0.0145）	（0.3272）	（0.5526）
fix	1.4025	−0.4632**	0.0015	0.0037	−2.7742***	−0.0312
	（1.0743）	（0.2196）	（0.0229）	（0.0069）	（0.2246）	（0.2118）

变量名	skill_unskill		RD		TFP	
	信息传输、软件和信息技术服务业	交通运输、仓储和邮政业	信息传输、软件和信息技术服务业	交通运输、仓储和邮政业	信息传输、软件和信息技术服务业	交通运输、仓储和邮政业
	（1）	（2）	（3）	（4）	（5）	（6）
ROA	3.1151*	−0.5843	−0.2975***	−0.0250***		
	（1.7071）	（0.6992）	（0.0374）	（0.0216）		
cash	−0.0619	−0.1527**	−0.0193***	0.0043	0.0946	−0.0894
	（0.3106）	（0.0776）	（0.0068）	（0.0047）	（0.0612）	0.0767
constant	1.3514	1.7608	0.2452**	−0.0185	6.7742***	3.6256**
	（4.5803）	（1.5788）	（0.0961）	（0.0420）	（0.9271）	（1.6185）
个体固定效应	√	√	√	√	√	√
时间固定效应	√	√	√	√	√	√
N	962	401	950	194	957	381
R^2	0.8678	0.5621	0.9159	0.8802	0.9057	0.8937

注：表中括号内为企业层面的聚类稳健标准误。* 表示在10%的显著性水平上显著，** 表示在5%的显著性水平上显著，*** 表示在1%的显著性水平上显著。

（八）稳健性检验

前述基准回归分别以疫情期间生产性服务企业的人力资本、研发强度和全要素生产率作为被解释变量，研究企业的增值税负担对价值链升级的影响。基准回归的结果表明，增值税负担对企业的价值链升级有显著的负向作用。在基准回归的基础上，为了保证这一结论的稳健性，增强说服力，采用替换因变量，改变核心变量的测度方式、平衡面板数据和反向因果方法进行稳健性检验。

1. 替换因变量

衡量一个企业的人力资本、研发强度和全要素生产率的指标不止有一个维度。在人力资本方面，上面的回归分析中以企业员工的学历水平是否高于或等于大学本科为标准，将员工分为高技能劳动力和低技能劳动力。还可以借鉴刘啟仁和赵灿（2020）的做法，以员工的工作性质区分人力资本，将技术人员作为高技能劳动力，其他人员作为低技能劳动力，以此种分类方法下高技能劳动力与低技能劳动力的比值作为人力资本的代表变量。在研发强度方面，上文中研发强度的计算方式是企业的研发投入与营业收入之比，但企业研发投入的提高也并不能完全等同于企业创新能力的增加。企业增加研发投入最主要的目的是形成创新成果，提高企业的生产力和市场竞争力，而专利是创新成果最直接的显现。申请专利需要时间和精力，也更能体现出企业创新强度的高低。因此，以生产性服务业企业当年申请的专利数量的对数作为研发强度的代表变量。在全要素生产率方面，除了用 OP 法外，用 LP 法计算全要素生产率也较为普遍，因此可以用 LP 法计算的全要素生产率作为稳健性检验中的代表变量。

替换因变量稳健性检验的结果如表 7-8 所示。替换人力资本、研发强度和全要素生产率的代表变量的计算方法之后，最终的结果仍表明，生产性服务业企业的增值税负担对人力资本、研发强度和全要素生产率都具有显著的负向影响，且这种作用在 10% 的水平上是显著的。说明增值税负担加重的确会影响生产性服务业企业的价值链升级进程。增值税减免的激励政策能够很好地促进企业提高人力资本、研发强度和全要素生产率，形成发展的良性循环。

表 7-8　增值税负担与价值链升级效应替换因变量稳健性检验的结果

变量名	skill_unskill（1）	RD（2）	TFP（3）
VAT	−0.9510**	−26.6362*	−0.4571***
	（0.4673）	（15.5442）	（0.1228）
constant	−4.1946	35.0075	6.0641***
	（3.9994）	（186.548）	（1.0852）
控制变量	√	√	√
个体固定效应	√	√	√
时间固定效应	√	√	√
N	1313	181	1460
R^2	0.8732	0.7650	0.9194

注：表中括号内为企业层面的聚类稳健标准误。* 表示在 10% 的显著性水平上显著，** 表示在 5% 的显著性水平上显著，*** 表示在 1% 的显著性水平上显著。

2. 改变核心变量的测度方式

衡量企业的增值税负担也不止一种方法。由于企业的财务报表中不会直接披露其缴纳的增值税，在上述实证研究中选取了间接法计算企业的增值税负担，以企业实缴增值税与企业增加值的比值作为增值税负担的代表变量。为了防止可能的度量误差以及更好地检验基准实证分析的稳健性，在这里将增值税负担替换为企业实缴增值税与营业收入的比值，然后进行回归，得到的实证结果如表 7-9 所示。从表中可以看出，替换自变量的计算方式之后，企业的增值税负担仍旧对人力资本、研发强度和全要素生产率有显著的负向影响。

表 7-9　增值税负担与价值链升级效应改变核心变量的测度方式稳健性检验结果

变量名	skill_unskill （1）	RD （2）	TFP （3）
VAT	−3.0897* （1.8677）	−0.0830* （0.0462）	−5.7816*** （0.5509）
constant	3.4555 （2.8783）	0.0921 （0.0691）	6.4199*** （0.8315）
控制变量	√	√	√
个体固定效应	√	√	√
时间固定效应	√	√	√
N	1790	1465	1728
R^2	0.8726	0.9287	0.8972

注：表中括号内为企业层面的聚类稳健标准误。* 表示在 10% 的显著性水平上显著，*** 表示在 1% 的显著性水平上显著。

3. 平衡面板数据

上述研究选用的样本数据为生产性服务业企业 2015—2020 年相关数据，由于企业上市时间的差异以及披露数据完整性的不同，最终处理完成后的用于基准回归的数据是非平衡面板数据。为了更好地反映同一生产性服务业企业在疫情期间增值税负担对其人力资本、研发强度和全要素生产率的影响，只保留在 2015—2020 年数据完整的企业，即采用平衡面板数据进行回归，回归结果如表 7-10 所示。从回归结果中可以看出，只保留平衡面板数据，基准回归的结论仍然成立，增值税负担在 10% 的显著性水平上仍旧会对企业价值链升级产生负面效应。

表 7-10　增值税负担与价值链升级效应平衡面板数据稳健性检验结果

变量名	skill_unskill （1）	RD （2）	TFP （3）
VAT	−1.8832** （0.7525）	−0.0379** （0.0170）	−0.4884** （0.2359）
constant	3.4371 （3.5083）	0.0487 （0.0851）	4.1089*** （1.0975）
控制变量	√	√	√
个体固定效应	√	√	√

续表

时间固定效应	√	√	√
N	712	493	665
R^2	0.8423	0.9368	0.9109

注：表中括号内为企业层面的聚类稳健标准误。** 表示在5%的显著性水平上显著，*** 表示在1%的显著性水平上显著。

4. 反向因果

上述基准回归也可能存在反向因果的内生性问题。如高人力资本、研发投入和生产率的企业可能更容易得到政府的税收优惠，导致增值税负担较轻，因此，在基准回归的基础上，将增值税负担这一自变量滞后一期然后进行回归，回归结果如表7-11所示。结果显示，疫情期间生产性服务业企业的增值税负担的确会对其人力资本、研发强度和全要素生产率产生显著的负向作用，与基准回归的结果一致。

表7-11　增值税负担与价值链升级效应反向因果稳健性检验

变量名	skill_unskill	RD	TFP
	（1）	（2）	（3）
VAT	−3.2678*	−0.0247**	−0.1999*
	（1.9582）	（0.0096）	（0.1185）
constant	12.3337	0.1052	4.4346***
	（20.1290）	（0.0879）	（1.0355）
控制变量	√	√	√
个体固定效应	√	√	√
时间固定效应	√	√	√
N	988	1008	1199
R^2	0.8930	0.9571	0.9333

注：表中括号内为企业层面的聚类稳健标准误。* 表示在10%的显著性水平上显著，** 表示在5%的显著性水平上显著，*** 表示在1%的显著性水平上显著。

综上所述，经过替换因变量、改变核心变量测度方式、平衡面板数据和反向因果的稳健性检验，结果仍与基准回归的结果一致。说明在疫情期间，生产性服务业企业的增值税负担会对企业的人力资本、研发强度和全要素生产率产生显著的负向影响，进一步抑制生产性服务业企业的价值链升级。同时，在异质性分析中，出口企业所受增值税负担的影响较非出口企业更为显著。在全球后疫情时代的背景下，我国需要进一步扩大增值税税收减免力度，提出更多普惠型的财税金融政策，以加速我国生产性服务业企业在全球价值链的高端延伸。

五、小结

新冠疫情在全球范围内的流行，使得全世界国际贸易总额大幅缩减，国际生产秩序遭受严重冲击，产业链局部断裂并加速布局重构，各国逐渐重视风险防范并在调整本国产业布局方向的同时加剧产业竞争。我国受新冠疫情的影响时间较长，在已经取得疫情防控重大决定性胜利的当下，如何有效防范产业供应链安全风险，实现产业升级并积极推动产业向价值链高端延伸是我国面临的机遇与挑战。

生产性服务业是我国实现产业升级的重要推手及利器，疫情暴发后生产性服务业发展受到一定打击。本章中则具体分析了疫情前后生产性服务业受到的冲击。研究结果显示，从整体来看，2019 年底开始的新冠疫情对生产性服务业的生产经营活动产生了较大影响，其中 2020 年生产性服务业代表性企业平均利润总额下降 16.17%，与此同时平均营业收入与平均营业成本也出现较大程度下降，降幅分别为 14.02% 和 11.42%。此外，生产性服务业代表性企业偿债能力整体下降且资产变现能力减弱；分行业来看，疫情对生产性服务业中货物运输、通用航空生产、仓储和邮政快递服务业、生产性租赁服务业及商务服务业生产经营活动的影响相对较大。

为应对疫情，积极防范风险并推动本国经济发展，各国纷纷出台相应财税政策，保障本国产业安全并刺激经济复苏。党中央和政府高度重视疫情防控并积极保障人民生命安全及社会生活，并在此基础上出台一系列相关政策激发市场活力，着力恢复经济。自 2020 年 1 月起，我国政府相继出台多项相关财税和金融政策，在阻断疫情传播链条的同时保障医疗物资的供应并组织企业复工复产。截至 2020 年 3 月底，中央层面共出台疫情相关税费减免措施 20 余项，地方政府出台与中央财税政策相关的扶持政策共 95 项，政策数量多，覆盖面广且多元化、具有针对性，此外疫情期间我国政府出台的相关财税政策的条理十分清晰，层次鲜明。一系列迅速及时的政策有效阻断了疫情在我国的传播链条，保障了医疗物资供应且帮助企业迅速恢复生产，社会生活逐步回归正轨。与美、日等发达国家相比，我国应急财政资金投入的侧重点有所差异，且我国疫情期间出台的财税政策主要流向疫情防控和减轻企业负担并帮助其迅速恢复生产经营，对生产性服务业价值链高端延伸并未提出针对性举措。

增值税是我国第一大税种，对于推动社会分工协作、调整产业结构并推动生产性服务业价值链高端延伸具有较好成效。本章中分析增值税税负对企业经营情况和出口行为的影响后发现，新冠疫情期间增值税负担加重了疫情冲击对企业的负面效应，增值税税负降低将提高生产性服务业营业利润水平；出口企业平均增值税负担大于非出口企业。对于出口企业，较高的增值税税负降低了企业出口规模，一定程度上遏制了其海外市场的拓宽及价值链升级，增值税减税降费政策能够改善这一情况；增值税负担加重抑制了生产性服务业人力资本的升级，降低了企业研发强度并最终降低了企业全要素生产率，而增值税激励措施可以降低企业增值税负担，能够改善这些负面影响，从而进一步促进生产性服务业价值链的高端延伸。

综上所述，新冠疫情对全球各国经济都产生了较大影响，我国生产性服务业也受到较大冲击。在此背景下我国积极出台财税金融政策，帮助企业复工复产，致力恢复经济发展，但其中针对生产性服务业和促进其价值链高端延伸的相关举措较少。疫情常态化防控下，需要出台针对性财税政策尤其是增值税激励的相关政策，推动生产性服务业产业复苏及进一步向价值链高端延伸。

第八章 增值税激励生产性服务业价值链高端延伸的结论总结与路径优化

一、全书研究结论概述

在当前以中国式现代化全面推进中华民族伟大复兴的背景下，加快经济增长的新旧动能转换，实现经济的高质量发展具有重要的现实意义，而面对当前我国产业结构水平不高的现状，推动生产性服务业的转型升级是实现我国经济高质量发展的重要途径。因此，积极推动我国生产性服务业的转型升级优化，对于促进现代生产性服务业发展具有重要现实意义。流转税作为我国税制体系中的第一大税种，一直以来都是财政改革的重头戏，而增值税实现了对商品生产和流通领域的全覆盖，现增值税已进入全面深化改革阶段，实现了总体税负只减不增的政策目标，触及经济格局在多个方面的变化。在此背景下从生产性服务业和制造业深度融合、协同集聚、生产率提升以及全球价值链攀升四个方面研究增值税政策对生产性服务业的影响，对以服务为导向、以科技含量为价值增长点的生产性服务业的发展，以及发挥生产性服务业在促进我国平稳进入新常态和高质量发展中的作用均具有重要意义。

从学术价值上来看，本书中研究了增值税对于生产性服务业转型升级的影响，丰富了我国的税收理论与生产性服务业转型升级理论，着眼于增值税这一现行税收重大改革措施，并分析其对中国生产性服务业升级的影响，构建新的理论视角。研究后提出的增值税对生产性服务业和制造业深度融合、协同集聚、生产率提升以及全球价值链攀升四个方面的影响，都在一定程度上拓展了相关理论的研究维度。从应用价值上来看，流转税作为我国税制体系中的第一大税种，一直以来都是财政改革的重头戏，在此背景下从生产性服务业和制造业深度融合、协同集聚、生产率提升以及全球价值链攀升四个方面研究增值税政策对生产性服务业的影响，对以服务为导向，以科技含量为价值增长点的生产性服务业的发展，以及发挥生产性服务业促进我国经济高质量发展的作用均具有重要意义。从社会影响上来看，本书研究成果产生了一定的社会反响，获得了学术界、政府部门以及企业的高度关注。本书的研究成果受到湖南省税务总局高度关注，在企业方面，走访的一些企业不仅在访谈中积极提供素材、表达观点，还对本书的研究成果密切关注，希望在本书的研究成果中能充分反映其实际情况。

（一）增值税激励生产性服务业和制造业融合效应研究

增值税的改革是在我国现如今经济增速放缓，亟须提升经济发展质量，实现经济高质量发展，第二、第三产业互相融合的背景下提出的。因为经济的发展过程离不开生产要素在各个产业之间的流动，而生产性服务业作为中间品以及服务的提供者，在经济发展逐步放缓、专业化分工程度较低的时期，营业税的重复征税抑制了生产性服务业的发展，要改变这种状况从而实现经济高质量发展，只有彻底打通增值税抵扣链条，促进制造业与生产性服务业的深度融合才能够实现。作为新常态下中国经济增长的新动能，生产性服务业对推动中国经济可持续和高质量发展的重要作用不言而喻。增值税改革改变了之前对货物和服务分别征收增值税和营业税造成的增值税抵扣链条不完整问题，实现增值税覆盖全部货物和服务环节，让第二和第三产业"各行其道"，倒逼企业"去粗取精"，发挥促进国民经济健康发展的作用。增值税改革是促进生产性服务业高端延伸的重要途径、从"生产型制造"向"服务型制造"转变的重要抓手和现实路径，对推动先进制造业与生产性服务业深度融合具有深远影响。

本部分的研究考察了增值税对生产性服务业和制造业的深入融合效应，在结合理论分析的基础上，实证检验了增值税激励生产性服务业和制造业深度融合的机理以及路径。本部分基于2019年生产性服务业的分类使用各省的投入产出表构建各省的生产性服务业影响力系数和感应度系数，并将其作为各省生产性服务业和制造业的融合衡量指标，并与中国上市企业数据进行合并进而考察增值税对制造业与生产性服务业产业融合的影响。研究结果表明，从整体上看，增值税税负的降低有助于促进制造业与生产性服务业的产业融合，该结果通过了一系列稳健性检验。进一步研究发现，增值税变动对制造业与生产性服务业产业融合的激励作用存在地区异质性、产权异质性、企业规模异质性、行业异质性以及知识资本异质性。其中，相比国有企业，民营企业产业融合程度更为显著；企业规模较小的企业受到增值税税负变化的激励较大，而企业规模较大的企业，增值税税负变化对产业融合的影响较小；西部和中部地区增值税税负与产业融合的负向关系十分显著，而位于东部地区的企业回归结果并不显著；不同行业面对增值税激励后产业融合的程度不同，在增值税的激励下，生产性服务业中的信息传输、软件和信息技术服务业以及科学研究和技术服务业的产业融合程度更加显著。增值税税负变化对高端生产性服务业与制造业的融合程度更显著，且相较于低知识资本的生产性服务业，增值税税负变化对具有高知识资本的生产性服务业与制造业的融合程度有显著影响，这一结果表明设计增值税激励政策时应更关注高端生产性服务业和高知识资本服务业行业，以进一步推动生产性服务业与制造业的融合以及生产性服务业向价值链高端的延伸。生产性服务业和制造业之间产业链分工逐步深化，产业互动和关联越发紧密，推进制造业与生产性服务业的融合是中国新旧动能转换、产业结构升级以及经济高质量发展的重要路径。在所有的流转税税种中，增值税是最有利于推进社会分工和协作、调整产业结构的税种，并且从增值税"销项—进项"的核算方式来看，与上游行业的关联度越强，即中间投入越大，进项抵扣就会越多，从而减税效果越好。因此，增值税的改革促进生产性服务业更加专业化，制造业企业利用优惠的税收抵扣政策以及由于专业化程度更高从而使成本下降的生产性服务业企业提供的低成本服务，实现了制造业与生产性服务业的深度融合。

（二）增值税激励生产性服务业集聚效应研究

产业集聚形成的规模效应能够显著增加产业内和产业间知识技术的交流与合作，是一国或地区形成产业竞争优势并最终提高生产力的有效路径。随着社会分工的细化，生产性服务业逐渐脱离传统制造业，成为现代服务业中最具活力的产业，其集聚水平则反映了一个地区调配资源流向和驱动产业链升级的能力。增值税激励可以进一步刺激生产性服务业的集聚效应，这种专业化、多样化的效应有助于生产性服务业和制造业之间知识技术的深度合作，在形成协同集聚的同时进一步促进制造业形成规模经济，最终助力生产力水平的大幅度提高。因此，研究增值税的这一激励效应具有重要意义。增值税减税政策对生产性服务业的激励效应是通过内置经济结构和外部经济效应两方面实现的，在一定程度上促进了生产性服务业的自身集聚和与制造业的协同集聚，从而提升企业技术效率和城市产业竞争力。通过协同集聚所形成的"协同式发展"模式，最大限度地促进了生产性服务业全面参与到制造业的各个环节，加速价值链的分解、延伸与重组，更有利于升级整体价值链，从而促进了生产性服务业向价值链高端延伸。

基于以上分析，本书选取了2005—2015年全国279个地级市数据，在使用区位熵测算生产性服务业集聚指数的基础上，与增值税数据进行匹配，构建城市层面的面板数据，运用空间杜宾模型，研究增值税激励对生产性服务业专业化和多样化集聚的引导和锁定效应、有效集合效应。首先，本书中计算了产业集聚和协同集聚的莫兰指数，发现生产性服务业的产业集聚和其与制造业的协同集聚均具有明显的空间溢出效应。其次，采用空间杜宾模型进行分析，结果表明增值税税负的减轻显著提高了地级市生产性服务业的集聚水平，且增值税存在空间集聚，相邻市所施行的增值税政策也会辐射本市。此外，本地区的增值税税负降低会降低周边地区的产业集聚程度，出现税收洼地效应。在使用替换代理变量、变更样本估计时间段等方式进行稳健性检验后，上述结论依然成立。从控制变量角度来看，外商直接投资的流入、城市的高市场化水平和政府干预均会促进生产性服务业和制造业的协同集聚水平。从异质性的角度来看，本书研究发现增值税税负存在行业和地区的异质性，即增值税税负的减轻对高端生产性服务业的空间溢出效应比对低端生产性服务业的影响更大，对我国东部地区的影响比对中西部地区的影响更大。最后，本书基于上述结论运用双重差分模型进行案例分析，结果表明信息软件产品即征即退政策能够显著降低企业税负，同时对软件产业的集聚有显著的促进作用。

（三）增值税激励生产性服务业和制造业生产率提升效应研究

生产性服务业为其他企业提供专业化的中间服务，其外延发展是经济可持续增长的动力，其全要素生产率的提高，是提高生产性服务业核心竞争力和提高我国经济创新水平最关键的动力。服务业尤其是其中最活跃的生产性服务业的全要素生产率提高，会带动整体经济的全要素生产率的提高。增值税改革促进了增值税税收抵扣链条的完整性，进而缓解生产性服务业面临的融资约束，有助于提升生产性服务业的研发投入和人力资本投入，同时增值税改革促进了生产性服务业的专业化分工，而专业化分工程度的加深又有利于生产性服务业与制造业的规模经济效应，从而提高了生产性服务业的全要素生产率。过去我国经济经历了连续30多年的高速增长奇迹，但是这种重量而不重质的发展，使我国深陷产能过剩的危机，过去我国一直依靠低廉的劳动力成本和资源成本，在加工贸易上占据一定的国际竞争力，但是面对其他发展中国家更加低廉的劳动力价格，我国的加工制造业价格优势不复存在，不断在研发设计和服务中寻求发展，进一步提升我国生产性服务业的全要素生产率已经成为缓解我国经济下滑的重要途径。

传统内生经济增长理论认为经济的增长是由生产要素的增加和全要素生产率的提高带动的，而随着我国资源压力越来越大以及人口红利的逐渐消失，仅仅依靠生产要素的增加来带动经济增长是有限的，因而如何通过提高全要素生产率来保证经济高质量发展成为关键。增值税的减税激励不仅有助于缓解融资约束，进而加大研发与人力资本投入，而且会促使生产性服务业提供更加专业化的服务，与制造业形成规模经济，提高全要素生产率。伴随着生产性服务业在总体经济中比重的增加，生产性服务业不仅带动制造业企业生产率的提升，也会带动整体经济的全要素生产率的提高。本书中运用双重差分的方法重点研究增值税减税激励对生产性服务业以及制造业是否具有生产率提升效应，是否提供了经济高质量增长的税制动力，具体而言，重点考察了增值税留抵退税减税激励对生产性服务业企业和制造业企业全要素生产率的影响。首先，通过对生产性服务业全要素生产率的变动进行分析，发现在2014—2019年，生产性服务业整体的全要素生产率呈现出增长的趋势。同时，在增值税留抵退税政策实施后，大部分政策实施行业全要素生产率的增长幅度均十分明显。并且从产业链上下游的位置来看，位于产业链上游的高端生产性服务业知识资本密集度更高，全要素生产率的增长要快于位于产业链下游的低端生产性服务业。其次，通过理论和实证检验得出增值税留抵退税政策的实施显著地促进了生产性服务业企业全要素生产率的提升，但并未促进制造业企业全要素生产率的提升的结论，这一结论在一系列稳健性检验后依然成立。针对生产性服务业嵌入产业链的位置以及生产性服务业知识资本密集程度的异质性分析发现，相比产业链下游的低端生产性服务业，增值税留抵退税政策对于产业链上游高端生产性服务业全要素生产率的提升效果更为明显。相比知识资本较低的生产性服务业，增值税留抵退税政策对知识资本较高的生产性服务业全要素生产率的提升效果更为明显。在企业所有权和企业规模的异质性分析中，相比非民营企业，增值税留抵退税对生产性服务业民营企业的促进效果更加显著；相比小微企业，对生产性服务业大中型企业的促进效果更为明显。在具体行业的分析中，对于生产性服务业来说，增值税留抵退税政策主要促进了互联网和相关服务企业全要素生产率的提升，而对于软件和信息技术服务业、专业技术服务业、研究和试验发展、生态保护和环境治理业等生产性服务业企业全要素生产率的影响并不显著。对于制造业企业来说，增值税留抵退税降低了化学纤维制造业企业的全要素生产率，对化学原料和化学制品制造业，医药制造业，非金属矿物制品业，金属制品业，通用设备制造业，专用设备制造业，汽车制造业，铁路、船舶、航空航天和其他运输设备制造业，电气机械和器材制造业，计算机、通信和其他电子设备制造业，仪器仪表制造业等制造业企业全要素生产率的影响并不显著。在作用机制上，对于生产性服务业来说，增值税留抵退税降低了企业面临的融资约束，并且通过增加人力资本投入和提高规模经济渠道提升了企业的全要素生产率。对于制造业来说，增值税留抵退税促进了企业的研发投入，但暂未通过研发投入、人力资本投入、融资约束和规模经济等渠道提升制造业企业的全要素生产率。

（四）增值税激励生产性服务业全球价值链升级效应研究

近年来，我国在国际贸易方面的比较优势逐渐被印度、菲律宾等国家取代，迫切需要我国转变经济发展方式，增加出口贸易的附加值，推动全球价值链提升。纵观全球经济发展趋势，服务经济已成为全球经济发展的大势，并且随着全球价值链的不断细化以及产业结构的逐步优化，生产性服务业已然成为带动世界经济发展的新引擎。因此，推动生产性服务业全球价值链提升刻不容缓，这对推动我国经济高速发展具有重要意义。

增值税改革的深入使得经济运行效率逐步提升，有效地避免了企业被重复征税的局面，增值税出口退税政策的实施更是在推动企业积极参与国际竞争的同时，会对生产性服务业的出口产品质量以及国内附加值率的提高产生积极的影响。鉴于此，本书中将中国海关进出口数据库与中国工业企业数据库、出口退税文库相匹配，构建年份-企业层面的出口面板数据，运用双向固定效应模型和工具变量相结合的方法，研究增值税出口退税对生产性服务业出口产品质量和出口附加值率的影响。研究发现，增值税出口退税率的提升能够显著地促进生产性服务业企业出口产品质量和出口国内附加值率的提升，有助于生产性服务业企业向全球价值链高端延伸，这一结论经过一系列的稳健性检验后依然成立。在异质性分析方面，考虑知识资本的异质性分析发现，相比低知识资本生产性服务业，增值税出口退税政策对高知识资本生产性服务业出口产品质量和出口国内附加值率的提升效果更为明显。这一结果不仅说明知识资本在生产性服务业价值链高端延伸中的重要作用，也进一步支持了本书关于生产性服务业与制造业之间从融合集聚到生产率提升再到价值链高端延伸的理论分析。在企业所有制类型的异质性分析中发现，出口退税率的提升能够促进生产性服务业企业中的民营企业和外资企业出口产品质量和出口国内附加值率的提升，有助于生产性服务业企业中民营企业和外资企业的全球价值链升级。而对国有企业来说，出口退税对国有企业出口产品质量的影响并不显著，但有助于提升国有企业的出口国内附加值率，出口退税对国有企业出口国内附加值率的提升效果并不依赖于出口产品质量的升级。在企业地区的异质性分析中，出口退税率的提升有助于东部地区、中部地区和西部地区生产性服务业企业向全球价值链高端延伸，但是对东部地区企业的影响要大于中部地区，对于中部地区企业的影响要大于西部地区。在分行业的异质性分析中发现,出口退税主要促进了机械设备修理和售后服务、节能与环保服务两个行业生产性服务业企业出口产品质量和出口国内附加值率的提升,而对开采专业及辅助性活动行业的生产性服务业企业出口产品质量提升效果并不明显,但也有助于其出口国内附加值率的提升。在内部机制的检验中,发现出口退税主要通过竞争机制和中间投入结构的变动来推动生产性服务业企业向全球价值链高端延伸,即出口退税降低了生产性服务业企业的成本加成,鼓励生产性服务业企业积极参与国际竞争,在竞争中进一步提升出口产品质量和出口国内附加值率。同时,出口退税还改变了生产性服务业企业的中间投入结构,使得生产性服务业企业的中间投入有所增加,有利于生产性服务业企业全球价值链的提升。此外,出口退税对于生产性服务业创新驱动效应的检验并不显著,暂未起到激励生产性服务业技术创新的作用。

(五)疫情冲击下增值税激励生产性服务业价值链高端延伸效应研究

新冠疫情暴发后迅速蔓延至全世界各个国家,全球贸易大幅萎缩、产业链断裂、产业竞争不断加剧、供应链安全风险不断提升。在我国已经取得疫情防控重大胜利的背景下,如何深度参与全球价值链并实现产业链高端升级,是我国在百年未有之大变局与人口红利逐步丧失背景下面临的机遇与挑战。生产性服务业是经济可持续发展的重要动力,提高生产性服务业核心竞争力是促进我国经济高质量发展的关键。本书中探讨了在全球新冠疫情大流行背景下,增值税作为我国第一大税种,如何充分发挥其积极推动作用,降低生产性服务业在疫情期间受到的负面影响,推动生产性服务业向价值链高端延伸,保证生产性服务业高速高质量长足发展。

本书首先选取国泰安上市公司数据分析了新冠疫情背景下我国生产性服务业受到的冲击。结果表明,从整体上看,2019年开始的新冠疫情对生产性服务业的生产经营活动产生了较大影响,平均利润总额、平均营业收入及成本均出现较大幅度下降,代表性企业偿债能力整体下降,资产变现能力减弱。从分行业来看,疫情对生产性服务业中的货物运输、通用航空生产、仓储和邮政快递服务业、生产性租赁服务业及商务服务业生产经营活动影响较大,而对其他行业影响相对较小。其次梳理了疫情暴发后我国出台的相关财税金融支持政策。分析发现,我国疫情暴发初期采取的相关财税政策数量多、覆盖面广且条理清晰、层次鲜明,但相关政策更多地用于疫情防控和帮助企业渡过难关,并没有专门针对促进生产性服务业发展和价值链升级的相关政策。此外,进一步分析了疫情下增值税对企业绩效和出口行为的影响及对企业价值链升级的影响,发现增值税负担加重了疫情冲击对企业的负面效应,且出口企业承担了更多的增值税负担;增值税负担的加重通过抑制企业人力资本升级、降低企业研发强度而最终降低企业全要素生产率,抑制企业向价值链高端延伸。疫情期间实施增值税激励能够降低企业增值税负担,有利于生产性服务业企业价值链的高端延伸,这一效果在出口企业中更为明显。综上所述,新冠疫情背景下生产性服务业发展受阻,我国应出台积极的财税政策特别是继续加大实施增值税激励,帮助企业复工复产,并促进生产性服务业进一步向价值链高端延伸和高质量发展。

二、促进生产性服务业向价值链高端延伸的路径优化

生产性服务业横跨制造业和服务业两大行业,按照目前的税法规定,二者分别适用的最高法律层次文件是《中华人民共和国增值税暂行条例》和《财政部　国家税务总局关于全面推开营业税改征增值税试点的通知》(财税〔2016〕36号)。同样是增值税,制造业适用的是全国人大授权国务院制定的条例,服务业适用的是部门规章,二者的法律层次不相同,在处理同样性质的增值税问题时会面临许多不适应。当务之急是增值税立法将增值税的两种征税行为统一口径,这样也直接提高了生产性服务业的征税效率。在未来的战略规划中应当继续完善增值税的制度设计,逐步建立起对高技术生产性服务业企业税负的整体规划,加大增值税激励幅度,还可以进一步扩大增值税的进项税抵扣范围以及增值税即征即退优惠政策适用范围,积极制定并落实有利于产业融合发展的税收政策,及时有效评估税收政策的效果,并修改完善。要让增值税优惠政策对高技术生产性服务业和制造业融合全过程起到激励作用,使得生产性服务业和制造业的增值税改革更加到位和彻底,从而降低企业的研发成本,减轻企业研发资金投入的风险。最终为加快高技术生产性服务业发展,促使我国产业向价值链高端延伸,使增值税优惠政策成为经济发展的新助力,实现经济高质量发展目标。

增值税政策全面推行以来,释放出了很多改革红利。对生产性服务业来说,增值税避免了原来存在的重复征税问题,降低了企业的税收成本。同时还打通了生产性服务业和制造业的增值税征收链条,促进了生产性服务业与制造业的专业化分工水平,这些都为生产性服务业全要素生产率的提升提供了强劲动力。但是我国目前还处于生产性服务业增值税施行初期,许多规定和政策尚不够具体和完善,很多减税措施过于随意,有的政策违背了税收政策制定的原则,并且具体执行中过于复杂,这都使得政策效果

大打折扣。因此当前的主要任务是统一立法以及进一步完善和落实增值税改革的各项措施，还需简化税制并及时有效评价税收政策的效果，将生产性服务业的增值税改革进行得更加到位和彻底，使改革红利得以充分释放。根据上述章节的研究结论，可从以下几方面优化增值税优惠政策以促进生产性服务业向价值链高端延伸。

（一）优化"留抵退税"的时间

根据研究结论，生产性服务业的技术密集度较高，虽然针对高新技术企业的税收优惠政策很多，仍然存在很多技术密集度较高、研发投入占总投入比重较大的生产性服务业难以直接获得税收优惠，但是2019年实施"加计抵减"的税收优惠后，当期应纳的增值税税额显著减少。由于大部分服务高新技术企业尤其是处于初创期的高新技术企业，当期的销项税额很少，当期的进项较多，增加"加计抵减"只是增加当期未抵减完的金额，从而导致税收优惠政策对这部分生产性服务业技术创新起不到实质性激励作用。与此相适应的"留抵退税"政策，由于条件苛刻[自2019年4月税款所属期起，连续六个月（按季纳税的，连续两个季度）增量留抵税额均大于零，且第六个月增量留抵税额不低于50万元]，计算复杂[允许退还的增量留抵税额＝增量留抵税额 × 进项构成比例 × 60%。进项构成比例为2019年4月至申请退税前一税款所属期内已抵扣的增值税专用发票（含税控机动车销售统一发票）、海关进口增值税专用缴款书、解缴税款完税凭证注明的增值税额占同期全部已抵扣进项税额的比重]，只有部分生产性服务业获得上述退税。因此，当务之急首先是要简化这些税收优惠政策条件，从宽度和广度两个方面进一步缓解生产性服务业企业的资金约束，激励生产性服务业在技术研发方面进行更多更大的投入。

（二）完善增值税"加计抵减"制度

由于现有增值税税制实行以票扣税，其进项税额的抵扣主要停留在企业外购环节所产生的成本上，但是研究发现企业内部发生的员工培训费以及高新技术人才的工资、补助费用都无法扣除。生产性服务业这类知识密集型企业的情况尤为明显，这些企业对高精尖人才需求较高，且知识更新换代速度也较快，此类支出在生产性服务业企业各项投入中占比较大，员工培训费用无法扣除可能会打击企业进行员工培训的积极性，而无法扣除人才引进费用会降低生产性服务业对人才的吸引力，从而影响对人才和技术的引进。因此可以考虑扩大增值税的抵扣范围，使企业内部发生的与技术更新有关的费用得以抵扣。疫情期间，增值税负担的加重抑制企业人力资本升级、降低企业的研发强度，增值税抵扣范围扩大可以弥补增值税税负带来的负面影响。此外，2019 年增值税税率普遍下调、进项抵扣范围扩大对生产性服务业发展有一定促进作用。但对生产性服务业影响较大的"加计抵减"政策由于实施的时间有一个限制性的规定（执行期限自 2019 年 4 月 1 日延长至 2022 年 12 月 31 日），大部分生产性服务企业有一个比较长的适应阶段，所以，建议延长增值税"加计抵减"的时间 3~5 年。

（三）推出地区指向性增值税优惠，协调区域生产性服务业发展

协调地区间经济均衡发展是税收政策的宏观目标之一。研究结果表明相比发达地区，中西部欠发达地区产业发展受增值税调整的影响更大。因此，增值税优惠政策与产业扶持政策可以加大向中西部欠发达地区倾斜的力度，在落实普惠性税收优惠政策的基础上，更进一步推出地区指向性增值税优惠措施。同时区域性税收优惠应与产业性税收优惠相结合，增值税优惠政策要更针对地方特色产业，在带动区域经济发展的同时还可以避免产业结构趋同。另外还可以适度下放税收优惠权限，地方性的产业优惠政策可以由地方政府制定有针对性的税收优惠。这样可以拓宽享受激励政策的先进产业项目范围，吸引大量资本与人才进入，让更多的企业享受到税收红利，减少企业税费负担，从而进一步促进产业融合和地方经济高质量发展。

（四）优化出口退税机制，促进生产性服务业出口良性发展

上述研究结论强调了增值税出口退税率上升对提高生产性服务业企业出口产品质量和出口国内附加值率的重要性。那么，统一增值税税率和退税率，规范"零税率"制度可以有效促进我国生产性服务业出口的良性发展。但我国出口退税时，往往存在征收时的税率与退税时的税率不一致的现象，这种情况就无法保证出口退税"零税率"的实现，往往使得退税低于征税，产品带税出口。对服务业而言，营业税改增值税后最大的好处是服务业出口也可享受出口退税。因此，保证"零税率"的实施，有利于优化税制，避免对出口货物双重征税，并促进我国生产性服务业出口，促进对外贸易的良性循环。全球新冠疫情大流行对进出口贸易的遏制相当于加征关税，在生产性服务业税负压力增大的背景下，保证增值税零税率制度的实现更加关键。另外，在出口骗税方面，税务机关应借鉴国际经验，建立信用评级体系，给予信用等级良好的企业"快速通道"，以保证其海外

业务的发展，对信用等级差的企业加以监督，避免国家的税收优惠政策不能落到实处。

（五）增加产权指向性增值税优惠，推动多种所有制经济加速发展

民营经济已成为推动经济发展的重要力量、增加就业的主要渠道、国家税收的重要来源，也是提升国家创新力的重要渠道。研究结论显示，在生产性服务业发展中，相比国营经济体其受增值税优惠政策的激励作用更明显。混合所有制作为国有经济体转型的内生动力，可以在民营经济高速发展的同时，鼓励非国有资本参与到国有资本的治理当中，在资本重组过程中助力生产性服务业里国有性质企业加快改革步伐，促进产业升级。为此，首先，要继续制定并实施对民营企业的增值税税收优惠与激励政策，要保持政策执行的稳定性与持续性，避免"朝令夕改"。其次，增值税税收优惠政策可以根据产权类型进行调整，更进一步推行产权指向性增值税优惠来助力生产性服务业中多种所有制经济体的发展，真正促进混合所有制经济体减负，增强经济发展内生动力，推动创业创新，帮助稳定和扩大就业，并对生产性服务业与制造业的融合发展起到促进和支撑效应。最后，要加大减税宣传力度，把政策落到实处，税务机关和各级政府要适当利用各种纳税服务平台，让纳税企业充分了解和掌握增值税优惠政策的适用条件。

（六）补充"即征即退"优惠，切实降低生产性服务业实际税收负担

增值税优惠制度如果设计合理，对受到疫情冲击的生产性服务业可以起到一定程度缓解税负压力的作用。根据上述研究结论，增值税的减税功能激励生产性服务业提供更加专业化的服务，有助于企业全要素生产率的提升。针对其高投入产出的特征，在降低生产性服务业实际税收负担的增值税优惠形式中可以考虑采用即征即退的优惠形式。一方面，即征即退的优惠形式更能体现增值税的中性特征，符合减税降费的根本宗旨，可以切实降低企业实际税负，有效缓解企业的现金流压力；另一方面，考虑到增值税改革的牵涉面较广，具有较强的行业联动性，无论是税率还是税基的大幅波动都对行业之间的关联利益产生深度影响，联动效应对税收优惠政策实施效果会产生较大干扰。即征即退的税收优惠政策在有效降低生产性服务业企业的税收负担且保持中性的同时，不会对关联企业的经济利益产生直接影响。完善的增值税优惠制度可以有效提升生产性服务业的盈利水平，积极促进企业全要素生产率的提高，从而进一步推动生产性服务业价值链高端攀升。

参考文献

[1] 夏杰长，肖宇.生产性服务业：发展态势、存在的问题及高质量发展政策思路 [J].北京工商大学学报（社会科学版），2019，34(4)：21-34.

[2] 何树全.中国服务业在全球价值链中的地位分析 [J].国际商务研究，2018，39(5)：29-38.

[3] Greenfield H I. Manpower and the Growth of Producer Services[M]. New York: Columbia University Press, 1966.

[4] Browning H L, Singelmann J. The Emergence of a Service Society: Demographic and Sociological Aspects of the Sectoral Transformation of the Labor Force in the USA[M]. Springfield: National Technical Information Service, 1975: 342.

[5] 张岳.促进生产性服务业发展的财税政策研究 [D].北京：北京工商大学，2010.

[6] 隗斌贤.生产性服务业与制造业互动发展促进产业转型升级 [J].科技通报，2009，25(6)：866-871.

[7] 邹芳.促进我国生产性服务业发展的税收政策思考 [J].中国市场，2011(32)：111-112.

[8] 侯淑霞，王雪瑞.生产性服务业集聚与内生经济增长——基于空间联立模型的经验研究 [J].财经论丛，2014(5)：3-8.

[9] 江波，李江帆.生产性服务业的多维考量与困境摆脱 [J].改革，2016(10)：84-95.

[10] Borrás S. EU Multi-level Governance Patterns and the Cohesion Fund[J]. European Planning Studies, 1998, 6(2): 211-225.

[11] 陈阳，唐晓华.服务业集聚对城市绿色生产效率的影响 [J].城市问题，2018(11)：49-56+64.

[12] Cohen S S, Zysman J. Why Manufacturing Matters: The Myth of the Post-Industrial Economy[J]. Southern Economic Journal, 1988, 54(3): 97-103.

[13] 韩德超.生产性服务业与制造业关系实证研究 [J].统计与决策，2009(18)：87-90.

[14] 曹东坡，于诚，徐保昌.高端服务业与先进制造业的协同机制

与实证分析——基于长三角地区的研究 [J]. 经济与管理研究，2014(3)：76-86.

[15] 焦爱丽. 我国生产性服务业和制造业互动发展关系研究 [J]. 商业时代，2014(17)：123-124.

[16] 贺正楚，吴艳，张蜜，等. 我国生产服务业与战略性新兴产业融合问题研究 [J]. 管理世界，2012(12)：177-178.

[17] 王小波. 生产性服务业和制造业融合发展水平解构——基于行业差异比较视角 [J]. 求索，2016(12)：127-132.

[18] 张晓涛，李芳芳. 论生产性服务业与制造业的融合互动发展 [J]. 广东社会科学，2013(5)：39-47.

[19] Goodman J, Spar D, Yoffie D. Foreign Direct Investment and the Demand for Protection in the United States[J]. International Organization, 1996, 50(4): 565-591.

[20] Marceau J. Divining Directions for Development: A Cooperative Industry–government–public Sector Research Approach to Establishing R&D Priorities[J]. R&D Management, 2002, 32(3): 209-221.

[21] 张洁梅. 现代制造业与生产性服务业互动融合发展研究 [J]. 中州学刊，2013(6)：26-30.

[22] 杨玲. 生产性服务贸易进口复杂度对上海科技企业技术水平的异质性影响效用研究 [J]. 中央财经大学学报，2014(9)：107-112.

[23] 魏艳秋，和淑萍. 现代信息技术服务业嵌入与制造业转型升级——基于VAR模型分析 [J]. 科技管理研究，2018，38(1)：126-133.

[24] 崔木花. 长三角区域生产性服务业与制造业互动发展研究——基于沪、苏、浙、皖的实证分析 [J]. 工业技术经济，2014，33(11)：76-85.

[25] 刘川. 产业转型中现代服务业与先进制造业融合度研究——基于珠三角地区的实证分析 [J]. 江西社会科学，2014，34(5)：59-65.

[26] 王星云. 论产业融合的税收激励：机理与制度优化 [J]. 云南社会科学，2019(2)：63-69.

[27] 唐晓华，张欣钰，李阳. 制造业与生产性服务业协同发展对制造效率影响的差异性研究 [J]. 数量经济技术经济研究，2018，35(3)：59-77.

[28] 吕敏. 我国生产性服务业优化发展的税收政策选择 [J]. 税务研究，2010(9)：53-56.

[29] 盛革. 一个生产性服务业与制造业协同创新的机制模型 [J]. 特区经济，2014(3)：92-94.

[30] Randles M. Progressive Christian Theology[J]. The Expository Times, 1890, 1(11): 244-249.

[31] Webber M. Abstracts from the Records of the Court of Ordinary[J]. The South Carolina Historical and Genealogical Magazine, 1931, 32(4): 291-295.

[32] Scott L. The Market, Productivity, and Training Effects of Retraining[J]. The American Economist, 1970, 14(2): 43-46.

[33] 余东华，信婧. 信息技术扩散、生产性服务业集聚与制造业全要素生产率 [J]. 经济与管理研究，2018，39(12)：63-76.

[34] 贾新宇. 产业集聚文献综述 [J]. 中国商贸，2014(26)：210-211.

[35] 林秀梅，曹张龙. 中国生产性服务业集聚对产业结构升级的影响及其区域差异 [J]. 西安交通大学学报(社会科学版)，2020，40(1)：30-37.

[36] 狄乾斌，张健，涂文伟. 基于 ESDA 的中国生产性服务业地理集聚分析 [J]. 地理与地理信息科学，2014，30(3)：71-76.

[37] 宣烨. 生产性服务业空间集聚与制造业效率提升——基于空间外溢效应的实证研究 [J]. 财贸经济，2012(4)：121-128.

[38] 刘奕，夏杰长，李垚. 生产性服务业集聚与制造业升级 [J]. 中国工业经济，2017(7)：24-42.

[39] 郭然，原毅军. 生产性服务业集聚能够提高制造业发展质量吗？——兼论环境规制的调节效应 [J]. 当代经济科学，2020，42(2)：120-132.

[40] Coffey W J, Shearmur R G. The Growth and Location of High Order Services in the Canadian Urban System，1971—1991[J]. The Professional Geographer, 1997, 49(4): 404-418.

[41] 李佳洺，孙铁山，张文忠. 中国生产性服务业空间集聚特征与模式研究——基于地级市的实证分析 [J]. 地理科学，2014，34(4)：385-393.

[42] 张浩然，魏琳. 金融集聚与城市经济绩效：基于城市异质性视角的分析 [J]. 当代财经，2015(10)：61-69.

[43] Airoldi A, Janetti G B, Gambardella A, Senn L. The Impact of Urban Structure on the Location of Producer Services[J]. The Service Industries Journal, 1997, 17(1): 91-114.

[44] 陈红霞，贾舒雯. 中国三大城市群生产性服务业的集聚特征比较 [J]. 城市发展研究，2017，24(10)：104-110.

[45] Ellison G, Glaeser E L. Geographic Concentration in U.S. Manufacturing Industries: A Dartboard Approach[J]. Journal of Political

Economy, 1997, 105(5): 889-927.

[46] 江曼琦，席强敏.生产性服务业与制造业的产业关联与协同集聚[J].南开学报(哲学社会科学版)，2014(1)：153-160.

[47] 吉亚辉，段荣荣.生产性服务业与制造业双重集聚的协调度与生态位适宜度研究[J].中国科技论坛，2014(8)：49-54.

[48] 江静，刘志彪.商务成本：长三角产业分布新格局的决定因素考察[J].上海经济研究，2006(11)：87-96.

[49] 程中华，于斌斌.产业集聚与地区工资差距——基于中国城市数据的空间计量分析[J].当代经济科学，2014，36(6)：86-94+125.

[50] 金晓雨.城市规模、产业关联与共同集聚——基于制造业与生产性服务业产业关联和空间互动两个维度[J].产经评论，2015，6(6)：35-46.

[51] 刘奕.中国服务业空间格局：演化、趋势及建议[J].学习与探索，2017(6)：121-126.

[52] 李平，付一夫，张艳芳.生产性服务业能成为中国经济高质量增长新动能吗[J].中国工业经济，2017(12)：5-21.

[53] 任保全，叶婷.税收优惠促进生产性服务业生产率提升了吗[J].税收经济研究，2020，25(4)：22-34.

[54] Auerbach A J. Tax Reform and Adjustment Costs: The Impact on Investment and Market Value[J]. International Economic Review, 1989, 30(4): 939-962.

[55] Bloom N, Griffith R, Van Reenen J. Do R&D Tax Credits Work? Evidence from a Panel of Countries 1979—1997[J]. Journal of Public Economics, 2002, 85(1): 1-31.

[56] 刘方，赵彦云.金融支持、财税激励与高新技术产业全要素生产率——基于中关村海淀科技园企业的实证研究[J].调研世界，2020(10)：26-32.

[57] 许坚，马广程.地区间税收竞争对生产性服务业全要素生产率的影响——基于动态空间模型的实证分析[J].工业技术经济，2021，40(3)：30-38.

[58] 杨莎莉，张平竺，游家兴.税收优惠对企业全要素生产率的激励作用研究——基于供给侧结构性改革背景[J].税务研究，2019(4)：104-109.

[59] 薛钢，张道远，王薇.研发加计税收优惠对企业全要素生产率的激励效应[J].云南财经大学学报，2019，35(8)：102-112.

[60] 林小玲，张凯.企业所得税减免、融资结构与全要素生产

率——基于2012—2016年全国税收调查数据的实证研究 [J]. 当代财经，2019(4)：27-38.

[61] 刘柏惠，寇恩惠，杨龙见. 增值税多档税率、资源误置与全要素生产率损失 [J]. 经济研究，2019，54(5)：113-128.

[62] 倪婷婷，王跃堂，王帅."营改增"改革、产业联动与制造业升级——基于减税与生产性服务业集聚的机制检验 [J]. 上海财经大学学报，2020，22(4)：18-31.

[63] 盛明泉，吴少敏，盛安琪."营改增"对生产性服务业企业全要素生产率的影响研究 [J]. 经济经纬，2020，37(2)：150-158.

[64] 赵灿，刘啟仁. 税收激励政策与企业国际化行为——基于2014年固定资产加速折旧政策的准自然实验 [J]. 国际贸易问题，2021(3)：62-77.

[65] 燕洪国，潘翠英. 税收优惠、创新要素投入与企业全要素生产率 [J]. 经济与管理评论，2022，38(2)：85-97.

[66] Rodrik D. Industrial Policy for the 21st Century[R]. Kennedy School of Government, Harvard University, 2004.

[67] 张俊瑞，陈怡欣，汪方军. 所得税优惠政策对企业创新效率影响评价研究 [J]. 科研管理，2016，37(3)：93-100.

[68] 王春元，叶伟巍. 税收优惠与企业自主创新：融资约束的视角 [J]. 科研管理，2018，39(3)：37-44.

[69] 曹艳杰，陈明森，苏国灿. 财税激励有利于提升企业创新效率吗？[J]. 东南学术，2018(2)：96-104.

[70] 胡凯，吴清. R&D税收激励产业政策与企业生产率 [J]. 产业经济研究，2018(3)：115-126.

[71] 牛蕊，郭凯頔. 全球价值链视角下的中韩生产性服务贸易研究 [J]. 上海对外经贸大学学报，2018，25(6)：18-28.

[72] 席卫群. 促进生产性服务业自主创新的税收支持体系探析 [J]. 经济研究参考，2012(50)：39-46.

[73] 顾国达，周蕾. 全球价值链角度下我国生产性服务贸易的发展水平研究——基于投入产出方法 [J]. 国际贸易问题，2010(5)：61-69.

[74] 王兴莲. 全球价值链视角下生产性服务嵌入与地方产业集群升级 [J]. 改革与战略，2011，27(1)：124-126+132.

[75] 龚静，尹忠明. 增加值核算体系下我国服务贸易出口的国际分工地位与竞争力研究——基于世界投入产出数据库的上游度指数与显示性比较优势指数分析 [J]. 国际商务（对外经济贸易大学学报），2018(5)：73-84.

[76] 张鹏杨，唐宜红. FDI如何提高我国出口企业国内附加值？——基于全球价值链升级的视角[J]. 数量经济技术经济研究，2018，35(7)：79-96.

[77] 盛斌，陈帅. 全球价值链、出口国内附加值与比较优势：基于跨国样本的研究[J]. 东南大学学报(哲学社会科学版)，2016，18(6)：95-102+147-148.

[78] Flam H, Helpman E. Vertical Product Differentiation and North-South Trade[J]. The American Economic Review, 1987, 77(5): 810-822.

[79] 罗军. 生产性服务进口与制造业全球价值链升级模式——影响机制与调节效应[J]. 国际贸易问题，2019(8)：65-79.

[80] 韩超，桑瑞聪. 环境规制约束下的企业产品转换与产品质量提升[J]. 中国工业经济，2018(2)：43-62.

[81] 祝树金，谢煜，段凡. 制造业服务化、技术创新与企业出口产品质量[J]. 经济评论，2019(6)：3-16.

[82] 黄蕙萍，缪子菊，袁野，李殊琦. 生产性服务业的全球价值链及其中国参与度[J]. 管理世界，2020，36(9)：82-97.

[83] 黄繁华，洪银兴. 生产性服务业对我国参与国际循环的影响——基于制造业全球价值链分工地位的研究[J]. 经济学动态，2020(12)：15-27.

[84] 崔岩，刘珊珊. 生产性服务业开放与制造业全球价值链升级——来自跨国样本的经验证据[J]. 南京财经大学学报，2021(4)：86-96.

[85] 汪建新，贾圆圆，黄鹏. 国际生产分割、中间投入品进口和出口产品质量[J]. 财经研究，2015，41(4)：54-65.

[86] 路红艳. 生产性服务与制造业结构升级——基于产业互动、融合的视角[J]. 财贸经济，2009(9)：126-131.

[87] 王绍媛，张涵嵋，罗婷. 生产性服务业投入对中国服务业全球价值链长度的影响[J]. 宏观经济研究，2019(3)：80-96.

[88] 樊秀峰，韩亚峰. 生产性服务贸易对制造业生产效率影响的实证研究——基于价值链视角[J]. 国际经贸探索，2012，28(5)：4-14.

[89] 张秋平. 推进中国制造业外包转型升级的财税政策研究——基于全球价值链的分析[J]. 学术交流，2015(1)：141-145.

[90] 苏丹妮，盛斌，邵朝对. 国内价值链、市场化程度与经济增长的溢出效应[J]. 世界经济，2019，42(10)：143-168.

[91] 余丽丽，彭水军. 国内增加值率的空间分布及其影响因素研究[J]. 数量经济技术经济研究，2019，36(6)：79-97.

[92] 汪德华, 江静, 夏杰长. 生产性服务业与制造业融合对制造业升级的影响——基于北京市与长三角地区的比较分析 [J]. 首都经济贸易大学学报, 2010(2): 15-22.

[93] 姚战琪. 全球价值链背景下中国服务业的发展战略及重点领域——基于生产性服务业与产业升级视角的研究 [J]. 国际贸易, 2014(7): 13-17+47.

[94] 白景明, 何平. 制造业税收贡献度分析 [J]. 中国财政, 2019(15): 16-23.

[95] 王季, 郭彬彬. 基于价值链的开放式创新运行机制研究 [J]. 经济与管理研究, 2012(9): 122-125.

[96] 朱永明, 赵程程, 赵健, 贾明娥. 税收优惠对企业创新效率的门槛效应——创新价值链视角下制造业的实证研究 [J]. 科技管理研究, 2019, 39(11): 10-18.

[97] 白重恩, 王鑫, 钟笑寒. 出口退税政策调整对中国出口影响的实证分析 [J]. 经济学(季刊), 2011, 10(3): 799-820.

[98] 周金琳. 中国制造业企业出口退税的现状及改善途经 [J]. 对外经贸实务, 2015(3): 36-39.

[99] 林毅夫, 刘明兴, 章奇. 政策性负担与企业的预算软约束: 来自中国的实证研究 [J]. 管理世界, 2004(8): 81-89+127-156.

[100] 王孝松, 李坤望, 包群, 等. 出口退税的政策效果评估: 来自中国纺织品对美出口的经验证据 [J]. 世界经济, 2010, 33(4): 47-67.

[101] 向洪金, 赖明勇. 全球化背景下我国出口退税政策的经济效应 [J]. 数量经济技术经济研究, 2010, 27(10): 36-48.

[102] 周琢, 陈钧浩. 出口退税和汇率变动对中国出口企业利润率的影响 [J]. 世界经济, 2016, 39(12): 95-120.

[103] 范子英, 田彬彬. 出口退税政策与中国加工贸易的发展 [J]. 世界经济, 2014, 37(4): 49-68.

[104] 万莹. 中国出口退税政策绩效的实证分析 [J]. 经济评论, 2007(4): 62-67.

[105] 林龙辉, 向洪金, 冯宗宪. 我国出口退税政策的贸易与经济效应研究——基于局部均衡模型的分析 [J]. 财贸研究, 2010, 21(1): 33-41.

[106] 袁劲, 刘啟仁. 出口退税如何影响异质性产品的出口——来自企业、产品和目的国三维数据的证据 [J]. 国际贸易问题, 2016(6): 105-115.

[107] 汪建新, 高运胜, 常影. 中国制造业出口产品价格汇率弹性估计:

垂直专业化视角 [J]. 中国工业经济，2015(12)：67-82.

[108] 许伟，陈斌开. 税收激励和企业投资——基于 2004—2009 年增值税转型的自然实验 [J]. 管理世界，2016(5)：9-17.

[109] 余泳泽，张少辉，杜运苏. 地方经济增长目标约束与制造业出口技术复杂度 [J]. 世界经济，2019，42(10)：120-142.

[110] 刘怡，耿纯. 出口退税对出口产品质量的影响 [J]. 财政研究，2016(5)：2-17.

[111] Melitz M J. The Impact of Trade on Intra-industry Reallocations and Aggregate Industry Productivity[J]. Econometrica, 2003, 71(6): 1695-1725.

[112] 李秀芳，施炳展. 补贴是否提升了企业出口产品质量？[J]. 中南财经政法大学学报，2013(4)：139-148.

[113] 倪鹏飞，肖宇. 服务业融合与高质量发展：表现形式、国际比较及政策建议 [J]. 学习与探索，2019(6)：107-117.

[114] 陈晓峰. 生产性服务业与制造业互动融合：特征分析、程度测算及对策设计——基于南通投入产出表的实证分析 [J]. 华东经济管理，2012，26(12)：9-13.

[115] 惠利，丁新新. 我国装备制造业与生产性服务业的产融发展分析 [J]. 统计与决策，2019，35(11)：120-124.

[116] 顾乃华，朱文涛. 生产性服务业对外开放对产业融合的影响——基于行业面板数据的实证研究 [J]. 北京工商大学学报(社会科学版)，2019，34(4)：11-20.

[117] 夏斐，肖宇. 生产性服务业与传统制造业融合效应研究——基于劳动生产率的视角 [J]. 财经问题研究，2020(4)：27-37.

[118] 唐晓华，张欣珏，李阳. 中国制造业与生产性服务业动态协调发展实证研究 [J]. 经济研究，2018，53(3)：79-93.

[119] Gambardella A, Torrisi S. Does Technological Convergence Imply Convergence in Markets? Evidence from the Electronics Industry[J]. Research Policy, 1998, 27(5): 445-463.

[120] Suzuki J，Kodama F. Technological Diversity of Persistent Innovators in Japan: Two Case Studies of Large Japanese Firms[J]. Research Policy, 2004, 33(3): 531-549.

[121] 范子英，彭飞. "营改增"的减税效应和分工效应：基于产业互联的视角 [J]. 经济研究，2017，52(2)：82-95.

[122] 陈钊，王旸. "营改增"是否促进了分工：来自中国上市公司的

证据 [J]. 管理世界，2016(3)：36-45+59.

[123] 喻胜华，李丹，祝树金. 生产性服务业集聚促进制造业价值链攀升了吗——基于 277 个城市微观企业的经验研究 [J]. 国际贸易问题，2020(5)：57-71.

[124] O'Farrell P N, Hitchens D M. Producer Services and Regional Development: Key Conceptual Issues of Taxonomy and Quality Measurement[J]. Regional Studies, 1990, 24: 2, 163-171.

[125] Burgess R, Stern N. Taxation and Development[J]. Journal of Economic Literature, 1993, 31(2): 762-830.

[126] Agha A, Haughton J. Designing Vat Systems: Some Efficiency Considerations[J]. The Review of Economics and Statistics, 1996, 78(2): 303–308.

[127] Kopczuk W, Slemrod J. Putting Firms into Optimal Tax Theory[J]. American Economic Review, 2006, 96(2): 130-134.

[128] Keen M, Lockwood B. The Value Added Tax: Its Causes and Consequences[J]. Journal of Development Economics, 2010, 92(2): 138-151.

[129] 郭进，徐盈之. 城镇化扭曲与服务业滞后：机理与实证研究 [J]. 财经研究，2015，41(12)：118-128.

[130] 席强敏，陈曦，李国平. 中国城市生产性服务业模式选择研究——以工业效率提升为导向 [J]. 中国工业经济，2015(2)：18-30.

[131] 张柯贤，洪敏. 促进生产性现代服务业转型升级的税收政策研究 [J]. 农村经济与科技，2016，27(17)：268-269.

[132] 张虎，韩爱华，杨青龙. 中国制造业与生产性服务业协同集聚的空间效应分析 [J]. 数量经济技术经济研究，2017，34(2)：3-20.

[133] 陈建军，刘月，陈怀锦. 市场潜能、协同集聚与地区工资收入——来自中国 151 个城市的经验考察 [J]. 南开学报(哲学社会科学版)，2016(1)：77-88.

[134] 杨仁发. 产业集聚与地区工资差距——基于我国 269 个城市的实证研究 [J]. 管理世界，2013(8)：41-52.

[135] 张浩然. 中国城市生产性服务业空间布局的演进趋势及特征分析 [J]. 产业经济评论，2015(3)：78-85.

[136] 师博，沈坤荣. 政府干预、经济集聚与能源效率 [J]. 管理世界，2013(10)：6-18+187.

[137] 韩峰，洪联英，文映. 生产性服务业集聚推进城市化了吗？[J].

数量经济技术经济研究，2014，31(12)：3-21.

[138] 鲁晓东，连玉君. 中国工业企业全要素生产率估计：1999—2007[J]. 经济学（季刊），2012，11(2)：541-558.

[139] 郑宝红，张兆国. 企业所得税率降低会影响全要素生产率吗？——来自我国上市公司的经验证据 [J]. 会计研究，2018(5)：13-20.

[140] Hadlock C J, Pierce J R. New Evidence on Measuring Financial Constraints: Moving Beyond the KZ Index[J]. The Review of Financial Studies, 2010, 23: 1909-1940.

[141] 蒋冠宏，曾靓. 融资约束与中国企业对外直接投资模式：跨国并购还是绿地投资 [J]. 财贸经济，2020，41(2)：132-145.

[142] 盛明泉，汪顺，商玉萍. 金融资产配置与实体企业全要素生产率："产融相长"还是"脱实向虚"[J]. 财贸研究，2018，29(10)：87-97+110.

[143] 丁汀，钱晓东. "营改增"政策对制造业企业全要素生产率存在溢出效应吗 [J]. 现代经济探讨，2019(1)：77-85.

[144] 施炳展，王有鑫，李坤望. 中国出口产品品质测度及其决定因素 [J]. 世界经济，2013，36(9)：69-93.

[145] 施炳展，邵文波. 中国企业出口产品质量测算及其决定因素——培育出口竞争新优势的微观视角 [J]. 管理世界，2014(9)：90-106.

[146] Khandelwal A K. The Long and Short of Quality Ladders[J]. Review of Economic Studies, 2010, 77 (4): 1450-1476.

[147] 苏丹妮，盛斌，邵朝对. 产业集聚与企业出口产品质量升级 [J]. 中国工业经济，2018(11)：117-135.

[148] Upward R, Wang Z, Zheng J. Weighing China's Export Basket: The Domestic Content and Technology Intensity of Chinese Exports[J]. Journal of Comparative Economics, 2013, 41(2): 527-543.

[149] 张杰，陈志远，刘元春. 中国出口国内附加值的测算与变化机制 [J]. 经济研究，2013，48(10)：124-137.

[150] Kee H L, Tang H. Domestic Value Added in Exports: Theory and Firm Evidence from China[J]. American Economic Review, 2016, 106(6): 1402-1436.

[151] Roeger W. Can Imperfect Competition Explain the Difference between Primal and Dual Productivity Measures? Estimates for U.S. Manufacturing[J]. Journal of Political Economy, 1995, 103(2): 316-330.

[152] Edmond C, Midrigan V, Xu D Y. Competition, Markups, and the Gains from Trade[J]. American Economic Review, 2015, 105(10): 3183-3221.

[153] Domowitz I, Hubbard R G, Petersen B C. Business Cycles and the Relationship Between Concentration and Price-Cost Margins[J]. Rand Journal of Economics, 1986, 17(1): 1-17.

[154] Siotis G. Competitive Pressure and Economic Integration: An Illustration from Spain, 1983—1996[J]. International Journal of Industrial Organization, 2003, 21: 1435-1459.

[155] 盛丹，王永进．中国企业低价出口之谜——基于企业加成率的视角 [J]. 管理世界，2012(5)：8-23.

[156] 刘信恒．出口退税与出口国内附加值率：事实与机制 [J]. 国际贸易问题，2020(1)：17-31.

[157] 吕越，盛斌，吕云龙．中国的市场分割会导致企业出口国内附加值率下降吗 [J]. 中国工业经济，2018(5)：5-23.

[158] 聂辉华，江艇，杨汝岱．中国工业企业数据库的使用现状和潜在问题 [J]. 世界经济，2012，35(5)：142-158.

[159] Brandt L, Biesebroeck J V, Zhang Y. Creative Accounting or Creative Destruction? Firm-level Productivity Growth in Chinese Manufacturing[J]. Journal of Development Economics, 2012, 97(2): 339-351.

[160] Lall S. The Technological Structure and Performance of Developing Country Manufactured Exports, 1985-98[J]. Oxford Development Studies, 2000, 28(3): 337-369.

[161] 龙飞扬，殷凤．制造业投入服务化与出口产品质量升级——来自中国制造企业的微观证据 [J]. 国际经贸探索，2019，35(11)：19-35.

[162] Amiti M, Itskhoki O, Konings J. Importers, Exporters, and Exchange Rate Disconnect[J]. American Economic Review, 2014, 104(7): 1942-1978.

[163] 田巍，余淼杰．企业生产率和企业"走出去"对外直接投资：基于企业层面数据的实证研究 [J]. 经济学（季刊），2012，11(2)：383-408.

[164] 戴觅，余淼杰，Madhura Maitra. 中国出口企业生产率之谜：加工贸易的作用 [J]. 经济学（季刊），2014，13(2)：675-698.

[165] Bas M, Strauss-Kahn V. Input-Trade Liberalization, Export Prices and Quality Upgrading[J]. Journal of International Economics, 2015, 95(2): 250-262.

[166] 刘洪铎，张铌，卢阳，等．新冠肺炎疫情对全球贸易的影响研究 [J]. 统计研究，2021，38(12)：61-76.

[167] 郭宏，伦蕊．新冠肺炎疫情下全球产业链重构趋势及中国应对 [J]. 中州学刊，2021(1)：31-38.

[168] 司文, 陈璐, 郑仪. 新冠疫情对全球产业格局调整的影响 [J]. 国际研究参考, 2020(11): 1-7.

[169] 耿晔强, 白力芳. 人力资本结构高级化、研发强度与制造业全球价值链升级 [J]. 世界经济研究, 2019(8): 88-102+136.

[170] 刘智勇, 李海峥, 胡永远, 李陈华. 人力资本结构高级化与经济增长——兼论东中西部地区差距的形成和缩小 [J]. 经济研究, 2018, 53(3): 50-63.

[171] 戴魁早. 技术市场发展对出口技术复杂度的影响及其作用机制 [J]. 中国工业经济, 2018(7): 117-135.

[172] 铁瑛, 刘啟仁. 银行管制放松、融资约束与人力资本升级 [J]. 财贸经济, 2021, 42(11): 116-130.

[173] 吕冰洋, 詹静楠, 李钊. 中国税收负担: 孰轻孰重? [J]. 经济学动态, 2020(1): 18-33.

[174] 刘啟仁, 赵灿. 税收政策激励与企业人力资本升级 [J]. 经济研究, 2020, 55(4): 70-85.

附录1　我国激励生产性服务业发展的税收政策

附表1-1为我国激励生产性服务业发展的税收优惠政策总结。表中主要统计了从政策出台当时至2022年8月23日还在实行中的税收优惠政策，已经过了适用期限的政策不包括在内。

附表1-1　我国激励生产性服务业发展的税收优惠政策总结

享受主体	优惠内容	政策依据
提供技术转让、技术开发和与之相关的技术咨询、技术服务的纳税人	自2008年1月1日起，一般技术转让项目所得中，符合条件的可减免征收企业所得税；自2016年5月1日起，全面实施营改增，纳税人提供技术转让、开发、咨询等技术服务所得免征增值税	(1)《财政部　国家税务总局关于居民企业技术转让有关企业所得税政策问题的通知》（财税〔2010〕111号） (2)《中华人民共和国企业所得税法》（中华人民共和国主席令第六十三号） (3)《财政部　国家税务总局关于全面推开营业税改征增值税试点的通知》（财税〔2016〕36号）
开发软件产品的纳税人	受托开发软件产品的纳税人，软件著作权属于委托方与受托方共有的或只属于委托方的不征收增值税，属于受托方的征收增值税；软件产品经国家版权局注册，销售转让著作权、所有权的，不征收增值税	《财政部　国家税务总局关于软件产品增值税政策的通知》（财税〔2011〕100号）
进行创意设计活动的企业	企业为获得创新型产品而进行的创意设计活动相关费用可税前加计扣除（50%部分；50%~75%部分；75%~100%部分）	(1)《关于完善研究开发费用税前加计扣除政策的通知》（财税〔2015〕119号） (2)《关于提高研究开发费用税前加计扣除比例的通知》（财税〔2018〕99号） (3)《关于延长部分税收优惠政策执行期限的公告》（财税〔2021〕6号）

续表

享受主体	优惠内容	政策依据
		（4）《财政部 税务总局关于进一步完善研发费用税前加计扣除政策的公告》（财政部 税务总局公告2021年第13号） （5）《财政部 税务总局 科技部关于进一步提高科技型中小企业研发费用税前加计扣除比例的公告》（财政部 税务总局 科技部公告2022年第16号）
技术先进型服务企业	自2017年1月1日起，经过认定符合条件的先进型服务企业，企业所得税税率减按15%征收；不超过工资薪金总额8%部分的职工教育经费准许扣除，在以后纳税年度可结转超额部分	《财政部 税务总局 商务部 科技部 国家发展改革委关于将技术先进型服务企业所得税政策推广至全国实施的通知》（财税〔2017〕79号）
科技企业孵化器、大学科技园、众创空间	自2019年1月1日至2023年12月31日，对于国家级和省级的科技企业孵化园、众创空间和大学科技园提供给在孵对象使用的房产和土地，免征房产税和土地使用税；其向在孵对象取得的收入免征增值税	（1）《财政部 税务总局 科技部 教育部关于科技企业孵化器 大学科技园和众创空间税收政策的通知》（财税〔2018〕120号） （2）《关于延长部分税收优惠政策执行期限的公告》（财政部 税务总局公告2022年第4号）
铁路运输企业	铁路运输企业及地方铁路运输企业免征房产税；股改铁路运输企业及合资铁路运输公司自用房产免征房产税	（1）《财政部 国家税务总局关于明确免征房产税、城镇土地使用税的铁路运输企业范围及有关问题的通知》（财税〔2004〕36号） （2）《财政部 国家税务总局关于明确免征房产税城镇土地使用税的铁路运输企业范围的补充通知》（财税〔2006〕17号） （3）《财政部 国家税务总局关于股改及合资铁路运输企业房产税城镇土地使用税有关政策的通知》（财税〔2009〕132号）
管道运输企业	提供管道运输服务的一般纳税人，增值税实际税负超过3%的部分即征即退	《财政部 国家税务总局关于全面推开营业税改征增值税试点的通知》（财税〔2016〕36号）

续表

享受主体	优惠内容	政策依据
物流企业	自 2020 年 1 月 1 日至 2022 年 12 月 31 日，物流企业自有或承租的大宗商品仓储设施用地，城镇土地使用税减按等级标准的 50% 征收	《关于继续实施物流企业大宗商品仓储设施用地城镇土地使用税优惠政策的公告》（财政部 税务总局公告 2020 年第 16 号）
金融资产管理公司	对信达、华融、长城和东方四家资产管理公司，销售用于抵充接收的国有银行不良资产贷款本息的货物，免征增值税；抵充本息的土地使用权、房屋所有权免征契税；设立的资金账户免征印花税；回收的房地产闲置期间免收房产税和土地使用税，转让房地产取得的收入免征土地增值税；收购、承接、处置不良资产免征营业税；对四家资产管理公司接收商业银行和划转金融资产管理公司的资产，在办理过户手续时，免征契税、印花税、营业税、增值税	（1）《财政部 国家税务总局关于中国信达等 4 家金融资产管理公司税收政策问题的通知》（财税〔2001〕10 号） （2）《财政部 国家税务总局关于 4 家资产管理公司接收资本金项下的资产在办理过户时有关税收政策问题的通知》（财税〔2003〕21 号） （3）《财政部 国家税务总局关于中国信达资产管理股份有限公司等 4 家金融资产管理公司有关税收政策问题的通知》（财税〔2013〕56 号）
从事国际航运保险业务的保险企业	注册地在上海、深圳、天津和平潭的保险企业，从事符合条件的国际行业保险业务所得免收营业税	（1）《财政部 国家税务总局关于上海建设国际金融和国际航运中心营业税政策的通知》（财税〔2009〕91 号） （2）《财政部 国家税务总局关于深圳前海国际航运保险业务营业税免税政策的通知》（财税〔2010〕115 号） （3）《财政部 国家税务总局关于天津北方国际航运中心核心功能区营业税政策的通知》（财税〔2011〕68 号） （4）《财政部 国家税务总局关于福建省平潭综合实验区营业税政策的通知》（财税〔2012〕60 号）
交易原油和铁矿石期货保税交割业务的投资者	上海国际能源交易中心股份有限公司的原油期货保税交割业务和大连商品交易所的铁矿石期货免税交割业务免征增值税	《财政部 国家税务总局关于原油和铁矿石期货保税交割业务增值税政策的通知》（财税〔2015〕35 号）

续表

享受主体	优惠内容	政策依据
证券投资基金管理人	封闭式或开放式证券投资基金管理者利用基金买卖证券的业务免征增值税；所得差价收入免征营业税	（1）《财政部 国家税务总局关于全面推开营业税改征增值税试点的通知》（财税〔2016〕36号） （2）《财政部 国家税务总局关于证券投资基金税收政策的通知》（财税〔2004〕78号）
担保机构	符合条件的从事中小企业担保或再担保业务的担保机构所得，3年内免征增值税	《财政部 国家税务总局关于全面推开营业税改征增值税试点的通知》（财税〔2016〕36号）
金融机构	自2017年12月1日至2023年12月31日，金融机构向中小微企业、农民和个体工商户发放的100万元以下的小额贷款取得的利息收入免征增值税，借款合同免征印花税	（1）《财政部 税务总局关于支持小微企业融资有关税收政策的通知》（财税〔2017〕77号） （2）《财政部 税务总局关于延续实施普惠金融有关税收优惠政策的公告》（财政部 税务总局公告2020年第22号）
金融机构	自2018年9月1日至2023年12月31日，金融机构向中小微企业和个体工商户发放1000万元以下的小额贷款利息收入免征增值税	（1）《关于金融机构小微企业贷款利息收入免征增值税政策的通知》（财税〔2018〕91号） （2）《财政部 税务总局关于延长部分税收优惠政策执行期限的公告》（财政部 税务总局公告2021年第6号）
污水处理企业	自来水厂（公司）受政府及主管部门委托，污水处理费随水费共收的，免征增值税	《财政部 国家税务总局关于污水处理费有关增值税政策的通知》（财税〔2001〕97号）
节能服务公司	纳税人实施符合条件的合同能源管理项目，转让增值税应税货物、提供相关服务免征增值税；公司实施合同能源管理项目所得自第一年至第六年按不同比例减免征收企业所得税	（1）《财政部 国家税务总局关于促进节能服务产业发展增值税 营业税和企业所得税政策问题的通知》（财税〔2010〕110号） （2）《财政部 国家税务总局关于全面推开营业税改征增值税试点的通知》（财税〔2016〕36号）
利用风力发电生产的纳税人	自2015年7月1日起，销售风力发电的纳税人，增值税50%即征即退	《财政部 国家税务总局关于风力发电增值税政策的通知》（财税〔2015〕74号）
资源综合利用产品自产或提供劳务的纳税人	资源综合利用产品自产销售或提供劳务的纳税人，增值税即征即退	（1）《财政部 国家税务总局关于印发〈资源综合利用产品和劳务增值税优惠目录〉的通知》（财税〔2015〕78号） （2）《财政部 税务总局关于资源综合利用增值税政策的公告》（财政部 税务总局公告2019年第90号）

附录1　我国激励生产性服务业发展的税收政策

续表

享受主体	优惠内容	政策依据
从事污染防治的第三方企业	自2019年1月1日至2023年12月31日，对符合条件的从事污染防治的第三方企业减按15%的税率征收企业所得税	（1）《财政部　税务总局　国家发展改革委　生态环境部关于从事污染防治的第三方企业所得税政策的公告》（财政部　税务总局　国家发展改革委　生态环境部公告2019年第60号） （2）《关于延长部分税收优惠政策执行期限的公告》（财政部　税务总局公告2022年第4号）
再生资源回收、资源综合利用、污水处理等行业的纳税人	自2022年3月1日至2022年12月31日，销售其收购的再生资源的增值税一般纳税人可以选择按照3%的征收率的简易计税方法缴纳增值税；增值税一般纳税人销售自产的资源综合利用产品和提供资源综合利用劳务，从事污水处理、垃圾处理、污泥处理等业务的，可享受增值税即征即退	《关于完善资源综合利用增值税政策的公告》（财政部　税务总局公告2021年第40号）
综合利用固体废物的纳税人	纳税人综合利用的固体废物，符合国家和地方环境保护标准的暂免征收环境保护税	《中华人民共和国环境保护税法》（中华人民共和国主席令第六十一号）
从事融资租赁业务的纳税人	符合条件的从事有形动产融资租赁或融资性售后回租的一般纳税人，增值税实际税负超过3%的部分即征即退	《财政部　国家税务总局关于全面推开营业税改征增值税试点的通知》（财税〔2016〕36号）
农村集体经济组织	农民、家庭农场、农民专业合作社、农村集体经济组织、村民委员会购买农业生产资料或者销售农产品书立的买卖合同和农业保险合同免征印花税；农村集体经济组织股份制改革、清产核资免征契税	（1）《中华人民共和国印花税法》（中华人民共和国主席令第八十九号） （2）《财政部　税务总局关于支持农村集体产权制度改革有关税收政策的通知》（财税〔2017〕55号）
职业学校	职业学校设立企业从事相关服务取得的收入免征营业税；学校从事技术开发、转让、咨询和服务等所得免收增值税	《财政部　国家税务总局关于教育税收政策的通知》（财税〔2004〕39号）

续表

享受主体	优惠内容	政策依据
学历教育学校	从事学历教育的学校提供教育服务（包括中等职业学校）取得的收入免征增值税，对学生勤工俭学提供劳务取得的收入免征营业税	（1）《财政部 国家税务总局关于全面推开营业税改征增值税试点的通知》（财税〔2016〕36号） （2）《财政部 国家税务总局关于教育税收政策的通知》（财税〔2004〕39号）
从事蔬菜批发、零售的纳税人	自2012年1月1日起，免征蔬菜流通环节增值税	《财政部 国家税务总局关于免征蔬菜流通环节增值税有关问题的通知》（财税〔2011〕137号）
从事农产品批发、零售的纳税人	自2012年10月1日起，免征部分鲜活肉蛋产品流通环节增值税	《财政部 税务总局关于简并增值税税率有关政策的通知》（2017年第37号）
农林牧渔业生产纳税人	纳税人用于农、林、牧、渔业生产而承受的荒山、荒沟、荒丘、荒滩土地使用权，免征契税	（1）《中华人民共和国契税暂行条例细则》（财法字〔1997〕52号） （2）《中华人民共和国契税法》（中华人民共和国主席令第五十二号）
矿产资源勘查、开采企业	探矿权和采矿权使用费在第一年至第七年按不同比例减免缴费	《关于印发〈探矿权采矿权使用费减免办法〉的通知》（国土资发〔2000〕174号）
从事农林牧渔项目的企业	一般纳税人从事农林牧渔项目的所得免征企业所得税	（1）《中华人民共和国企业所得税法》（中华人民共和国主席令第六十三号） （2）《财政部 国家税务总局关于发布享受企业所得税优惠政策的农产品初加工范围（试行）的通知》（财税〔2008〕149号） （3）《财政部 国家税务总局关于享受企业所得税优惠政策的农产品初加工有关范围的补充通知》（财税〔2011〕26号）
集成电路封装、测试以及关键专用材料、设备生产企业	符合条件的一般纳税人自获利年度起，所得自第一年至第五年按不同比例减免收企业所得税	《财政部 国家税务总局 发展改革委 工业和信息化部关于进一步鼓励集成电路产业发展企业所得税政策的通知》（财税〔2015〕6号）
集成电路设计、装备、材料、封装、测试企业和软件企业	国家鼓励符合条件的企业自获利年度起，所得自第一年至第五年按不同比例减免收企业所得税	《关于促进集成电路产业和软件产业高质量发展企业所得税政策的公告》（财政部 税务总局 发展改革委 工业和信息化部公告2020年第45号）

续表

享受主体	优惠内容	政策依据
增值税小规模纳税人	自2020年3月1日至2020年12月31日,处于湖北省内的增值税小规模纳税人,适用3%征收率的应税销售收入,免征增值税;湖北省外增值税小规模纳税人,适用3%增值税的应税销售收入,减按1%征收率征收增值税	(1)《关于支持个体工商户复工复业增值税政策的公告》(财政部 税务总局公告2020年第13号) (2)《关于延长小规模纳税人减免增值税政策执行期限的公告》(财政部 税务总局公告2020年第24号)

注:上述资料来源于财政部、国家税务总局、发展改革委、工业和信息化部、国资委官网。

附录 2 课题组主要阶段性成果

[1] 加速折旧能够促进劳动力就业吗——基于准自然实验的经验证据[J]. 会计研究，2021(12)：54-69.（CSSCI）

[2] 税务风险、税收规避与企业资本结构调整[J]. 财经理论与实践，2021，42(2)：82-89.（CSSCI）

[3] 税收激励政策的杠杆效应[J]. 湘潭大学学报(哲学社会科学版)，2022，46(2)：46-51+145.（CSSCI）

[4] 财政分权、所有权性质与企业税收规避[J]. 工业技术经济，2020，39(12)：99-109.（北大核心）

[5] 压力就是动力？财政压力提升与企业提质增效[J]. 税收经济研究，2021，26(5)：70-80.（北大核心）

[6] 投桃报李：财政压力提升与企业杠杆率调整——来自"准自然实验"的经验证据[J]. 现代经济探讨，2021(11)：15-26.（CSSCI）

[7] 劳动者权益保护与企业绩效[J]. 山西财经大学学报，2021，43(8)：98-111.（CSSCI）

[8] 财政压力提高了地方政府财政汲取能力吗？[J]. 财经理论与实践，2022，43(2)：82-90.（CSSCI）

[9] 教育支出改革与财政压力分析——基于断点回归方法的估计[J]. 财政研究，2021(10)：12-26.（CSSCI）

[10] Intergovernmental Competition, Industrial Spatial Distribution, and Air Quality in China[J]. Journal of Environmental Management, 2022, 210, 114721. (SCI, JCR Q1, IF: 8.91)

[11] Pathways to Sustainable Development: Regional Integration and Carbon Emissions in China[J]. Energy Reports, 2022, 8: 5137-5145. (SCI, JCR Q2, IF: 4.937)

[12] The Costs of "Blue Sky": Environmental Regulation and Employee Income in China[J]. Environmental Science and Pollution Research, 2022, 29: 54865-54881. (SCI, JCR Q2, IF: 5.19)

[13] The Environmental Cost of Tax Administration: Evidence from a Regression Discontinuity Design in China[J/OL]. Environmental Science and Pollution Research, 2022. https://doi.org/10.1007/s11356-022-22976-z.. (SCI, JCR Q2, IF: 5.19)